云南民族大学研究丛书

蔡清易学
思想研究

CAIQING YIXUE SIXIANG YANJIU

宋野草 著

中国社会科学出版社

图书在版编目(CIP)数据

蔡清易学思想研究 / 宋野草著. —北京：中国社会科学出版社，
2015.5

（云南民族大学研究丛书）

ISBN 978-7-5161-6140-1

Ⅰ.①蔡… Ⅱ.①宋… Ⅲ.①蔡清（1453~1508）—哲学
思想—研究②《周易》—研究 Ⅳ.①B248.995②B221.5

中国版本图书馆 CIP 数据核字（2015）第 107010 号

出 版 人	赵剑英	
责任编辑	冯春凤 许 晨	
责任校对	闫 萃	
责任印制	张雪娇	

出 版	中国社会科学出版社	
社 址	北京鼓楼西大街甲 158 号	
邮 编	100720	
网 址	http://www.csspw.cn	
发 行 部	010-84083685	
门 市 部	010-84029450	
经 销	新华书店及其他书店	

印 刷	北京君升印刷有限公司	
装 订	廊坊市广阳区广增装订厂	
版 次	2015 年 5 月第 1 版	
印 次	2015 年 5 月第 1 次印刷	

开 本	710×1000 1/16	
印 张	17.25	
插 页	2	
字 数	283 千字	
定 价	55.00 元	

目　录

Contents

导　论

一　选题缘由

《易经》作为中国传统文化之根，其源头可以追溯到新石器时代。相传伏羲氏仰观俯察而作八卦，又经周文王拘羑里而演六十四卦，再经孔子为《易经》作传，历经三圣而形成了现在流传的《周易》。《周易》是在历史发展的过程中不断完善的，也就是说，《周易》是一部集合了中国人集体智慧的结晶，是华夏文明五千年的古典文献，对中国文化的影响极其深远，具体表现在道、儒、医、哲等方面。阴阳两爻、六画之功，组合成的八八六十四卦、三百八十六爻，通过对自然之风、雷、山、泽等物的摹写，进而推测人事的吉凶祸福。《易经》产生之初，是筮官的专用工具书，而随着孔子作传，加之后世研《易》之人增多，逐渐形成了易学。历朝历代，凡在思想史上有一席之地的学者，几乎都与《易》结缘，著书立说。

所谓易学，从狭义上讲，是对《易经》的解释之学，包括对于《易经》起源、性质、内容的研究；从广义上说，更涵盖了《易经》基本原理的应用，即由易理、易象而展开的各种学问。本书所探究的蔡清易学，正是对于《易经》的一种解释学说，从《周易》本身的内容出发，既对其文字进行训诂、诠释，也进行思想发挥。

易学的发展，源远流长。春秋时，《易经》已不再是筮官的专属而流入民间，孔子对《易经》给予了颇大的关注。《论语·述而》中提道："加我数年，五十以学《易》，可以无大过矣。"孔子治易，韦编三绝，可见他对《易经》的重视。《史记》和《汉书》分别有记载，可证明孔子曾为《易》作传，即《易大传》，共十篇，又称"十翼"，可以说《易大传》是先秦时期易学成果的集中反映。从经到传，经历了七八百年，恰是先秦哲学史所历经的时间。易传的出现在易学史上有着里程碑的意义，由于具体分析了《易经》的性质、内容、形式，加之儒家思想的丰富，《易经》发展成为一个哲学思想体系。

秦始皇帝"焚书坑儒"，而唯有《易经》因被视为卜筮之书免于灾祸，流传至于汉，易学发展迎来了第一个高峰。汉之时，汉武帝"罢黜百家"而"独尊儒术"，将《易经》与《诗》《书》《礼》《乐》《春秋》共尊为六经，《易经》则凌驾于五经之上而为六经之首。董仲舒所宣扬的仁、义、礼、智、信，正是效法八卦中的乾坤和五行之气，根据阴阳变易的法则而定。同时，提出"天人感应"，将《易》与人密切联系起来。由于政治上的大力加持，学《易》在当时的读书人中蔚然成风。焦延寿、孟喜、费直、京房、郑玄、荀爽等著名易学家就是这个时期的代表。孟喜、京房受到董仲舒阴阳灾异思想的影响，将五行阴阳用于解易而形成了卦气说。可以说，在孟喜这里，阴阳五行与天命论开始结合。京房更是有过之而无不及，提出了纳甲八宫卦之说。东汉时，郑玄提出的"爻辰"说，将十二时辰与二十八星宿及四方、五行、卦气、十二属相这些不同的元素联结起来，解释卦爻辞。可以说这是易学发展史上的又一里程碑，标志着易学开始与天文观测相联系。可以说汉之时，易学主要着重于象数。而到魏晋时期，这种情况由于王弼提出的"得意忘象"而被打破。王弼的易说可以说是易学的一个转折点。针对汉人专注于烦琐象数的问题，王弼提出不应纠结于卦象上的牵强附会，而是从大的方面掌握《易经》的义理。魏晋时期，玄学大行其道，士人皆厌世弃俗，大行清谈之道。《易经》《老子》《庄子》并称"三玄"，而独尊《易经》为"三玄"之首。当是时也，《易经》与道家思想发生密切关系。发展到东晋，由于佛学的兴起，易学有衰落之势，经过隋朝至于唐，方又再度兴盛。

唐初，孔颖达著《周易正义》，一时成为当时读书人学易的标准课本。其易说思想对唐乃至宋的儒生都有很深的影响。其主张义象兼顾，提出易理备包有无的观点。而李鼎祚的《周易集解》，再次将汉易之象数说搬上历史舞台，这对于易之象数的发展有着重要的传承作用。无怪乎有清人评说，认为后世得以见画卦之本旨，唯赖此书之存耳。及至宋代，易学的发展迎来又一个高峰。宋仁宗时期，大兴注释之风，对于经书的各种注释版本屡见不鲜。其中，理学大家程颐，在治易时提出，《易经》为卜筮之用，其本在于一个"理"字。从易学发展史上看，这是第一次将理引入易学之诠释。随后，朱熹又在《伊川易传》的基础上撰成《周易本义》。易学发展到朱熹这里，实现了第一次真正意义上的汇总。朱熹对易学两大主流派——象数和义理都作了梳理，并提出了易乃卜筮之书的观点。但作为一个理学家，朱子之易说，又有明显的理学成分。这也对后世的易学家产生了深远的影响。元、明、清时期，易学的发展相对趋于平缓。元时胡一桂、胡炳文等大家，其易学更侧重于河图洛书，强调象数居多。明朝来知德著有《周易集注》，提出的"综卦"、"错卦"之说，依然是延续之前的象数路线。很长一段时期，对于《易经》之义理，没有引起太多的重视。而本书所研究的蔡清易学思想，在当时来说，主要承袭了宋朝以理学治易的风气，其易学更偏重于义理，体现了儒家思想的影响。

通过上述简要梳理，不难发现，治易之风刮过了整个中国古代思想史，在几千年的研究中，《易经》当中的智慧、哲理不断被挖掘出来，作为最初的卜筮之用，其占卜的方法也不断地更新，被赋予了更新、更丰富的内涵。纵观易学史，可以说主要有三个里程碑：一是《易传》的出现，扬弃了《易经》初有的宗教巫术的成分，初步提炼出了其中的哲学思想，为日后形成完善的哲学体系奠定了基础。同时在性质上，将《易经》由卜筮之书变为了圣贤之书。二是两汉时期，《易经》再次与宗教交织在一起，注重象数之学，各种占卜之法层出不穷。在一定程度上，《易经》的本旨被扭曲。而也正是在这个时期，形成了以儒家为主导，佛、道辅助的汉民族文化的主流。这与当时《易经》与佛、道的密切联系分不开。又出于政治的目的，《易经》被赋予了修身、齐家、治国、平天下的政治内涵，而成为传统文化的主导。三是两宋时期，理学兴盛，理学大家又同时是易学大家。程朱理学成为官方意识形态，而程朱又对《易》均有很深造诣，学易可谓风靡一时。鉴于此等历史情况，现当代对于易学、易学大家思想的研究主要集中于魏晋、两宋。明初的易学发展，受到宋易学的影响，在很大程度上延续了宋易的特点。明朝前期以至中期，易学都颇为繁盛。这种情况在福建晋江地区也有所反映，当时晋江易学就有 60 余家。不过学者对于这方面的关注不够，尤其是作为明晋江易学代表人物之一的蔡清，学界更是没有系统研究。这正是本书选题的缘由所在。

在硕士研究生学习阶段，笔者就对易学比较感兴趣。深感于《周易》的博大精深以及易学史的浩瀚。进入厦门大学之后，在经过进一步的系统学习后，对《周易》有了更全面深入的了解，兴趣更加浓厚。在导师的指导帮助之下，对于蔡清的易学著作有所涉猎。鉴于明朝易学在整个易学发展史当中不可或缺的地位，以及蔡清在明初晋江易学中的重要地位，加之兴趣所在，蔡清的易学思想成为笔者博士学位论文研究的对象。

二　研究现状

目前，对于蔡清的研究，在专著方面还是空白。在一些著作中，有涉及蔡清思想的章节，但多是泛泛而谈，不甚详说。如朱伯崑先生的《易学哲学史》当中，讲到了蔡清的易学思想。但作为一个历史时期的一个代表人物，笔墨不多。再如高令印、陈其芳的《福建朱子学》也介绍到了蔡清的思想，但主要是蔡清作为朱子后学的理学思想，对于易学思想谈之甚少。再如《闽南理学的源流与发展》一书中，情况大致相同。所以，总体看来，目前尚无对于蔡清易学思想研究的专著问世。

在《易学哲学史》第三卷中，介绍到蔡清的易学思想，主要从以下几个方面阐述：天地之易；阴阳变易；太极兼阴阳。

在《福建朱子学》当中，主要从以下方面介绍了蔡清的理学思想：理气无有先后的本体论；朴素的辩证法思想；虚静的认识论；整顿纪纲和均田平赋的社会政治理想；对朱熹理学的继承、捍卫和发展。

在《闽南理学的源流与发展》一书中，对于蔡清思想的介绍主要涉及的方面有：体物不遗；物字所该；道者妙其全；天道人道之意；人性气禀之说；心之全体大用；知物而不被物化；天地以理付于我；涵泳乎其所已知。

在论文方面，谈到蔡清易学思想的目前没有，涉及蔡清的有以下几篇：

何乃川在《泉州师范学院学报》2006年第1期发表的《闽学后继蔡清的武夷诗》；周天庆在《东南学术》2008年第6期发表的《静虚工夫与明中后期的儒道交涉——以朱熹后学蔡清为例》；林振礼在《泉州师范学院学报》2007年第1期发表的《蔡清生卒年考》。

另外在一些地方志当中涉及蔡清的生平及其思想，但仅是简单介绍，如在《泉州文化史研究》一书中，有一篇名为《明代泉州相继而出的两大思想家——评李贽与蔡清》的文章，介绍了蔡清的生平资料及学术观点，主要分析了蔡清的理学思想，对于蔡清一生中求学、做官、为人等方面也都有所介绍。

在《福建思想文化史纲》一书第四章，明清福建思想文化的新拓展，从本体论、道统论两方面介绍了蔡清对朱子学的进一步继承和捍卫。

在《泉州历史人物传》一书中，在蔡清的传记中分别从人物生平、蔡清解易、理学思想、对朱熹的继承、为官之道等多个方面对蔡清作了较为全面的介绍，但都不够深入。

三　研究价值

《易经》作为中国传统文化的根源、中国古代思想的精髓，是中华民族智慧的象征。对于《易经》的研究，有助于我们更加深入地了解传统文化，并经世致用，从中学到安身立命之法，发现其蕴含的科技思想萌芽。正是由于一代代人的不懈研究，我们发现了"易与天地准"的宇宙图式；其朴素的辩证法思想，肯定了变化的绝对性，对于指导社会生活起了巨大的促进作用；经过儒学的加工，其中延伸出的修身治国之道，又成为多少朝代多少君子的德行准则；天人合一、阴阳变易、物极必反、因果规律、对立统一、量变质变、相生相克、螺旋上升，这些哲学思想，都是易学研究的成果，也都是思想珍宝，正是由于这些哲思，使得我国文明的发展不断加快。就当代来讲，《易》与量子力学、粒子、暗物质、黑洞等科学名词又发生了密切的关系。从现代科学的角度来诠释易，更有不同的体会。可见《易经》是一个取之不尽、用之不竭的宝藏，对于《易经》的研究不可松懈。

易学发展过程中，涌现了很多大家，他们从各自不同的角度丰富完善了易。从孔子开始，易学经历了几个发展的高峰期。尤其是宋明时期，由于理学的兴盛，从理学的角度诠释《易经》成为当时的一种风尚。宋朝易学大家甚多，如陈抟、欧阳修、刘牧、周敦颐、邵雍、二程、朱熹、蔡元定等。其中朱熹可谓集大成者，也正因为此，现当代对于朱熹的研究成果多如牛毛。而如二程、邵雍等人，亦不乏学者研究。从易学发展的整个过程看，宋朝的易学发展起到了一个承上启下的作用。对于之后的明朝易学发展也有很大影响。这点很容易解释。自董仲舒后，儒家思想就成为官方主流思想，而儒家思想在宋明时期，基本就等同于理学，正由于此，明初的很多学者在思想上多继承了程朱理学。而在继承理学的同时，自然会受到其易学思想的影响。故而在明代的易学研究中，不难看出宋时的痕迹。然而，每个时代不同，学术作为时代精神的一种综合反映，必然打上时代的烙印，故而明代之易学又不可能等同于宋代。这样说来，研究明代之易就很有必要。而明代初期，更是这两朝代的交接处，当时的学者思想就更具有研究价值。蔡清作为朱子后学的集大成者，就自然成为重中之重。蔡清是福建晋江人氏，而福建对于朱熹来说，有着特殊的意义。朱熹虽是江西人氏，然而绍兴十八年（1148年），朱熹考中进士，被派任泉州同安县主簿，其一生大部分时间是在福建度过的。可以说，福建地区受到朱熹的影响很深，福建的朱子学也颇为兴盛。蔡清就是其中的代表之一。研究蔡清的易学思想，有助于了解易学史上宋易向明易的过渡，从蔡清的易学思想中可以窥见明人是如何继承宋代以及之前的易学思想的，又是怎么对后世产生影响的。

闽南地区，作为朱熹一生重要的活动地区，受到朱熹影响颇深，闽南地区的学者受到理学思想的润泽也颇深，产生了很多著名的学者，如陈淳、真德秀、周瑛、蔡清、陈琛、张岳、林希元等。蔡清是陈琛、林希元的老师，换言之，蔡清的思想在闽南地区的学者思想中占了很大比重，故而，研究蔡清十分有必要。而蔡清的易学著作《易经蒙引》又是在朱熹《周易本义》基础上的发挥，研究其思想，可以从侧面更好地了解学界对朱熹易学的不同诠释。更为重要的是，可以了解蔡清易学的特点和创新。而从目前的研究现状看，尚无专门研究蔡清的论著，研究蔡清的易学思想对于完善整个易学史的发展脉络有着重大意义，可以填补此项的一个空白，同时，希望引起学界对于泉州乃至闽南易学的重视，将闽南易学完整地呈现在世人面前，从而使得各个朝代各个地区的易学思想都能够全面地展现。

四　研究思路和方法

蔡清作为明代著名的理学家，对理学进行了继承和发扬。本着对作者尊重的原则，在本书写作的过程中，尽量按照其著作的原意来论述，不作过多评论，不过有的地方也作了适当的发挥和阐释。通过与朱熹易学思想的比较来进一步揭示蔡清易学思想的独到之处。本书后面也会对蔡清思想的后继发展作出说明补充，对于蔡清整个学术思想的继承和发扬的脉络尽可能做到全面。

易学的研究方法是多样化的，有古典经学、文献学、历史学、思想史、哲学、诠释学、语言学、比较学、文化、社会学、考古学、心理学甚至自然科学等各门学科百花齐放的方法。

本书的研究方法是：首先，在忠实于原著的基础上解读文本，尽可能做到再现蔡清易学思想原貌。对于蔡清的易学专著，对其进行现代汉语的点校工作，以求更加准确翔实地占有原材料，为保证研究的准确性，打下良好基础。

其次，在研究蔡清个人的易学思想过程中，注重横向和纵向的比对。将其思想放在历史的长河中研究，研究其对前人易学思想的继承及对后人的影响，以历史的眼光进行审视，凸显其易学思想的特色和价值。同时，重视横向研究，在搜集材料和研究过程中，比较同一历史时期其他哲学家的思想，以更好地了解蔡清思想的时代特征，更全面掌握其思想形成的多方面原因。

最后，在遵从古文原意的基础上，并不排斥哲学术语，如本体论、形而上学、宇宙生成论等。易学作为中华传统文化，有着其独特的思想体系，在研究蔡清易学的过程中，本书尽可能做到以中国传统思想的方式来阐述蔡清的易学思想，但也不排除用西方哲学的体系对其思想作进一步的补充。

第一章　蔡清易学著述引说

研究一人思想，首先应从其原著入手，方能全面真实地反映其内涵。本书主旨在于研究蔡清的易学思想，首要自当深入蔡清的原著。蔡清一生著书甚多，但目前传世的，主要为《易经蒙引》《四书蒙引》《蔡文庄公集》等。而研究其易学思想，则主要依存于《易经蒙引》一书，兼顾其他作品中体现易学思想的文章。

对于蔡清易学思想的研究，本书从蔡清的易学著述入手，首先是对蔡清易学文化背景进行梳理，主要包括蔡清的生平、主要学术活动以及蔡清师友的主要易学思想三大方面的考察。对于蔡清师友的界定，则主要指蔡清对张载、薛瑄气论的继承以及朱熹易学思想、梁寅易学思想对蔡清的影响。其次，本书谈到了蔡清的易学著作，包括对其易学著作《易经蒙引》的专门论述以及蔡清的《四书蒙引》和《蔡文庄公集》中易学资料的钩沉。最后，谈到蔡清对《周易》的性质定位——摹写天地之易，同时对于《周易》架构的问题，专门阐述了蔡清的观点。从性质和架构两方面进一步展现蔡清对于《周易》体系的整体把握。通过以上三个方面的论述，力图勾勒出蔡清易学思想的来源，以及其易学思想的大致情况。

第一节　蔡清易学文化背景

蔡清作为明朝著名的理学家、经学家，一生致力于理学研究，并对易学有很深的造诣。他著书立说，讲学明理，从事大量的教育工作。本节拟从蔡清的生平说起，进而探究蔡清的学术生涯，并通过研究蔡清师友的易学思想，来揭示蔡清易学思想的来源，从而全面了解蔡清的易学文化背景。

一　蔡清生平及主要学术活动

蔡清，字介夫，号虚斋，被学者尊称为虚斋先生。明代晋江人，即今福建泉州市。蔡清生于明代宗景泰四年（1452），卒于明武宗正德三年（1508）。于明宪宗成化二十年（1484）中进士第，官拜多职，曾任吏部稽勋主事、礼部祠祭主事、南京文选郎中、江西提学副使。清世宗雍正二年（1724）从祀孔庙。

蔡清自幼好学，少年从学于当时著名的朱子学派易学家林玭，在学《易》之后，尽得其精蕴。他在泉州开元寺结社研究《易》学，李廷机、张岳、林希元、陈琛等都是其中的成员。该社有28人，号称"清源治《易》二十八宿"。他们出版论著达90多部，所以当时人称当今天下言《易》"皆推晋江"①，明成化、弘治期间，士大夫谈理学，唯独蔡清尤为精诣。蔡清在泉州成为研究理学的中心人物，且形成清源学派，其影响遍及全国。蔡清力学六经、诸子及史集等书，对理学家程颢、程颐、朱熹等人的著作，研读尤精。他不肯小就，直欲穷极底奥，折中群言，而上继朱子，于前人盖不多数。

蔡清为人直言行事，不计较个人得失，不畏惧权贵，性好游山玩水。为官颇能关心民间疾苦，政绩突出，受民爱戴。蔡清给自己提出了做官的原则："一身之利无谋也，而利天下者则谋之；一时之利无谋也，而利万世者则谋之。"② 而这也正是对他的真实写照。其后学林希元在《虚斋先生行略》一文中评价蔡清为官时，官辙所至，随仗履者，常百余人。可见其为官廉洁，深得民心。

蔡清曾经针对当时的政治现象上疏，以表达自己对当时政况的不满，同时也反映了他体贴民生疾苦的情怀。当是时也，土地兼并现象严重，清奏曰：

> 今士民之贫者，无立锥之地，而宦官厮养至有宅舍，拟于公侯。

---

① 沈佳：《明儒言行录》卷六，《文渊阁四库全书》第 458 册，台北：商务印书馆 1986 年版，第 805 页。

② 胡宏：《知言》卷三，《文渊阁四库全书》第 703 册，台北：商务印书馆 1986 年版，第 129 页。

金银动以万计，此皆万民膏血所萃也。朝廷锱铢而取于民，以为士马之资者，乃多充牣于庸将之家，转运于权倖之门。于是兵弱不能卫民，虏骑一至而边人身家一扫空矣。诸若此类，愚亦不能尽言也。意今日中国之虚实，四夷亦当知之过半矣，甚可惧也。抑岂惟四夷为足虞前世草木间，英雄往往乘间而起，盖士风弊则人才乏，民力屈则兵力弱，今日天下大势皆然。①

由此可见蔡清在政治上刚正不阿，不畏权贵，以民为本。在其从政期间，蔡清以利于国家和人民为处事标准，正如其为官之原则一样，不为一己之私利而为天下百姓之利谋，不为一时之私利而为千秋万世之利谋，蔡清如是说，如是做。

蔡清为官期间还积极从事教育活动，大大推进了当时教育的发展。如在从政时，修《白鹿洞学规》，宣传德行的重要。在泉州水陆寺设讲堂，教授门徒。其门人众多，有陈琛、林希元、王宣、易时中、林同、蔡烈，等等。正如所谓有志之士，不远数千里而从之。出其门者，皆能以理学名之于当时。

在学术方面，蔡清成就极高。其学术研究，主要继承了朱熹的思想，因此，我们认为蔡清的学说就是朱子学。对于朱子之学，蔡清在继承的同时又予以大力发展。由于蔡清当时所处的社会环境正是陈献章心学盛行的时代，在与心学派的辩论中，蔡清使得朱子学说有了更大的发展。在易学方面，其《易经蒙引》就是在朱熹《周易本义》的基础之上加以发挥，而成一家之言的。

蔡清的著作除了《易经蒙引》之外，尚有《四书蒙引》《蔡文庄公集》《虚斋文集》《蔡虚斋粹言》《艾庵密箴》《太极图解》《河洛私见》存世。

作为明代著名的学者，后世对蔡清有着很高的评价。《明史·儒林传》中评价道："平生饬躬砥行，贫而乐施，为族党依赖，以善《易》名。嘉靖八年，其子推官存远，以所著《易经》《四书蒙引》进于朝，诏

---

① 蔡清：《蔡文庄公集》卷一，《四库全书存目丛书》集部第 42 册，齐鲁书社 1997 年版，第 611—612 页。

为刊布。"① 黄宗羲在《明儒学案》中评价说："先生生平精力，尽用之《易》《四书蒙引》，茧丝牛毛，不足喻其细也。盖从训诂而窥见大体。"②

明人林俊评价道："温陵蔡介夫虚斋，饬躬砥行，动准古人，其学以六经为正宗，四书为嫡传，四儒为真派。平生精力尽用之《易》《四书蒙引》，之间阐发幽秘，梓学宫而行天下。其于易深矣，究性命之原，通幽微之故，真有以见夫天下之迹象。其物宜天下之动，通其典礼，四方学士师宗之，曰虚斋说也，守毋变扶衰振落，温陵造就，可谓易学一时矣。经义趣深，理到论策诸作，畅达疏爽，诗文别出体格，掖人心而系名教，卒泽于仁义道德粹如也。"③

清人李光地说："虚斋先生崛起温陵，首以穷经析理为事，非孔孟之书不读，非程朱之说不讲。其于传注也，句谈而字议，务得朱子当日所以发明之精意。盖有勉斋、北溪诸君子得之口授而讹误者，而先生是评是订。故前辈遵岩王氏谓：自明兴以来，尽心于朱子之学者，虚斋先生一人而已。"④

由此可见，蔡清理学之精以及对后世影响之大。

二　蔡清师友易学简论

蔡清易学哲学思想的形成有着多方面的原因。从历史的角度来看，蔡清易学思想在继承朱熹易学思想的同时，还受到了薛瑄、张载的影响。薛瑄和张载二人对于蔡清易学哲学思想的形成，影响最大之处即表现在气本论方面。正是由于薛、张二人气论的影响，蔡清对于朱子学说有所突破，成为明代气本论的倡导者之一。不仅仅是气本论，在事物存在和运动形式这一方面，蔡清也受到了张载易学的影响，认为"有对待方有流行，将

① 张廷玉：《明史》卷二百八十二，《文渊阁四库全书》第 301 册，台北：商务印书馆 1986 年版，第 759 页。

② 黄宗羲：《明儒学案》卷四十六，《文渊阁四库全书》第 457 册，台北：商务印书馆 1986 年版，第 770 页。

③ 蔡清：《蔡文庄公集》卷首序言，《四库全书存目丛书》第 42 册，齐鲁书社 1997 年版，第 579 页。

④ 李光地：《榕村集》卷十三，《文渊阁四库全书》第 1324 册，台北：商务印书馆 1986 年版，第 713 页。

对立面及其互相依存看成是运动和变化的前提"①，除以上三位之外，元代的梁寅对蔡清易学思想影响也很大。蔡清在其《易经蒙引》一书中，多次提到梁寅《周易参义》一书中的观点。以下，本书将从这四位入手，揭示蔡清易学思想的渊源。

　　1. 张载

　　张载作为北宋时期儒家的代表之一，在当时与邵雍、程颐是齐名的。同程颐一样，张载的哲学思想受到王弼、孔颖达的影响，在易学上，同属义理派。然而，张载又不同于程颐，在对前者的继承上有新的发挥，主要表现在其提出的气本论方面。从某种意义上讲，张载的气论正是在与程颐易学思想斗争的过程中形成的。张载的易学著作主要有《横渠易说》，有别于逐句解经的其他易学书籍，该书的一大特色乃是有选择、有针对地对《周易》进行注释。其中对《系辞》的解释尤为详尽。后期又成《正蒙》一书，可谓其哲学代表作，该书中也收入部分《横渠易说》。如此看来，张载的哲学思想是建立在其对易的发挥之上。张载将《周易》中之阴阳二气提炼出来，认为阴阳二气变易的法则是易学乃至哲学的最高范畴。

　　蔡清的《易经蒙引》中，对于张载思想言论的引用甚多，比如在卷一上中，解释"乃统天"一句时，提道："张子曰：乾之四德终始，万物逆之不见其首，随之不见其后，此即所谓四德之循环而无间者也。其曰元统天者，亦曰就动之端而言耳，乃统天，天之所以为天者，四德而已矣。统四德即是统天矣。"② 是说乾为天，而天之所以为天的原因就在于天有着元、亨、利、贞四德，循环不已。在对《观》卦卦名的解释中，蔡清提到"张子所谓大中至正之矩也。盖道理必至于中正，然后为尽善尽美而无憾，乃可以为法于天下也"③。可见蔡清对于张载思想的推崇，认为中正之道是天下之法则。在《恒》卦释词中："张子曰：凡阴气凝聚，阳气在内者不得出，则奋击而为雷霆。在外者不得入，则周旋不舍而为风。或曰：雷震则风发。毕竟此理如何，愚谓风自火出，火炽而风自生矣。但

　　① 朱伯崑：《易学哲学史》第三卷，昆仑出版社1995年版，第133页。

　　② 蔡清：《易经蒙引》卷一上，《文渊阁四库全书》第29册，台北：商务印书馆1986年版，第24页。

　　③ 同上书，卷三下，第219页。

解得此理，则所谓雷风恒者，可得而推矣。"① 此处引张载之气论以释卦象。同样在《系辞》的注释中，也引用了张载的论说，如解释"易与天地准，故能弥纶天地之道"时提道："先儒所谓神无方易无体，故能同乎天地万物之有体者，亦缪也。天地生生之化，何尝有方体耶？张子曰：一神两化。神化都是说天地之道。若有方体，不谓之神化矣。化即易也，易能变化，岂有定体？"②蔡清同意张载的观点，认为易无体，强调易之变易，所谓变易以从道也。又"知变化之道者，其知神之所为乎"一句的注解，蔡清说："张子所谓一神之神也，一神而两化，故成出许多数法来，故彼此相当不合而合，出于无心而成，而实非有心者所能成也。"③对"非天下之至神其孰能与于此"一句的解释，说道："张子曰：一故神。譬之人身四体，皆一物。故触之而无不觉，此所谓感而遂通，不疾而速，不行而至也。"④ 可见，蔡清对张载的继承，不仅体现在气论上，同样体现在阴阳、神化方面。蔡清如此推崇张载，那么，张载的易学思想有哪些不同于别家的特色呢？张载又是如何影响蔡清的呢？

在《正蒙·太和》篇中，张载说道："不悟一阴一阳，范围天地、通乎昼夜、三极大中之矩，遂使儒、佛、老庄混然一途。语天道性命者，不罔于恍惚梦幻，则定以有生于无，为穷高极微之论。人德之途，不知择术而求，多见其蔽于诐而陷于淫矣。"⑤由此可以看出其哲学观点以及易学观：张载反对佛老的虚无论，反对道家以有生于无来注易。张载的易学哲学，最突出的特点乃是气论的部分，也正是这个部分，对于蔡清易学思想的影响甚大。蔡清认为的理气无先后，很大程度上是源自张载的思想。下文将细分几方面来说明张载的气论，进而可窥其对蔡清的影响。

首先，张载认为气先象后，有气才有象。为了说明这个问题，张载对象和形的概念作出了界定，认为形是能够被人的感官所捕捉的物质存在，

---

① 蔡清：《易经蒙引》卷五上，《文渊阁四库全书》第 29 册，台北：商务印书馆 1986 年版，第 313 页。

② 同上书，卷九下，第 586 页。

③ 同上书，卷十上，第 641 页。

④ 同上书，卷十下，第 650 页。

⑤ 张载：《张子全书》卷二，《文渊阁四库全书》第 697 册，台北：商务印书馆 1986 年版，第 98 页。

如长、短、高、低等不同的形体。而象乃是事物所具备的一种性能，比如刚柔、动静。在区分二者后，张载接着论幽明之谓，认为幽是明的因，明从幽而来。正如形从象来，两者是可以互化的。张载进一步以幽明来说气的聚散变化，继而论证了气的永恒性。通过层层推进，张载提出"有气方有象"的命题：

> 太虚之气，阴阳一物也。然而有两健顺而已，又不可谓天无意，阳之至健，不尔何以发散？阴之性常顺，然而地体重浊，不能随则不能顺，则有变矣。有则有象，如乾健坤顺，有此气则有此象，可得而言。若无，则直无而已，谓之何而可？是无可得名。故形而上者，得词斯得象，但于不形中得以措词者，已是得象可状也。今雷风有动之象，须谓天为健，虽未尝见，然而成象，故以天道言。及其发，则是效也。著则是成形，成形则是道也。若以耳目所及求理，则安得尽。如言寂然湛然，亦须有此象，有气方有象，虽未形，不害象在其中。①

张载认为，太极是易中所取的一个象，太虚即是太极。"一物而两体其太极之谓欤！"② 王弼在解释《系辞》"书不尽言，言不尽意，然则圣人之意其不可见乎？子曰：圣人立象尽意"一段时曾说："夫象者，出意者也。言者，明象者也。尽意莫若象，尽象莫若言。言生于象，故可寻言以观象；象生于意，故可寻象以观意。意以象尽，象以言著。"③ 在这一点上，张载说："形而上者，得意斯得名，得名斯得象；不得名，非得象者也。故语道至于不能象，则名言亡矣。"④ 意在名先，得到了意，而后才能得出名，得出名即可得出象，返回来由象而识意。通过对象的认识体会出其所要表达的意。

---

① 张载：《横渠易说》卷三，《文渊阁四库全书》第 8 册，台北：商务印书馆 1986 年版，第 753 页。

② 同上书，第 755 页。

③ 王弼著，楼宇烈校释：《王弼集校释》，中华书局 1981 版，第 609 页。

④ 张载：《张子全书》卷二，《文渊阁四库全书》第 697 册，台北：商务印书馆 1986 年版，第 108 页。

其次，张载认为，气不仅是万物的本原，气化的过程也是万物运动和变化的过程。而这个气化的过程，实为变易的法则，也就是说，这乃是天地万物的共同规律。正是由于阴阳二气的相互转化，才构成了天地万物，如其在对《系辞》解释中所提道：

> 始陈上下交以尽接人之道，卒具男女致一之戒而人道毕矣。气块然太虚，升降飞扬，未尝止息。易所谓絪缊，庄生所谓生物以息相吹，野马者欤。此虚实动静之机，阴阳刚柔之始。浮而上者阳之清，降而下者阴之浊，其感遇聚结为风雨为霜雪，万品之流形，山川之融结，糟粕煨烬，无非教也。心所以万殊者，感外物而不一也。天大无外其为感者，絪缊二端而已焉。物之所以相感者利用出入，莫知其乡一万物之妙者欤。①

此段中，明确讲述了气化的过程。正是两气的升降、推移，才有了万物的变化生成。关于气论的部分，是张载哲学思想的核心，当然，除此之外，张载还有其他丰富的哲学思想，如一物两体，穷神知化，等等。然而作为一名在易学哲学史上有重要分量的哲学家，其主要的易学特色还是将义理派的易学转向了气派的易学。在对《周易》的认定上，张载坚持取义和取象的结合，认为两者可以相互补充，认为卦的义理是存在于卦象之中的，不可偏废其一，主张取卦象之物象来说明卦义：

> 先分天地之位，乾坤立则方见易，故其事无非易也。所以先言天地，乾坤易之门户也。不言高卑而曰卑高者亦有义。高以下为基，亦是人先见卑处，然后见高也。不见两则不见易物，物象天地不曰天地而乾坤云者，言共享也。乾坤亦何形？犹言神也。人鲜识天，天竟不可方体，姑指日月星辰处，视以为天，阴阳言其实，乾坤言其用，如言刚柔也，乾坤则所包者广。②

---

① 张载：《横渠易说》卷三，《文渊阁四库全书》第 8 册，台北：商务印书馆 1986 年版，第 750—751 页。

② 同上书，第 728 页。

　　由此可见，张载认为乾卦和坤卦的卦义正是来自于乾坤所象征的天地阴阳。

　　张载在取义或取象的顺序上，主张"观象以求意"。其认为卦象是一卦之质，八卦都是依象来显义的，只有对一卦之象细加玩味，才能通理明义。如其所言"欲观易，先当玩辞，盖所以说易，象也。不先尽系辞，则其观于易也，或远或近，或太艰难。不知系辞而求易，正犹不知礼而考春秋也"。① 张载认为，懂得卦义是学《易》的终极目标，但义存在卦象之中，所以要明义就离不开象，而要知象，就须从卦爻辞下手。至于《系辞传》是阐明易道的。对于易象、易理都有发挥，所以主张"观易必由系辞"。张载认为要明易理，须先从卦爻象入手，通过卦爻象才能探知卦义、爻义。由此可以发现，他这一主张是受唐代以来易家的影响，而与程颐"由辞得意，象在其中"的观点不同。

　　张载易学的另一大特点乃是将易应用于人事，并认为易之占卜，乃是通过占卜而观察事物变化的过程，通过掌握这种规律而预测未来。正如孟子对于节气变化的掌握，这种是人为的一种主观能动性，而非求助于鬼神。"占非卜筮之谓，但事在外可以占验也。观乎事变，斯可以占矣。盖居则观其象而玩其辞，此所以动则观其变而玩其占也。"② 从这点看，张载的思想有着无神论的成分。他认为《周易》一书乃是圣人教导人们如何趋吉避凶的，他是圣人仰观俯察，得出的一种行为准则，用于处理日常的人事问题。而这种准则的依据，正是封建社会宣扬的道德思想。张载从这点出发，将卦爻辞均看作是道德修养的格言，认为《周易》作为穷理尽性之书，就应该成为人们修身的指导，从而提升人的道德境界。

　　　　夫易，圣人所以崇德广业，以知为德，以礼为业也。盖知崇则德崇矣。此论易书之道而圣人亦以教人天地设位而易行乎其中。指下文成性存，存道义之门而言也。天地设位，故易行乎其中，知礼成性，

---

　　① 张载：《横渠易说》卷三，《文渊阁四库全书》第 8 册，台北：商务印书馆 1986 年版，第 758—759 页。

　　② 同上书，第 730 页。

则道义自此而出也。道义之门者，由仁义行也。①

张载易学的这一特点，在易学哲学史上有着重要意义。其将天道与人事相结合，认为《周易》是为君子谋的穷理尽命之书，对于之前将《周易》看作卜筮之书的观点是一大冲击，可以说是对汉唐以来的天人之辨的一次总结，使《周易》一书的哲学意味更重。同时，张载的思想对后人产生了深远影响，如薛瑄、蔡清、王夫之等人。蔡清在将《周易》寓意人事方面，继承了张载的思想。对于《周易》一书，蔡清继承张载的观点，认为是穷理尽命之书。并且有过之而无不及，将其进一步深化为安身立命之说，大谈其中的君子修身之道，甚至与治国安邦相结合，其中很多卦爻辞的解释都体现着君主治国之大道。此外，正如上文提到的，张载的气论深深影响了蔡清。作为朱熹的弟子，在理气问题上，蔡清并没有继承朱熹的理先气后之说，而且坚持认为理气无先后。从一定程度看，是对朱熹的理本论的否认，具有唯物主义的倾向。而这种变化的发生，正是由于蔡清承袭了张载之说。虽然在蔡清的论述中，并无直接提到气本论的字句，但相比朱熹的理本论，这种理气无先后的观点，还是具有进步意义的。同时也揭示了张载与蔡清之间的某种继承关系。

2. 朱熹

朱熹作为宋代理学的集大成者，其在理学上的造诣，自不必多说。单就易学方面来讲，朱熹在整个易学史上的贡献是巨大的。其进一步阐发的理学派易学，在以后的很长时间内都被作为官方哲学。对于义理和象数，朱熹都有专门书籍。朱熹的易学哲学思想体系丰富完整，其《周易本义》更是影响深远。《周易本义》一书，主要在于以简洁的风格解说卦爻辞，以明易为卜筮之书。这种学风在当时是一种革新，同样对后世有着积极的影响。朱子易学对于后世的影响还表现在将汉、唐和北宋以来的易学哲学中的宇宙生成论的体系转变成本体论体系，虽然其哲学思想是主张理在气先的唯心派，但从其著作中可见其对气派观点的吸收，从这点上讲，对以后的朱子学传人意义重大。蔡清的理气无先后的思想，与朱子的这种吸收

---

① 张载：《横渠易说》卷三，《文渊阁四库全书》第 8 册，台北：商务印书馆 1986 年版，第 734 页。

包容气派观点也有着直接的关系。

　　蔡清作为朱子学派的传人，对朱子之推崇自不必说，单就其《易经蒙引》一书中提到朱子之处就高达 500 余次。此外，对于《周易本义》《朱子语类》的引用更是频繁。如在解释《系辞》"非天下之至神，其孰能与于此"一句时，蔡清如是说：

　　　　朱子曰：易无思也，无为也。易是个无情的物。愚谓只是指四十九之蓍策与六十四之卦画而以蓍之，在楑卦之在册。如鸿蒙之未判，如朕兆之未形，此其寂然不动者也，蓍之动于分挂揲扐之时，卦之成于十有八变之后，远近各探其幽，吉凶各异，其指此其感而遂通天下之故者也。朱子曰：其寂然者无时而不感，其感通者无时而不寂也。是乃天命之全体人心之至正，所谓体用之一源，流行而不息者，疑若不可以时处分矣。然其未发也，见其感通之体；于其已发也；见其寂然之用，亦各有当而实未尝分焉。愚谓朱子此言，不是正解此章之义，皆以人心之寂感言也。故曰：是乃天命之全体，人心之至正，即是大学。或问：所谓人之一心，湛然虚明，如鉴之空，如衡之平，以为一身之主者，固其真体之本。然而喜怒哀惧随感而应，妍媸俯仰因物赋形者，亦其用之所不能无者也。又曰：其未感之时，至虚至静，所谓鉴空衡平之体，虽鬼神亦不得窥其际者，固无得失之可议，及其感物之际而所应者，又皆中节，则其鉴空衡平之用，流行不滞，正大光明，是所以为天下之达道，亦何不得其正之有哉。此则人心寂感之正也。故曰：所谓体用之一源，流行不息者，流行即是；其寂者，无时不感；其感者，无时不寂。①

　　蔡清引朱子观点，同样认为易之本质在于无思无为，寂然不动，感而遂通。并将天命与人心相联系，强调体用一源。人心之至正与天命之全体相同，正是要通过至虚静的方法，而力图到达心之至正。可见，对于《易》的认识，蔡清受朱子影响很深。虽然在理气关系和《易》的卜筮性

---

　　①　蔡清：《易经蒙引》卷十下，《文渊阁四库全书》第 29 册，台北：商务印书馆 1986 年版，第 650—651 页。

上，蔡清并未全盘继承，但仍是受朱子影响，在其基础之上有所扬弃。蔡清对朱子的师承关系是必须肯定的。在对太极、阴阳的看法上，蔡清基本上继承了朱子的观点。

正如蔡清《易经蒙引》中对《系辞》"一阴一阳之谓道"的解释，其中大量引朱熹的文辞：

> 朱子曰：太极浑沦未判而其理已具之称谓。举太极而言，而二气五行万物诸形器之属即在其中，见太极非有离乎形器也。又曰形器已具而其理无朕之目，谓自二气五行万物而言而太极亦即在其中亦见太极非有离乎形器也，但亦不杂乎形器耳。朱子曰：无极而太极。则无极之中，万象森列，不可谓之无矣。太极本无极，则太极之体，冲漠无朕，不可谓之有矣。问五行之行也，各一其性莫是木自是木，火自是火，而其理则一。且如一光也，有在冠盖上的也，有在墨上的，其光则一也。又曰：动亦太极之动，静亦太极之静，但动静太极耳。又曰：谓太极函动静，以本体而言。愚谓此谓浑沦未判而其理已具之称者也，谓太极有动静，以流行言。愚谓此是形器已具而其理无朕之目者也。若谓太极便是动静，则是形而上下者不可分，而易有太极之言亦赘矣。[①]

此段关于太极的论述，非常明了。朱子认为太极是在理之后，太极与形器是形而上与形而下的关系，不离亦不杂。天下只是一理，天下只是一个太极，物物有太极，而其理一，即本质相同。正是朱子理一分殊之论。在这点上，蔡清与朱子同，即认为太极无处不在，万物都有一太极。在太极与动静的问题上，朱子认为太极包含动静，动静是太极的一种表现形式，两者是体用的关系。太极有动静，但不可说太极乃动静。此观点，亦是蔡清对于太极动静的理解。

关于阴阳的观点，朱子主张阳全阴半，认为阴阳只是一气，太极推而生阴阳。蔡清对于阴阳的观点，与朱子类似，同样继承朱子阳全阴半之

---

① 蔡清：《易经蒙引》卷九下，《文渊阁四库全书》第29册，台北：商务印书馆1986年版，第597页。

说，并认为阴阳变化是事物变化的一个动力。蔡清对《乾》卦的解释中
提到："朱子谓天地间只是一个阳气，下截便是阴，阳全阴半。又曰：阴
阳只是一气，阳之退便是阴之生。盖以下截对前一截看，则有偶象矣，此
以气言者也。若从此节节推去，每一分为二，亦自生生之数。"① 朱子认
为阴阳本是一气，阳气下沉而为阴，阳全阴半，阴阳相互推生变化而有万
物，正所谓生生之数也。阴阳间关系即如此。在释《系辞》时同样讲道：
"三用其全，四用其半，亦是理数之自然。阳饶而阴乏也。所以然者，只
是一气之流行，但裁取后一半，是阳饶而阴乏也。故朱子曰：以其流行之
统体而言，则但谓之乾而无所不包矣。以其动静分之然后有阴阳刚柔之别
也。此亦可见阳全阴半之理。"②

　　朱熹作为易学大家，在易学哲学方面，成就突出，而其易学的主要特
点有几个方面。首先，认为研究《周易》，要将经、传分开来看。他在文
集当中讲道：

　　　　读易之法，窃疑卦爻之词，本为卜筮者断吉凶，而因以训戒。至
　　《彖》《象》《文言》之作，始因其吉凶训戒之意，而推说其义理以
　　明之。后人但见孔子所说义理，而不复推本文王周公之本意，因鄙卜
　　筮为不足言。而其所以言易者遂远于日用之实，类皆牵合委曲，偏主
　　一事而言，无复包含该贯曲畅旁通之妙。③

　　朱熹认为，之前的很多学者，在认识《周易》的问题上，都局限于
孔子的《易传》，往往认为《易》之说乃是说理以明人事，而恰恰忘记追
本溯源，忽略了周公、文王作《易》的根本，将《易》的卜筮意义放置
一边，这种观点是不正确的。朱子认为应追本溯源还《周易》本来面目。
　　其次，朱熹明确指出《周易》一书的性质——卜筮之书。

　　① 蔡清：《易经蒙引》卷一上，《文渊阁四库全书》第 29 册，台北：商务印书馆 1986 年
版，第 8 页。
　　② 同上书，卷十上，第 635 页。
　　③ 朱熹：《晦庵集》卷三十三，《文渊阁四库全书》第 1143 册，台北：商务印书馆 1986 年
版，第 758—759 页。

　　《易》本卜筮之书，后人以为止于卜筮。至王弼用老庄解，后人便只以为理，而不以为卜筮，亦非。想当初伏羲画卦之时，只是阳为吉，阴为凶，无文字。某不敢说，窃意如此。后文王见其不可晓，故为之作彖辞；或占得爻处不可晓，故周公为之作爻辞；又不可晓，故孔子为之作《十翼》，皆解当初之意。今人不看卦爻，而看《系辞》，是犹不看《刑统》，而看《刑统》之序例也，安能晓！今人须以卜筮之书看之，方得；不然不可看《易》。①

　　朱子所讲这段语句，对于《周易》之书的性质，表达得十分清楚。在朱熹看来，正确的态度乃是尊重其卜筮之书的本来面目，同时又应该进一步了解孔子作传后而研发出的理论思想。两种兼而有之，方能真正得《易》之精华。从朱子另一段语录中，也可进一步佐证其观点："盖易不比诗《书》，它是说尽天下后世无穷无尽底事理，只一两字便是一个道理。又人须是经历天下许多事变，读易方知各有一理，精审端正。今既未尽经历，非是此心大段虚明宁静，如何见得！此不可不自勉也。"② 可见，朱熹虽然认为《周易》是卜筮之书，但同样认为不可忽视其哲学价值。《周易》说尽天下道理，必须学习，精研其中哲理。这两者之间并无矛盾，朱熹正是站在一个哲学家的高度，用发展的、历史的眼光看问题，才更准确地对《周易》一书进行重新定位。

　　最后，提出"易只是个空底事物"。如其在《语类》中所讲：

　　其他经，先因其事，方有其文。如《书》言尧、舜、禹、汤、伊尹、武王、周公之事，因有许多事业，方说到这里。若无这事，亦不说到此。若易，则只是个空底物事，未有是事，预先说是理，故包括得尽许多道理。看人做甚事，皆撞着他。又曰："易无思也，无为也。"易是无情底物事，故"寂然不动"。③

---

① 黎靖德：《朱子语类》第四册，中华书局 1986 年版，第 1622 页。
② 同上书，第五册，第 1659 页。
③ 同上书，第四册，第 1631 页。

朱熹认为，《易》不同于其他经书，其他经书均是记载确切事情而后发其中之理，《易》乃是发未发之理，正因为其不拘泥于某件具体事物，其所发之理才能尽括天下之理。所以说，《易》是一个抽象的理，不是具体的某物。这是《易》区别于其他经书的特点，也正是朱子提出的《易》之独特之处。朱子认为，《周易》之精妙就在于"稽实待虚"，将具体的义理抽象化，将其抽象成一部可以融盖世间万物之理的书，将《周易》抽象化是朱子注《易》的一大特色，也是义理派的一大特色。

> 盖文王虽是有定象，有定辞，皆是虚说，此个地头，合是如此处置，初不黏着物上。故一卦一爻，足以包无穷之事，不可只以一事指定说。他里面也有指一事说处，如"利建侯"，"利用祭祀"之类。其它皆不是指一事说。此所以见易之为用，无所不该，无所不徧，但看人如何用之耳。①

此处之阐述，明确了《易》之所以涵盖万理之因，即不单单就一事物上说，没有特别指定某事，这样一来，可以发此类事物之通理，进而涵天下之一理。易所讲究的正是触类旁通，切不可拘于定处。

> 易之为书，本为卜筮而作。然其义理精微，广大悉备，不可以一法论。盖有此理即有此象，有此象即有此数，各随问者，意所感通。如利涉大川，或是渡江，或是涉险，不可预为定说。但其本旨只是渡江，而推类旁通，则各随其事。②

对于朱子易学的这三大特点，蔡清并未完全接纳，而是有选择地吸收，并提出了自己的不同观点。这也正是蔡清对朱子易学的一种发扬。朱熹认为易乃卜筮之说，强调指出应将经、传分开对待。《易经》乃是卜筮之法，《易传》为圣人之教，不可混而为一。在这点上，蔡清并未采纳，

---

① 黎靖德：《朱子语类》第五册，中华书局1986年版，第1647页。
② 朱熹：《晦庵集》卷五十六，《文渊阁四库全书》第1144册，台北：商务印书馆1986年版，第703—704页。

而是接受前人观点，以传贯经，仍然注重以传的哲学思想来注释经文的卜筮之辞。在对《周易》性质的界定上，蔡清发朱子之未发，提出"易乃摹写天地"之书，对于其卜筮之性质，并无直接的否定，在其注释中，仍有讲卦变、爻变之说，但比例甚小。对于朱子提出的"易为空底事物"和稽实待虚，蔡清将其融合在自己的思想体系中。在后面我们对蔡清易学思想的分析中，进一步讨论。总而言之，蔡清对于朱子思想的继承，主要还是体现在对太极、阴阳、动静这些范畴之上。对于《周易》的性质以及理气问题上，有所扬弃。

3. 薛瑄

薛瑄，明初理学家，在易学方面并无专门著书，但对易学哲学当中的一些核心问题颇有见地，其主要思想见于《读书录》。书中对于易学哲学中的理气问题、太极观、体用关系都有独到的见解。其思想受到程朱的很大影响，但对程朱思想也有所扬弃，薛瑄提出的"理气不可分"的观点，在整个易学发展史上有着重要意义，是明代哲学中将理本论引向气本论的媒介之一。其在气论方面的思想，对蔡清有一定影响，对于蔡清"理气无先后"观点的形成，在一定程度上有着决定性的意义。

薛瑄的易学思想，最突出的特点乃是对于《周易》来源、性质的界定。为了更好地说明《周易》一书中易理的来源，薛瑄将易分为了两种：易书之易和画前之易。简单来讲，前者是对后者的摹写。何为画前之易，薛瑄如是说："天地间阴阳是自然之易。卦画奇偶不过摹写阴阳之象而已，故亦谓之易。卦之奇偶法阴阳之奇偶，而画天地之易。易书之易，同一阴阳而已。"① 寥寥数语，薛瑄已将二者关系说明。所谓画前之易，乃是指天地之易，是阴阳二气之变易，此易乃是宇宙间的一种存在，是万物之根本。而易书之易，正是对于此易的摹写。由此，薛氏进而得出《周易》是关于世界运动变化规律之经书的结论。薛瑄认为，对《易》的解读，不应仅仅局限于对其卦爻辞的字面注解，而是应该放在更高更深的背景上，将其理解为宇宙万物的规律。在《周易》的性质问题上，薛瑄的认识比之前的学者更进一步。认为应从《周易》一书为出发点，从而探

---

① 薛瑄：《读书续录》卷四，《文渊阁四库全书》第 711 册，台北：商务印书馆 1986 年版，第 761 页。

求宇宙之真谛。这种认识是对于之前注疏的一种突破。

在理气象数的关系问题上，薛瑄也提出了自己的看法。他认为理、气、象、数四者是一个整体，不可分割。理是四者的主体，理决定事物的性质，然理并非先于其他而存在的个体，有理则有气，气又是象所以为象的依据，数是气与象的节度，象数是理气体现的一种方式。四者虽然是一个整体，不分先后，但却是以理为主。"《易》有太极，言气以原理，太极动而生阳，言理以及气。有形者可以聚散言，无形者不可以聚散言。"①理作为宇宙万物的本原是无形无象、不能聚散的；只有气才能聚散，气聚而为有形的天地万物。因为理泊在气上，所以理与气浑沦一团而产生天地万物。薛瑄说："天地间无别事，只一理、阴阳、五行化生万物而已。"②薛瑄认为，天地万物都是由浑沦一团的理气所产生的，宇宙中只有浑沦无间的理气及其所产生的万物。在薛瑄的理气论中，我们可以看到，他强调的是理气浑沦一团，这与程朱有所不同。

薛瑄认为，气是万物构成的基本物质材料，无处不在，永不消失，万物的变化只是气的聚散组合过程，称之为"气化"。气的本质即是理，所有理也是无时无处不在的，且与气紧密相依。

　　　　天地之间，物各有理。理者其中脉络条理，合当是如此者，是也。大而天之所以健而不息，地之所以顺而有常，皆理之合当如此也。若天有息而地不宁，即非天地合当之理矣。以万物观之，如花木之生，春夏秋冬之各有其时，青黄赤白之各有其色，万古常然不易，此花木合当之理也。若春夏发于秋冬，秋冬者发于春夏，青黄者变为赤白，赤白者变为青黄，即非花木合当之理矣。以至昆虫鸟兽莫不各有合当之理，以人言之，自一心之所存，以至一身之所具……秉彝之性，而不可易者，乃合当如是之理也。不如是，则非人之理矣。以至君之仁臣，之敬父，之慈子，之孝夫妇之别，皆合当如是之理也。凡此一有不尽，则非人伦合当之理矣。此理之所以无物不有，无时不

---

　　①　薛瑄：《读书续录》卷四，《文渊阁四库全书》第711册，台北：商务印书馆1986年版，第608页。

　　②　同上书，第609页。

然，语大天下莫能载，语小天下莫能破也。①

由此观之，理气均为永恒的存在，理气合一而无先后。对于理先气后的说法，薛瑄反驳道：

今天地之始，即前天地之终。其终也，虽天地混合为一，而气则未尝有息。但翕寂之余，犹四时之贞，乃静之极耳。至静之中而动之端已萌，即所谓太极动而生阳也。动极而静，静而生阴，静极复动，一动一静互为其根，分阴分阳两仪立焉。原夫前天地之终，静而太极已具。今天地之始，动而太极已行。是则太极或在静中，或在动中，虽不杂乎气，亦不离乎气也。若以太极在气先，则是气有断绝，而太极别为一悬空之物，而能生夫气矣。是岂动静无端，阴阳无始之谓乎？以是知前天地之终，今天地之始，气虽有动静之殊，实未尝有一息之断绝，而太极乃所以主宰流行乎其中也。②

薛瑄从时间先后的角度，一针见血地指出理在气先之说的漏洞，将气有断灭与动静无端的矛盾明确指出来，继而理先气后的说法不攻自破。薛瑄讲理只在气中，断断不可分先后。以太极为例，动而生阳，动前便是静，静便是气。如此看，切不可说理先而气后。除太极之外，阴阳中亦有理。理不外乎阴阳，精粗、本末无二致。这点从《太极图》所含之理不难看出。万事万物皆同此理，理气之外无一物。理在气即在，气在理即在。气中有理，理在气中，理气浑沦而产生万物，理气之外，无一物存在。由此出发，薛瑄指出，理与气同时俱在，彼此无缝隙、密匝匝地融为一片。他说："理气密匝匝地真无毫发之缝隙。"③ 又说："一气一理浑然无间，万物各得一气一理，分之则殊，合之则一。"④ 因为理与气融为一体，没有间隙，间不容发，如果硬要分"孰先孰后"，则是不对的。在这

---

① 薛瑄：《读书录》卷一，《文渊阁四库全书》第 711 册，台北：商务印书馆 1986 年版，第 546 页。

② 同上书，第 577 页。

③ 同上书，卷八，第 671 页。

④ 同上书，卷一，第 712 页。

点上，直接影响了蔡清，蔡清"理气无先后"观点的提出，正是得益于薛瑄。

薛瑄把太极和理视为同等，他说："太极者，理之别名，非有二也。太极即是理。"① 又说："太极即理也。合天地万物之理言之，万物统体一太极也。就天地万物之理言之，一物各具一太极也。统体者所以涵夫各具者，似合矣，而未尝不分也。各具者所以分夫统体者，似分矣，而未尝不合也。"② 太极就是理，理为天地万物产生的根源。

在体用问题上，薛瑄认为体用一源，这种观点贯穿于其易学的整个观点，甚至体现在道德修养的问题上，"体用一源，以至微之理言之，如人心未发之时，虽冲漠无朕，而万事万物之用已具，故曰体用一源。显微无间以至著之象言之，如人之一身以至君臣父子，万物万事而理无不在，故曰显微无间。"③ 从君臣父子的伦理道德角度，进一步说明体用一源的观点。从此处也可窥见薛氏的易学哲学注重道德修养。与蔡清相比较，不难看出其思想上的传承关系。蔡清更倾向于将《周易》看作是穷理尽性之书，在强调其中治国之道的同时，也不忘指出其中蕴含的君子安身立命之法，这种对于道德修养的重视，可以说承自薛瑄。

4. 梁寅

梁寅（1309－1390），字孟敬，新喻（今江西省新余县）人。明初学者。晚年结庐石门山，又称石门先生。四方士多从学，称其为"梁五经"，《明史》有传。所注有《周易参义》《诗书演义》《周礼考注》《春秋考义》及《汉唐以来君臣事略》《宋元史节要及》《石门集行》于世。

梁寅出身贫寒，世业农家，然贫而能自力于学，由是通六经之旨。曾多次应考而终不第，后而放弃，不复为。"尝游金陵至钱塘，一时名士多愿与之交。辟为集庆路儒学训导。居二岁，以亲老辞归。明年天下兵起，遂隐居教授。及太祖平定四方征天下名儒修述礼乐，以新一代之制，寅就征，已六十余矣。时以礼律制诰，分为三局。寅在礼局中，讨论精审，诸儒皆推服之。书成，赐金帛，将授官，寅以老病辞，许之。寅归，结屋石

---

① 薛瑄：《读书录》卷六，《文渊阁四库全书》第 711 册，台北：商务印书馆 1986 年版，第 635 页。

② 同上书，卷二，第 565 页。

③ 同上书，卷三，第 756 页。

门山，四方士多从之学。相与称为'梁五经'。洪武二十三年，八十二岁卒。"① 一生著书立说，教授门徒，名噪一时。至明太祖朱元璋定天下后，梁寅就任官职修礼乐。书成后，太祖授官而寅辞归故里。

梁寅的《周易参义》易学思想对于蔡清易学思想的形成影响颇深。蔡清《易经蒙引》一书中，提到该书多达 70 余次。而细看其引用之处，不难发现，蔡清对于梁寅思想的继承，主要还在于易理方面，尤其是发穷理尽性之大义。现本书从天地之理、治国之道、修身之法三方面论梁寅的易学思想，并以此揭示其对蔡清的影响。

（1）从易卦论天地之理

参义曰：乾之为卦至大矣，而其占辞之略，何也？曰：辞之略者此其所以为大也。诸卦之言亨也，有曰元者矣，有曰小亨者矣，有曰某事亨者矣，而乾乃独曰元亨则无往而不大亨也。诸卦之言贞也，有曰利某事贞者矣，有曰小利贞者矣，有曰利艰贞者矣，而乾独曰利贞则无往而不利于正也，非元亨利贞字大，乃乾字大也。愚谓贞之一字乃六十四卦三百八十四爻之枢纽也。夫子所谓一言以蔽之者也。比时字尤切，然贞则时矣。试观一易卦爻中，凡贞则吉，不贞则凶，贞则利，不贞则不利，贞则凶害反为吉利，不贞则吉利反为凶害。又凡言吉利者，虽无贞字，理则自贞中来也。凡言凶害者，虽无不贞字，理则自不贞中来也。学易者要须识得。②

蔡清引梁寅《周易参义》文以明《乾》卦之大者为何之理。《乾》卦之所为大者，在于其用简洁的占辞揭示天地之道。《乾》之"元亨利贞"四字正是凸显了《乾》卦之大。由此而得出结论，贞之一字是整部经的精髓。易最初为卜筮之用，吉凶尤为重要，而贞与不贞则是定卦之吉凶的关键。

"参义曰：于阳方盛之日而先虑其变，此易所以为君子谋也。一阳始

---

① 过庭训：《本朝分省人物考》卷六十二，《续修四库全书》第 534 册，上海古籍出版社，1995 年版，第 699 页。

② 蔡清：《易经蒙引》卷一上，《文渊阁四库全书》第 29 册，台北：商务印书馆 1986 年版，第 13 页。

于复，二阳长于临，至于六阳而为乾，则阳极矣。于是一阴生于下而为姤，二阴长而为遁，自临至遁凡经八爻自丑至未凡历八月。"①易卦之阴阳消长，是一个渐变的过程，并非一蹴而就。《乾》乃至刚至健之纯阳卦，变为《坤》之巽顺之纯阴卦，是经历了一阳退而一阴长的一个过程，这也正是体现了万物之理在于渐变，所谓量变而引起质变也。"参义曰：复之阳尚微弱未能遂胜阴也，故不言元亨而止言亨，既生则渐长，长则可以大亨矣。"②可见从亨到大亨，是阳胜阴的一个过程，而此过程也正是渐长之过程，其理同也。

在解释"后以裁成天地之道，辅相天地之宜，以左右民"一句时，其文有云：

> 参义曰：天地交而万物通，然后圣人有以致其用。若天地不交，万物不通，虽圣人亦难乎其为功矣。天地闭，贤人隐。若圣人则不容隐矣。裁成以制其过，辅相以补其不及。参义曰：天之道为日月星辰四时寒暑，地之道为山川丘陵坟衍原隰，然既滞于形气则其道未免于过也。故元后为之治，历明时使分，至启闭之不差春夏秋冬之有序为之经画井野，使城郭郊原之有制，道里封疆之各定，而不使之过也。③

天地之理在于通泰，万物各得其所。如天地不交，则万物不通，而圣人不现于尘世。日月星辰之有时，四季寒暑之有序，都是天地通泰而后有之，这才是天地之道。天地之道还在于有始有终，而不断往复。"天地盈虚与时消息，人固在其中矣。故曰而况于人乎？参义曰：天道之有始必有终，既终复有始。圣人知天道之如是，故其所以虑事者，即原之于始而又要之于终也。"④

"参义曰：五乾刚中正而所应，亦中正所谓纯粹精者也。无妄之至

---

① 蔡清：《易经蒙引》卷三上，《文渊阁四库全书》第 29 册，台北：商务印书馆 1986 年版，第 213 页。

② 同上书，卷四上，第 250 页。

③ 同上书，卷二下，第 157 页。

④ 同上书，卷三上，第 207 页。

也，如是而或犹有疾焉。是乃无妄之疾也，不当得而得者也。天下之理邪不胜正，妖不胜德，故虽有是疾亦勿药而自愈矣。是又无妄之福也。"①天下之理在于阴不能胜阳，邪不能胜正。故虽然是无妄之灾，而因其不当得，自会不药而愈。看似一种宿命论，却显示出儒家思想的特点，也是《周易》特色之一，即阴阳虽可以相互转化，而阴终究不能抑制于阳上，此乃定理也。"参义曰：无妄，无望二义固异矣。然无邪妄之心惟尽其在我而于吉凶祸福皆委之自然，亦未尝有所期望也。人而有所期望者，即邪妄之心也。故爻辞言无妄之祸福而《彖》传、《大象》皆以无邪妄言明义理以教人也。"②

（2）治国治家之道

"参义曰：无道之君，自谓其不亡，故亡。有道之君，常惧其亡，故不亡。"③ 常怀忧患之心，时刻警惕自己的言行，兢兢业业于治国之业，才可以国泰民安，此乃为帝王之道。"参义曰：夫农夫之于农事菑则必畲，畲则必耕，耕则必获，未有不耕获菑畲而有得者，其取象如是，亦设言以见无营度之心耳。以义推之如圣人之无为而治，君子之不要人爵而人爵从之，皆是也。"④有居安思危之心，则可保国免于安逸而亡，而励精图治之道，则需有则。无为而治，与民休息同样是必要的治国大政。作为人主，其本身的德行也尤为重要，故 "参义曰：人君居尊位而安正端重，则所发必正言，所行必正道，而天命佑之巩固而不去矣。是犹鼎之安重而有以贮其实也"。⑤为人君者，居于尊位，则言行更重，要与身份相称，故其言必正，其行必端，这才是人君之道。

治国之法，还在于用人之道。君臣之间关系如何，是关于国家命脉的关键一环。"参义曰：上六《师》之终，故言封赏之事。大君有命其功之大者，命之以开国而使为诸侯，功之小者命之以承家而使为卿大夫。爵必称其功，报必赏其劳，无僭差，无私吝，此王者公天下之心也。然师旅之

① 蔡清：《易经蒙引》卷四上，《文渊阁四库全书》第 29 册，台北：商务印书馆 1986 年版，第 272 页。

② 同上书，第 265 页。

③ 同上书，卷二下，第 165 页。

④ 同上书，卷四上，第 270 页。

⑤ 同上书，卷七下，第 452 页。

兴人才非一概或以忠勤，或以勇力，或以才干，或以谋略，其封赏之行固无不及也。至于董正治官任以庶政，则惟贤是用，不复计其功矣。"①《师》卦上六是说开国之功臣封赏之事，以其功之大小而分为大夫、诸侯等。而后提出，治国治官之道，标准不在于之前的功过大小而是在于是否贤能。贤臣则知进谏，佞臣则只能误国。"参义曰：以往事观之，如楚庄王听伍举之谏而罢淫乐，齐威因淳于髡之讽而行诛赏，其皆成有渝之义欤！"②楚庄王、齐威王正是选用贤臣而纳其谏而后有国之盛世也。

（3）君子修身之法

对于《履》卦之"履虎尾，不咥人，亨"一句，蔡清的解释引《周易参义》：

> 参义曰：虎，咥人者也。然以和悦履之，则不见咥而反致亨。以是观之，人之践履卑逊何往而不亨乎？行于强暴则强暴服，行于蛮貊则蛮貊化，行于患难则患难弭，皆和悦之效也。然和非阿容也，悦非佞媚也，亦恭顺而不失其正耳。兑之《象》曰：刚中而柔外，此其道也。参义曰：乾体刚健，非专为暴者而象之以虎，所以极言和悦之无患也。然如兑之所履，亦顺其正理而已。固非邪媚以免祸者也，如人臣之事暴君，贤者之遇恶人，皆履虎尾者也。君子于此，岂有他道乎？亦尽其礼而已矣。③

虎本凶猛之动物，伤人者也，然而如果以和悦之姿以对之，则不至有凶反而至亨也。由此爻象而得出人之处世之理，同样在于"践履卑逊"，以和悦的态度待人，则无往而不利。然而，和悦非献媚，恭顺也不等于不坚持中正之理，正如傲气与傲骨之理也。此处，蔡清引用《周易参义》之言，旨在说明君子之道在于礼，合乎礼则可以至亨。

> 参义曰：圣人于天下之患不图之于已，然而当戒之于将。然泰之

① 蔡清：《易经蒙引》卷二中，《文渊阁四库全书》第29册，台北：商务印书馆1986年版，第132页。

② 同上书，卷三上，第196页。

③ 同上书，卷二中，第148页。

时，吉亨之时也。然九三才过中则圣人即为之戒，非思患豫防之意乎？天下之理平者必有倾，往者必有复。阴阳之相胜，祸乱之相因，如循环。然惟善处之者于此之时，如捧盘水，如驭六马，有戒惧之心而无怠忽之意焉！故艰贞守正而可以无咎也。①

《泰》九三爻释辞，蔡清引梁寅之意表达其观点，认为天下之理在于不断循环往复，所以君子之要在于择其当为之时而有为，常怀警惕戒备之心，坚守贞正之道，方可以达到无咎之目的。又有：

> 参义曰：谦则必亨。书曰：满招损，谦受益。诗曰：彼交匪傲，万福来求，云云。其何以能若是哉？由其安理乐天而物我无间，故不自满足而自然卑逊，非矫为之也。若内有矜伐之心而外示抑损之意，则非安履乎谦者矣。其始虽饰，其情而终则见于色。②

谦谦君子之谓也，君子之道在于不自满，不自满方能卑逊于外而有亨。此卑逊之意，是由内心而散于外表，切忌矫揉造作而粉饰之，内心无此，虽粉饰而终将现于外。故君子之道在于谦。正如"《参义》曰：君子观地中之有山，则知人之处世不可以自高，而卑人故有持平之心焉……而君子者，其心有异焉。是故聪明睿智守之以愚，功被天下守之以让，勇力振世守之以怯，富有四海守之以谦。若是者其心何如也？岂非恶己之独多而裒之以益人乎？"③除要常怀戒惧之心和保持谦和之态外，君子之道还在于有过而改之，居安思危，居盛而知衰退之道而择时以退。"常人之情，过而能改者，鲜矣。而于讼与师，则必伸其志，其能自反者为尤鲜。盖有计穷力屈不得已而退者也，未有其力之强而能自退者也。"④有过而能改者，不多见，而得意之时能自省者更少之又少。所以在盛极之时而有思退之心者，不多也。此正是君子修业之要也。君子之道，修身、齐家、治

---

① 蔡清：《易经蒙引》卷二下，《文渊阁四库全书》第 29 册，台北：商务印书馆 1986 年版，第 159 页。
② 同上书，卷三上，第 196 页。
③ 同上书，第 185 页。
④ 同上书，卷二下，第 171 页。

国、平天下也。修身、齐家之外，重要的是要治国、平天下，则出仕而为
人臣，君臣之道则成为君子之必修。"参义曰：治蛊者，子任父之事，臣
任君之事也。上九当蛊坏之极而不授任于人，是贤人君子当天下之坏乱而
独善其身者，故云：不事王侯，高尚其事也。上既在事外而不事王侯，则
高尚其事而已，其事者何事也？曰：圣贤之道也。"①此处说乱世之时，不
可仕则独善其身也，而其深意则仍为君子应于治世而仕，为天下谋，为百
姓造福。"《参义》曰：室虽暗而有明者焉，窗牖是也。君心虽暗而有明
者焉，其性之偏长者是也。人臣之进善者，将顺其所长而委曲以导之，则
吾之言易入矣。"②人臣之道，在于顺时顺势而动，顺应事物之所长而谋
之。更为重要的一点，为人臣者，必当安守本职，不可僭越，这也正是封
建社会所不断强调的忠君思想的体现。"明辨晢也，言其明辨之晢然也，
所明辨者，君尊臣卑之义，亏盈益谦之理也。《参义》曰：四之所处所谓
挟震主之威者也。其能自谦抑才免于咎而已。若矜功挟权以陵轹其上能无
凶乎？"③为人臣者，其道在于鞠躬尽瘁而不能居功自傲，功高震主则岂能
无凶祸？

第二节　蔡清易学的史料梳理

　　上一节，主要论述蔡清本人生平事迹以及稽考蔡清与其主要师友易学
著述的关系，旨在了解蔡清易学思想形成的背景与思想来源。接下来本书
将对蔡清的著作进行梳理，由于本书主要研究其易学思想，梳理的对象主
要为蔡清易学专著以及其他著作中的易学材料。

一　蔡清易学专著述略

　　蔡清易学著作有《易经蒙引》（清代黄虞稷撰《千顷堂书目》卷一作
《周易蒙引》，朱彝尊《经义考》卷五十也作《周易蒙引》）、《太极图书》
《河洛私见》。而其中《易经蒙引》最能表明蔡清的易学思想。故本书主

---

　　①　蔡清：《易经蒙引》卷三上，《文渊阁四库全书》第 29 册，台北：商务印书馆 1986 年
版，第 196 页。
　　②　同上。
　　③　同上书，卷二下，第 178 页。

要对该书予以论述。蔡清易学思想的形成有着多方面的原因和条件。从历史的角度来看，蔡清易学与朱子学有十分密切的关系。蔡清在继承朱熹易学的同时，也进行许多发挥，提出自己的见解。他认为《周易》乃是一本摹写天地万物形成变化的经书，天地间日夜交替而成明与幽的天之易，地势高低不同而成南北高深的地之易，正是对天地之易的摹写，才有《易》书之易。为了揭示《易》的丰富内涵，蔡清就太极、阴阳、动静等诸多方面展开论述，通过易学的象数、义理解释，以凸显儒家修身治国精神，在采纳朱熹《周易本义》的诠释框架的基础上，引入了张载等人的"元气论"，善于联系各种学科知识，以发明卦象奥义所在。蔡清的易学理论不仅受到同时代学者的重视，而且也对后世产生一定影响。

1. 成书背景及其原因

蔡清易学思想的形成有着多方面的原因。从历史的角度来看，蔡清易学与朱子学有十分密切的关系。朱子学在明代已经成为官方哲学。学界对朱子的推崇上升到了一种几乎神化的程度。当时官方颁布的《周易大全》，对程朱易学特别推崇，尤其是朱熹易说，几乎成为"金科玉律"，儒门学者基本上不敢有所异议，更不敢予以评论。对于这种现象，蔡清是有所质疑的，于是作《易经蒙引》，略表异议；这正是出于纠正当时社会上不良学风的目的。蔡清在继承朱子易学的同时，对其不完善之处，也提出自家的看法，从而打破了当时视朱子学为绝对真理的局面，对于当时整个学术的发展起到了积极的矫正作用。

然而，必须指出，蔡清提出质疑，并非是要抨击朱熹，更不是要动摇朱熹在易学上的地位，恰恰相反，蔡清正是为了捍卫朱子学。蔡清的《易经蒙引》是在朱熹《周易本义》的体例上进行阐发的，所以从根本上来讲，是对朱子学说的一种继承。"蔡清是朱子学发展史上的重要学者。他的学说出现于朱子学的发展由独盛到稍衰的转变时刻。"① 蔡清当时所处的社会环境正是陈宪章心学盛行的时代。出于捍卫朱子学说的立场，蔡清面对来自心学的批判，挺身而出，同心学派进行果敢的辩论。在维护朱子学的同时，蔡清进而发扬了朱子学说，并在此过程中，形成和完善了自己的易学思想。

---

① 傅小凡、卓克华：《闽南理学的源流与发展》，福建人民出版社 2007 年版，第 278 页。

作为明代著名的易学家，蔡清在后来得到很高的评价。《明史·儒林传》评价蔡清："平生饬躬砥行，贫而乐施，为族党依赖，以善《易》名。嘉靖八年，其子推官存远，以所著《易经》《四书蒙引》进于朝，诏为刊布。"① 黄宗羲在《明儒学案》一书中评价说："先生生平精力，尽用之《易》《四书蒙引》，茧丝牛毛，不足喻其细也。盖从训诂而窥见大体。"②《明史》与《诸儒学案》评价蔡清首推其易学，可见蔡清的学术地位实际上主要是因为他在易学方面的成就而奠定的。

2.《易经蒙引》的基本内容

由于特定的文化熏陶和个人的爱好，蔡清不仅继承了以朱熹为代表的宋元儒家易学传统，而且根据自己的理解，从多角度进行解读，形成了自己的易学思想。

首先，在刘《周易》书名二字的问题上，蔡清就提出自家看法，认为"周，代名也，本国名，在雍州境内，岐山之阳"③。蔡清的这种说法，主要是源自孔颖达之说。唐代孔颖达《周易正义》认为"周"是指岐阳地名，是周朝的代称。这样的说法无论在历史上还是在当今而言自然都不算什么创见，但在各种解释纷起的时候，蔡清的界定则表明了一种态度、一种坚持和一种导向，对于当时学术界来说具有正本清源的作用。

其次，蔡清并不刻意强调《周易》之占卜性，而是着重从卦象与天地阴阳的角度予以诠释。"圣人仰则以易而观乎天文之昼夜上下，俯则以易而察乎地理之南北高深：则知昼也，上也，南也，高也，所以明者阴变为阳也；夜也，下也，北也，深也，所以幽者阳变为阴也。是知幽明之故也。"④ 其中"以易而观"和"以易而察"，是说圣人根据《易》的变化立场来观察天地万物的情状。他认为《周易》乃是一本摹写天地万物形成变化的经书，天地间日夜交替而成明与幽的天之易，地势高低不同而成

---

① 张廷玉：《明史》卷二百八十二，《文渊阁四库全书》第 301 册，台北：商务印书馆 1986 年版，第 759 页。

② 黄宗羲：《明儒学案》卷四十六，《文渊阁四库全书》第 457 册，台北：商务印书馆 1986 年版，第 770 页。

③ 蔡清：《易经蒙引》卷一上，《文渊阁四库全书》第 29 册，台北：商务印书馆 1986 年版，第 2 页。

④ 同上书，卷九下，第 586 页。

南北高深的地之易，才是易中的根本，天地之易正是《易》书之易。如此，他对《周易》的性质作出了界定：摹写天地之易。这种说法与朱熹的解释有所不同。朱熹曾经很明确地指出："圣人作《易》本是使人卜筮，以决所行之可否，而因之以教人为善，如严君平所谓'与人子言依于孝，与人臣言依于忠'者，故卦爻之辞只是因依象类，虚设于此，以待扣而决者，使以所值之辞，决所疑之事。"① 对照一下朱熹的描述，我们不难发现朱熹是把《易》看作一部卜筮之书的，蔡清则改变了解释的方式，侧重从天地自然的客观认识上论说大《易》的由来和功用。

复次，他认为，《周易》一书内容博大而精深，但究其核心，乃是阴阳变易的规律。蔡清认为阴阳变易规律，作用于宇宙间，大到天地之道，小到花鸟鱼虫等细微之物，无不受阴阳变易规律的制约。天地间万物，山川河流，动物植物，乃至饮食男女，无不体现着阴阳两端及其变易规律。所以说，从本质上来讲，《周易》一书的主要内容就是围绕着阴阳变易的思想而申发的。一言以蔽之，此即阴阳变易之道。

最后，蔡清《易经蒙引》一书，主要是在《周易本义》的体例基础上，对经文易传进行注疏，从而提出自家观点。简要概括之，不外乎归结于太极、阴阳、动静这几个范畴。就太极而言，蔡清主要提到太极乃是天地万物之理，是天地万物发生的根源和准则。"合天地万物之理谓之太极。此太极二字之本指也。若谓一物各具一太极者，则指散殊者之全体而言，天地间无他物只是道而已。"② 在蔡清看来，太极不仅是理，太极也是道。"语道体之全则谓之太极。语太极之流行则谓之道。语道之妙则谓之神。"③ "若夫不滞于动，不滞于静，非动非静而妙乎动静者则谓之道者，太极也。"④太极有体有用，故而生生不息。不过，体用并非如河之两岸可望而不可即，而是同出一原的，因为"无极而太极，太极本无极"，所以"显微无间"。蔡清指出，"太极无不在，且如一年春夏发生之候为

① 朱熹：《晦庵集》卷三十一，《文渊阁四库全书》第 1143 册，台北：商务印书馆 1986 年版，第 689 页。

② 蔡清：《易经蒙引》卷九下，《文渊阁四库全书》第 29 册，台北：商务印书馆 1986 年版，第 595 页。

③ 同上书，卷九下，第 586 页。

④ 同上书，卷九上，第 573 页。

阳，秋冬收藏之候为阴，是一年之内有个太极也"。① 太极乃是对天地万物存在的抽象表征结果。

"易有太极，易者阴阳之变，太极者阴阳之所以变者也，阴阳之所以变者太极有动有静也。"② 凡物都必阴阳交会然后方能有此物，此处正是强调阴阳二者缺一不可，必相互作用方能成其大者。"有天地然后气化流行万物生，有万物则分阴分阳而后有男女，此男女专指人言，有男女则阴阳相合而后有夫妇，有夫妇则生育之功成。"③ 如此，由阴阳而成天地万物，而成人间男女性命、种族繁衍。

动静是关系到宇宙生成的一对重要范畴，也是万事万物存在的一种形式。在蔡清心目中，动静观已经不再是单纯的动与静，而是万事万物存在发展的原因，正是由于动静的对立统一性，才使得万物能生能化，不断发展。正如蔡清所表达的，如非乾坤一动一静，就不会有是物，无是物则安有此理？既无此理则何来《易》之摹写天地万物？又说："盖天地之间本一气之流行而有动静耳。以其流行之统体而言则但谓之乾而无所不包矣。以其动静分之然后有阴阳刚柔之别也。"④ 照此，则天地间阴阳刚柔之所以有分别，是因为一气流行而有动静变化。可见动静在此起到了至关重要的作用。

太极动静生化万物，同时动静本身也具有奥妙的相互关系，动静相因，动则有静，静则有动，物无常动之理，动与静之间是相伴而存在的，有动必有静，但这里所说的有动必有静是指在一段时间内的动而复静，并非指动静在同一空间点的同时存在，此所谓动静不同时，阴阳不同位，而太极无乎不在者也。

动静与太极、阴阳的关系，以及如何相化生的过程，在《易经蒙引》中具体描述：

　　　　动静有常，刚柔断矣。愚谓太极动而生阳，静而生阴。故凡阳物

---

① 蔡清：《易经蒙引》卷九下，《文渊阁四库全书》第 29 册，台北：商务印书馆 1986 年版，第 596 页。

② 同上书，卷十下，第 657 页。

③ 同上书，卷十二下，第 784 页。

④ 同上书，卷一下，第 90 页。

其性类皆动也，阴物其性类皆静也。所以谓之有常者。盖唯其禀性于阳，故其动有常。唯其禀性于阴，故其静有常也。阴亦或有动者，然非阴之常。阳亦或有静者，然非阳之常也。今以天地万物观之，如天左旋一日一周而过一度常动也。地则亘万古而常静也。①

一方面，蔡清从类型上陈述了阳物以动为本，阴物以静为本，正因为万物各有其本性，所以动静有常法，刚柔必相推。另一方面，蔡清看到了阴阳动静之异态，这种异态表现在特殊情况下阳物之"静"和阴物之"动"。不过，在一般情况下，阳动阴静，乃是普遍的规律，这就是蔡清说《易》的基本立场。

3.《易经蒙引》的特点及其影响

蔡清易学思想虽然以朱子《周易本义》为宗，但在解释过程中，则通过发挥和变通，提出了自己的见解，形成了某些特色。

首先，蔡清通过易学的象数、义理解释，以凸显儒家修身治国精神。在《周易》中，每卦有卦象，每爻也有爻象。每卦有卦辞，每爻也有爻辞。如何诠释卦象、爻象以及系于卦爻的文辞，向来有不同的思路。汉代的儒家学者，侧重于卦象与爻象本身符号表征意义的梳理，于是旁通、互体之说流行，象外生象，广为推演，遂造就了象数派的大潮；魏晋时期，以王弼为代表的易学家，则以老庄思想说《易》，于是"义理"派随之勃兴。隋唐之际，两派各有传承，形成了自己的发展脉络。南宋朱熹作《周易本义》，虽然主以明理，但并没有偏废象数，蔡清基本上继承了这种传统。例如对《乾》卦辞的解释，蔡清先列出该卦的卦辞，然后指出："一者奇也，阳之数也。只实处便是一，虚则二矣。乾一而实奇，圆围三便见阳数奇矣。一或读为单者，非也。单只是少阳，若以易用九言，一是太阳，所谓重也。纵不专指太阳，亦须兼得太阳方是。"② 从这段解说可以看出，蔡清说《易》还是从卦象入手的。再如对《乾》卦初九爻辞的解释，蔡清先列出该爻的爻辞，然后再列出朱熹对该爻辞的注解，接着进

---

① 蔡清：《易经蒙引》卷九下，《文渊阁四库全书》第 29 册，台北：商务印书馆 1986 年版，第 543 页。

② 同上书，卷一上，第 9 页。

行自己的说明，他指出："画卦自下而上，不只是作《易》圣人然也，凡众人占卦者之画卦皆然。"这显然也是基于爻象作出的引申。由此可见，对象数的发明乃是蔡清说《易》的出发点；不过，如果我们通览《易经蒙引》，就会发现，蔡清说《易》不仅具有明显的义理倾向，而且是以儒家修身治国论为大纲的。这一点从《乾》卦的解读就可以看出来。与一些易学家将经、传分开解说的方式不同，蔡清把《乾》卦的卦爻辞与《彖传》《象传》《系辞传》等有关《乾》卦的论说统合起来，他先解释卦象与卦爻辞，然后围绕《易传》的文本展开。在整个《乾》卦的诠释过程中，蔡清不仅明显加大了解说《易传》的分量，而且不时地就圣人修身养性与治国问题展开论述。例如对该卦九二爻，他说："居下之上，则有重责在身。所谓'赫赫师尹，民具尔瞻'。有国者不可以不慎者也；所谓处乎忧患之域而行乎利害之途者也。"① 这里所谓"居下之上"是从卦位角度说的，《易》之"重卦"，两个三画的经卦相叠，而有六画的上下相重之卦，简称之为重卦，下三爻组合成为下卦，上三爻组合成为上卦。"居下之上"指的是居于下卦初爻之上，此爻为君象，表示对国家负有重大责任，因此行事必须谨慎，在顺利的时候必须时时想到困难，具有"忧患"意识。蔡清这个解释既是就居于上位的君主个人修身养性说的，也是对治国安邦而言的，其修身治国的理趣跃然纸上。在蔡清看来，《乾》卦六爻中所提及的"潜"、"见"、"惕"、"跃"、"飞"、"亢"，不仅表征事物的某种状态，而且寄托着君子要根据不同时机采取不同策略的安身立命之道。《乾》卦如此，其他卦也不例外，反映了蔡清以修身为本，以安邦为用的儒家思想。

　　其次，蔡清在采纳朱熹《周易本义》的诠释框架的基础上，引入了张载等人的"元气论"。朱熹的《周易本义》虽然也讲"气"，例如他在解释《乾》卦初九爻辞时说"阳气潜藏"，在解释九三爻辞时则引用了孔子关于"同声相应，同气相求"的言辞，说明"气论"在朱熹易学体系中也占有一定的地位；然而，就大体而言，朱熹则坚持以"理"为本根，他在《周易本义》的序言中说得很清楚："六十四卦三百八十四爻，皆所

---

　　① 蔡清：《易经蒙引》卷一上，《文渊阁四库全书》第29册，台北：商务印书馆1986年版，第17页。

以顺性命之理，尽变化之道也。散之在理则有万殊，统之在道则无二致。"① 按照朱熹的看法，《周易》一书的核心精神就是"理"与"道"两个字，归根结底，"道"与"理"并没有本质的不同，由此可见其以"理"说《易》的本色。蔡清的易学既然是以朱熹《周易本义》为框架，便不会排斥"理"的论说，但他的解释则有更为丰富的"气论"内涵。通览《易经蒙引》一书，发现"气"这个概念频繁地出现，例如在卷一上出现 56 次，卷一中出现 36 次，卷一下出现 22 次；卷二上出现 8 次，卷二中出现 13 次，卷二下出现 38 次；卷三上出现 9 次，卷三下出现 5 次；卷四上出现 41 次；卷五上出现 22 次，卷五下出现 4 次；卷六上出现 6 次，卷六下出现 21 次；卷七上出现 31 次，卷七下出现 15 次；卷八上出现 6 次，卷八下出现 1 次；卷九上出现 59 次；卷十上出现 59 次，卷十下出现 14 次；卷十一上出 11 次，卷十一下出现 20 次；卷十二上出现 41 次，卷十二下出现 39 次。全书先后出现 561 次，足见这个概念在全书中乃是一个很突出的关键词。从其具体论述中，我们可以明白，蔡清是以"气"来解释"阴阳"的，他在说《坤》的时候指出："万物之生成，只是一元之气而已。造化原无两个元也，坤元只是乾元后一截，当其气形交接处。乾坤虽云两个物，实则只是一般物也，以一段物而受两个物之投种，究竟宁有是理哉？盖总一气机也。"② 按照这个看法，则作为万物总代表的乾坤最终都可以归结为同出一个"气机"，这就把"气"当作根本了。蔡清这种"气本"的思想也贯穿于乾坤以外各卦的解释之中，例如在解释《谦》卦时，他说："天道下济而光明，天虽居上，而其气常下降，以济万物。惟其下济也，故气一嘘而万物以生，气一缩而万物以成。"③ 在解释《复》卦时又说："天行也，以气运而言。故曰：自五月姤卦一阴始生，至此七爻而一阳来复，此全以气运言卦画之进退。"④ 这些例证说明，"气论"在蔡清的易学思想体系中占有特别重要的地位。

---

① 朱熹：《周易本义》序，《文渊阁四库全书》第 12 册，台北：商务印书馆 1986 年版，第 707 页。

② 蔡清：《易经蒙引》卷一下，《文渊阁四库全书》第 29 册，台北：商务印书馆 1986 年版，第 67 页。

③ 同上书，卷三上，第 182 页。

④ 同上书，卷四上，第 252 页。

　　复次，蔡清善于联系各种学科知识，以发明卦象奥义所在。倘若相互对照，可以看出朱熹的《周易本义》是历史上论述比较简要的一个诠释本，许多观点在《周易本义》中往往只是点到为止，但朱熹在与学生讨论时则有所展开，这在《朱子语类》中可以找到不少的根据。或许是课堂教学的缘故，朱熹得以旁征博引，解说《周易》的卦象理趣。蔡清作《易经蒙引》在这个方面大有发展。为了说明问题，蔡清注意从人们关心的现象入手予以陈述，例如在解释"伏羲仰观俯察"的时候，由许许多多的自然现象说起，接着引入中医学说来证明伏羲氏画卦的核心在于表征阴阳二气的流行对待，他指出：

　　　　男女之身，各有血气。血阴而气阳也。所谓一物原来有一身，一身还有一乾坤。而人身之血气，其界分亦自不同。如医家诊脉法，左右手，寸、关、尺三部。左：心、小肠、肝胆、肾；右：肺、大肠、脾、胃、命。左寸部轻按诊心，重按诊小肠；左关轻按是肝，重按是胆，无往而无个阴阳之别。①

　　这是从中医诊病的角度论述阴阳问题，体现了蔡清不仅熟悉传统医学的经络学说，而且将之与易学卦象诠释相互贯通。再如解释《豫》卦，蔡清又联系先王作乐的事，他说："乐之为用多矣！内而闺门，外而朝廷，远而邦国，皆是用乐所在。独言荐上帝、配祖考，何也？曰：万物本乎天，故有郊；人本乎祖，故有庙。是其用乐之最大者，故曰殷荐。"②音乐的作用是非常广泛的，但《豫》卦为什么只说"荐上帝、配祖考"呢？蔡清提出了问题，又对问题进行分析，他指出了"天"是万物发生的由来，而祖先是人类的根本。正是因为重本，所以《豫》卦从"殷荐"的角度来谈先王作乐。蔡清善于抓住卦爻辞的核心，申发推演，他的解说环环相扣，体现了易学思想的整体联系。

　　4. 后世对《易经蒙引》的评价

　　蔡清的易学理论不仅受到同时代学者的重视，而且也对后世产生一定

---

　　① 蔡清：《易经蒙引》卷一上，《文渊阁四库全书》第 29 册，台北：商务印书馆 1986 年版，第 8 页。

　　② 同上书，卷三上，第 190 页。

影响。今所见明清两代的许多易学著作常有引述蔡清者，像明代的崔铣撰《读易余言》五卷，一方面删除《序卦》《杂卦》言辞，另一方面则增入蔡清论《易》的一些内容；林希元撰《易经存疑》，以朱熹《周易本义》为主，书中多引用蔡清《易经蒙引》；熊过撰《周易象旨决录》，于其序言中提到蔡清先生善为《易》，于是购其书而研读之；潘士藻撰《读易述》凡十七卷，其中征引蔡清者凡七次，见于《大有》《随》《损》《震》《系辞》等的解说中；清代，复有赵继序撰《周易图书质疑》二十四卷，书中亦对蔡清多有引述。

　　为了表彰蔡清，明代都察院左金都御史詹仰庇于万历十五年作《请赐蔡清谥疏》上于朝廷，称蔡清"潜心力学，以六经为正宗，四书为嫡传，周、程、张、朱为真派，研穷绌绎，摩拟阐解，有《四书蒙引》《易经蒙引》《性理要解》诸书。盖朱熹发明圣贤之旨要，而清又发明朱氏之言，四方学者宗之，至今不废，乃其励志好修，省身克己，行不愧影，寝不愧衾"①。朱彝尊《经义考》卷五十在著录蔡清《周易蒙引》之后，引述《明神宗实录》的资料称："少而志学，壮而闻道，饬躬砥行，动准古人，历官郎署，咸推师表。"②又谓："宣父有功于《易》，朱子有功于宣尼，而蔡先生复有功于《本义》。此经此传，遂揭日月而行之中天矣。"③詹仰庇和朱彝尊的称颂反映了蔡清易学在明清学者中颇受推崇的情景。蔡清在易学方面的建树和贡献理应得到当今学术界的重视。

二　蔡清其他论著中的易学资料钩沉

　　蔡清的易学著作除了《易经蒙引》之外，尚有《太极图解》（原名《看太极图说》）、《河洛私见》（原名《看河图洛书说》）。此外，他还著有《四书蒙引》《蔡文庄公集》《虚斋文集》《蔡虚斋粹言》《艾庵密箴》等。其中《蔡文庄公集》一到五卷是依照《虚斋文集》而重订，而第六卷则搜集了一些遗稿作为补充。书末附有《艾庵密箴》《太极图解》《河

---

　　①《福建通志》卷六十九《艺文二》，《文渊阁四库全书》，台北：商务印书馆 1986 年版，第 530 册，第 465 页。

　　② 朱彝尊：《经义考》卷五十，《文渊阁四库全书》，台北：商务印书馆 1986 年版，第 677 册，第 550 页。

　　③ 同上书，第 551 页。

洛私见》各一卷。《四书蒙引》和《蔡文庄公集》虽然不属于易学著作，但往往也包含着作者论《易》的资料，反映了他的一些易学见解；又《蔡文庄公集》包含的书籍比较全面，本书主要以以上两书为依据，对蔡清其他论著中的易学资料进行梳理。

1.《蔡文庄公集》中易学资料钩沉

（1）关于阴阳的论述

大凡气之所在，理即随之，而得夫浅深也。恃知爱辄质所见，区区凡下之资，过悖尤多所冀便中痛指一二，使得早救分毫，如此往复。吾人庶不为虚相遇者，嗣续一事虽曰有命，然固有天理存，阴阳和，而后雨泽降。夫妇和而后家道成。或阳亢阴怯，则志意且不相属，生理何从融结，亦非造物者所授也。区区此言，涉鄙亵知为君子所不韪，然天地纲缊，男女构精，圣人于易言之矣。执事今日，岂厌闻乎？①

此处提到阴阳，主要是从男女人事上说。天地间独阴不生，独阳不长，阴阳和合，方能生生不已。正如男女之理，夫妇之道。蔡清这种阴阳生生不息的观点还见于卷六，其中蔡清提到自乾道成男，坤道成女之后，而成造化生生不息之道，人与物皆然。卷三中亦有"气有阴阳五行，声有清浊五音，天人一也。惟气之界分不同，故五方殊禀而声亦随之。然天然自有之中则不容有二也。盖天地之中，气在中国。中国之中，气在中州。气得其中则声得其正，而四方皆当以是为的焉"②。此段重在说气，天地间有一气，而此气又有阴阳、五行之别，万物都由气而成。天地万物有集中之气在中国、在中州，气得其正而居中，四方皆以为准。

（2）关于动静的论述

三才一太极也，太极一动静也，而动又主于静者也。自天子至于庶人，未有不主静而能善其动者也。呜呼！静之时义大矣哉！松滋世子以此名庵，庵之取义大矣哉。然主静必由寡欲而入，此皆清所得于

①　蔡清：《虚斋集》卷二，《文渊阁四库全书》第1257册，齐鲁书社1997年版，第793—794页。
②　同上书，卷三，第842页。

先贤绪论而众之，所以袭闻者也。①

该文出自《题松滋王世子静庵卷》，此处虽是解释"庵"的名字由来，却也可见蔡清对于动静的观点。蔡清对于动静的认识，往往与太极相关，认为太极函动静，动静相因，动主于静而无静又无动。主静是一种修身之法，也是圣人之论。

> 苟失于主静则势利之来自外者，既得以动而挠之，而情欲之发于中者，又自动而失其所之，于是乎源头浊矣。源头既浊，尚何有清流之可味也哉？我思古人居天下之广居，立天下之正位，行天下之大道。富贵不能淫，贫贱不能移，威武不能屈。事物变故，虽千态万状交至沓来于吾前，而吾之本真莹然者，处之常有余地，应之常有余味。殊若不见其孰为可喜，孰为可悲，孰为可厌，孰为可慕者，无他，静而已矣。此则所谓孔氏家法而侯，所当益读书亲友以求焉者也。或曰动静相生，若子之说将遂无动矣乎？曰：非也。以静而动，动而主于静焉。夫主于静而动，则动而无动矣。是说也。吾得诸易，然吾愧吾言多矣。何日从容尚与吾宗一共尽其所以然。②

动主于静，动也是一种静。动静相生而静为动主，失静之动犹如水之源头受污，源头污损，岂可再有清净之流水？蔡清以水源作喻，将动静之主次关系阐明。所谓万变不离其宗，纵使万物纵横幻化，君子之道都要修心修身，居中居正，方能行天下之正道。以吾心之不变应时间之万变，心本真而莹莹然者，处之常有。动静之道，不单单是反映了天地间运动变化的模式，也反映了宇宙之根本，恰恰是对于《周易》之不易、变易精神的进一步说明。蔡清的主静说正是对易之精髓的延续。同时，正如上文所述，动静处理之道也是君子修身的法则，以静制动。

---

① 蔡清：《蔡文庄公集》卷四，《四库全书存目丛书》集部第42册，齐鲁书社1997年版，第696页。

② 蔡清：《虚斋集》卷四，《文渊阁四库全书》第1257册，齐鲁书社1997年版，第860页。

（3）关于太极的论述

《白鹿洞书院告夫子文》有云：

> 维正德丙寅八月二十四日，巡视学校，江西按察司副使蔡清兹诣白鹿洞书院，敬谒先圣孔夫子之灵，而不能已于言曰：未有夫子之前，则有太极，而后有天地，有人物，有群圣贤也。既有夫子之后，则有夫子而后有天地，有人物，有群圣贤也。夫子之道塞乎两间。兹山有庙亦固宜然，惟夫子之灵兮远，而求之六合之内。六合之外，近而求之，随求而在即，其所在圣灵惟真。呜呼！圆颅方趾，夫孰非人，夫孰非知有吾夫子之人！尚飨。①

在蔡清看来，太极乃是先于万物的存在，是宇宙的本原。此处主要叙说夫子圣人之地位，但可见蔡清对于太极的认识。纵然夫子之位如此崇高，亦在太极之后，可见太极的本原意义。

《藏春窝记》中提道：

> 天地之所以造化万类者，春夏秋冬四时也。而究其所以为夏为秋为冬者，实一春之气之贯通，特有伸缩之异耳。元非可以判，然异体观也。譬之水春其发源也，夏秋冬则皆此源之，流行灌注异坎而同宗者也。由是言之春之于造化，其所职不既大乎。然人知夏秋冬之出于春，而不知春之所从出者冬也。夫冬其春之所藏。呜呼！亦妙矣。尺蠖之屈以求伸也，龙蛇之蛰以存身也。向使天地之气一于发舒而无冬以敛藏之，则元气将有时而竭。虽天地亦不能久，其所以为天地者矣。传不云乎不专一不能直，遂不翕聚不能发散，故论太极之用，所以行则先阳动者，春之谓也。而论太极之体，所以立则先阴静者，藏春之谓也。②

---

① 蔡清：《蔡文庄公集》卷五，《四库全书存目丛书》集部第42册，齐鲁书社1997年版，第717—718页。

② 同上书，卷六，第2页。

太极的体用为动静，动为太极之用而静而太极之体。太极为万物造化之本，春夏秋冬四季之关系，春为源，夏秋冬则源于春而继之。然后四季乃是一个循环往复的过程，春虽为另三季之源，而冬又为次春之源。尺蠖、龙蛇存身之道在于应天顺气，天地之气有盛有衰。太极动而化阴阳两气，动静为太极之体用。

（4）关于卦爻的论述

"《易》临卦，《本义》云：或曰八月谓夏，正八月于卦为观，其以或曰冠之者。界前说也。前说是谓八个月也。非必以周正言也。然周正于遁卦之六月，亦适谓之八月，但文王系辞时未有周正耳。"① 其中关于卦爻的论述并非很多，此处是对《临》卦卦爻辞的解释。

《王生泰字士亨说》中说道：

> 世治曰泰，乱曰否。易以乾下坤上之卦为泰者，天位乎上者也，而下交于地。地位乎下者也，而上交于天。天地交二气通而世道随之，所以为泰也。泰则内君子而外小人，小人道消而君子道长，士之亨，固然矣。否则反是。故文王系之《象》曰：小往大来，吉亨，正主士君子言也。某部某官某君之子泰冠宾字之曰：士亨而某君请予为之说。予故为本诸易以复之如此。盖古人之成说不易之定论也。抑予又有所附说焉。孔子曰：不患无位，患所以立。故士不患其不亨，患无可亨之具耳。使其无可亨之具，则虽值世之泰可以亨，而何以为亨也？故曰：邦有道，贫且贱焉，耻也。苟其有可亨之具矣，设不幸而时与我违，其具固在我也，则身虽否而道亨矣。夫泰亦亨，否亦亨，泰则物与我俱亨，否则我亦不自失其为亨。所谓由来豪杰世世皆时雍者也。信可以为士矣，亦可以为成人矣，惟士亨图之哉。②

在蔡清的思想体系中，易学思想占很大成分，这影响着他的哲学体系的建构。在其文集中，多可见《周易》的痕迹。如上所引，将《泰》

① 蔡清：《虚斋集》卷一，《文渊阁四库全书》第1257册，齐鲁书社1997年版，第774页。

② 蔡清：《蔡文庄公集》卷四，《四库全书存目丛书》集部第42册，齐鲁书社1997年版，第702页。

《否》两卦用于治世之理。用易理而阐明修身治国之道。《泰》卦和《否》
卦之卦义正是对个人乃至国运兴衰的描述。《泰》卦大吉在于天地交泰，
万物始生，利于君子谋。而《否》卦则恰恰相反，天地相隔而不通，小
人道长而君子道消，为凶卦。蔡清将此两卦与治国之道相联系，否极泰
来，为治国之幸事。

　　2.《四书蒙引》中易学资料钩沉

　　(1) 关于太极的论述

　　"先天地无形本寂寥，能为万象主，不逐四时雕，又何其类？吾儒
之所谓太极也。吾儒曰：动静无端，阴阳无始。老氏曰：虚而不屈，动
而愈出，迎之不见其首，随之不见其后，又何其类也？"[①] 这几句话，
虽是儒家与佛、老思想的比较，亦可见蔡清对太极以及阴阳、动静的诠
释。蔡清认为太极正如佛氏所言的先于天地而存在，形体不可捉摸，却
能为万物，永恒地存在于天地间。短短数语，道尽太极之全。"知天地
之犹有憾，则又当知天地虽大，尚未能得太极之全体，吾身虽微而太极
之全体则实具足于吾之一心。故潜天而天，潜地而地，苟弘其道则兼天
地，赞化育，又可以能天地之所不能矣。"[②] 太极为万物，同时太极也
存在于人的个体，一物一太极，一人一太极。从大处说，太极广布于天
地间，从细微处说，则"一身还有一乾坤"，每个人都是太极之全体的
体现。"圣人一心万理之会也。在心只一理，及应事来事有万殊，则一
理散为万理矣。在内面只一理，在外面方有万理。在内面所谓万物统体
一太极体也，在外面所谓万物各具一太极用也。须见得体是用之体，用
是体之用，方为合内外之道。"[③] 太极之为万物正如理一分殊，从这点
看，蔡清主要继承了朱子的思想。

　　"九峰蔡氏曰：横渠四语，只是理气二字而细分。由太虚有天之名，
即无极而太极之谓，以理言也。由气化有道之名，即一阴一阳之谓道之
谓，以气言也。合虚与气有性之名，即继之者善，成之者性之谓，以人物

　　① 蔡清：《四书蒙引》卷三，《文渊阁四库全书》第 206 册，台北：商务印书馆 1986 年版，第 76 页。
　　② 同上书，第 95 页。
　　③ 同上书，卷五，第 197 页。

禀受而言也，合性与知觉，有心之名，即人心道心之谓，以心之体而言也。"① 无极而太极，关于太极与无极的思想，蔡清并无太多介绍。只是强调太极为本源，为体。"不知天地何时至诚无息，何时方盛大？曰此难以口舌取信也。有是理则有是事。当初天开于子，地辟于丑，方其天之未开，地之未辟也，太极混一，而其所以为至诚无息者，已在其中，不然亦安能有此天地之盛大耶？"② 太极先于天地而存在，而天地之初，太极是一种混沌的状态，而后才清浊有别，上升下沉为天地。

太极作为易学哲学当中的一个重要范畴，蔡清在其理学著作《四书蒙引》中，曾多次提及，可见，其理学与易学思想有着千丝万缕的联系。太极，在易学哲学中，正如理学的理，充当着本体的角色。究其本质，蔡清所谓的太极，即是理。太极与阴阳的关系，正如理与气的关系。由上述引文我们可以看出，太极具有像理一样的特质，无处不在，不能靠感官知觉来把握，先于天地万物而存在，同时可以像理一样散于万物之中。

（2）关于阴阳的论述

"气谓阴阳五行之气，气本一也，分而为二，则曰阴阳，析而五之，则曰五行，天之所以化生万物者，惟此而已矣。"③ 气是万物的本原，而气又可以分二气阴阳，阴阳二气又可分为五行，从而构成了天地万物。换言之，阴阳也是万物之本，存在于万物之中，天地间不过一阴阳耳，正如蔡清言："盖天道虽曰无心而成化，而实阴阳五行之外无余理也，即是无心之心也。"④ "由气化有道之名者，一阴一阳之谓道。道之体用不外乎阴阳也。愚颇疑张子分天与道而言，未为精确。"⑤ 阴阳存于天地间，一阴一阳之变化则称之为道，可见道之本体为阴阳，而道之用则为阴阳之变化。"窃疑天地之性，究竟亦只是阴阳五行之理耳？阴阳五行之理，即便有清浊厚薄矣。"⑥ "章句谓天地万物本吾一体。静言

---

① 蔡清：《四书蒙引》卷十五，《文渊阁四库全书》第 206 册，台北：商务印书馆 1986 年版，第 673 页。

② 同上书，卷四，第 136 页。

③ 同上书，卷三，第 81 页。

④ 同上书，第 93 页。

⑤ 同上书，卷十五，第 673 页。

⑥ 蔡清：《四书蒙引》别录，《文渊阁四库全书》第 206 册，台北：商务印书馆 1986 年版，第 728 页。

思之，理固然也。盖天地之所以为天地者，不过阴阳五行而已。而其阴阳五行之理，则悉已交付在我之身矣。是天地乃吾种也，至于万物亦同是出于天地之阴阳五行所生者，真个是乾吾父也，坤吾母也，民吾同胞物吾与也。"① 远到万物，近到个人的身体构成，都体现着阴阳五行之本。天人一也，其本质一样。

　　盖程子之说，未见鬼神，是阴阳之二气也。故用张子之说。继之张子之说，未见二气之良能，实一气之屈伸也。故朱子又以一气贯之，然后鬼神之义尽矣。朱子之说重一气上二气，则张子已说了。清尝合章句三说而一之曰：鬼神者，天地之功用，二气之良能也。其至而伸者为神，反而归者为鬼。阴阳非鬼神，阴阳之能屈能伸，一往而一来者，乃鬼神也。盖即气机之动静而已。故曰二气之良能也。曰阴之灵也，曰阳之灵也，盖天地无心而成化者也。此章鬼神以往来屈伸者言，流行之阴阳也。所谓阴精阳气魂游魄降，乃是对待之阴阳，非此章之本旨。②

　　蔡清从阴阳气化的角度来解释鬼神之谓。认为阴阳的屈伸往来的过程是鬼神，而不能说阴阳本身为鬼神。这是阴阳互化，以及阴阳成万物之过程，体现了鬼神之妙。

　　鬼神则是气机之往来默运于其中者，谁得而见之，谁得而闻之。然鬼神虽不可见闻，但就物上观之，则物之所以始者，阴阳之合也，神之伸也；物之所以终者，阴阳之散也，鬼之归也。是物之始终一皆鬼神之所为。鬼神固无物不体，无所不在矣。道之不可须臾离也。于此可见以一岁言，春夏为阳，秋冬为阴，凡一岁之始终莫非鬼神之所为也；以一日言之，昼为阳，夜为阴，凡一日之始终无非鬼神之所为也。又如人物之始生，草木之方荣，阴阳气合之所

---

① 蔡清：《四书蒙引》卷三，《文渊阁四库全书》第 206 册，台北：商务印书馆 1986 年版，第 85 页。

② 同上书，卷三，第 100 页。

为也；人物之死，草木之枯，阴阳气散之所为也。又无非鬼神所在
也，又如耳目物也，少壮之时，耳目精明，是阴阳气合之所为也；
至于老大，耳聋目昏，则是阴阳气散所为矣。可见鬼神之无物不
体，处体物而不可遗，鬼神体物非谓造化生物也。体字该生死鬼
神，虽无形也，而有以形天下之形，又并其形而反之。虽无声也，
而有以声天下之声，又并其声而收之。故曰：物之终始，莫非阴阳
合散之所为也。阴阳一合而物以之始。始者，神之伸也，阴阳一散
而物以之终。终者，鬼之归也，是其体物而不可遗矣。阴阳合散之
阴阳，则鬼神二字内各有阴阳也。[①]

以上细致地分析了阴阳与鬼神之间的关系。阴阳无处不在，鬼神也可
分阴阳。不过阴阳与鬼神却不可同日而语。

　　是皆中和之气见于容貌之间者，然却本于全体，浑然阴阳合德。
人之德性本无不修，言兼阴阳之理而中和，而气质所赋鲜有不偏，言
其气或偏于阴，或偏于阳也。则其见于容貌者亦偏矣。惟圣人全体浑
然，阴阳合德，则气质亦中和。而于本然之德性无所障碍矣。故此中
和之气见于容貌之间，非容貌有中和之气，乃中和之气见于容貌也。
全体浑然阴阳合德，言其气质之不偏阴阳，以气言德即阴阳是也，气
虚容貌实。[②]

阴阳不仅体现在宇宙天地的本体中，同样体现于人的容貌与气质上。
人之为天地万物主要在于人将阴阳和合于自身，使得这两种气得以中和。
从这点看，也可以看出阴阳作为事物构成因素的重要地位。
阴阳构成万物，而阴阳不是固定不变之阴阳，阴阳有聚散之运动。
"凡天下之无形与声者类，皆伪焉而已矣。惟鬼神也，虽无其形无其声，
而实有其理也。故阴阳之合实有是合也，阴阳之散实有是散也。惟其实有

---

① 蔡清：《四书蒙引》卷三，《文渊阁四库全书》第 206 册，台北：商务印书馆 1986 年
版，第 102—103 页。
② 同上书，卷六，第 235—236 页。

是合，故合则为物之始。惟其实有是散，故散则为物之终。是岂容掩也哉？"① 阴阳的聚散运动正解释了事物的运动变化模式。

（3）关于动静的论述

> 意者心之萌也，心该动静，意只是动之端。心之时分多，意之时分少，意者心之所发也。未发之前，心固在乎？曰：然。既发之后，犹有心在乎？曰：然。然则心兼动静。或静而未应物，或动而应物，皆当敬以存之矣。夫心对意而言，则为本体，不必谓正心之心。全是体而以意为用也。如彼说则将以心意分动静，相对工夫矣。正心只是主静之法，静亦静，动亦静也。故曰：敬以直内，诚意者致谨于动之端也。②

此段话说得分明，将蔡清主静的观点表露无遗。蔡清认为动静相因然静主于动，动也是静的一种。又将动静与心联系，提出心兼动静之说，从而在修身养性之法上强调静心，主敬而意诚。"存心兼动静，养性亦兼动静。但养性于动上工夫居多。故曰事事顺理若喜怒哀乐之未，发时固亦须有养也。故曰息有养瞬有存，存其心养其性。存养二字本该动静。朱子解中庸所谓存养省察之要者借此存养二字用也。"③ 蔡清的修养之法，得益于朱子，继承了朱子的主敬之说，同时进一步发挥，认为养性之本在于修静之道。而修静又必须从动上下功夫。朱子所说的存养，正如蔡清所讲动静，其理为一。

"曰：动静二者，实相循环。动之前元有静，静之前亦有动，二者齐手交做，岂容一先一后。若论工夫次第，则先戒惧，而后谨独。体立而后用。有以行必存心而后可以致知。喜怒哀乐之未发，分明在发，皆中节之前。论工夫疏密则先谨独而后存养。"④ 动静两者之间，虽然说静主于动，但不能说静在动之先。两者相因相循，同时存在而无先后之

---

① 蔡清：《四书蒙引》卷三，《文渊阁四库全书》第 206 册，台北：商务印书馆 1986 年版，第 104 页。

② 同上书，卷一，第 37 页。

③ 同上书，卷十五，第 671 页。

④ 同上书，卷四，第 155 页。

分。在这点上，正如蔡清的理气无先后，均认为两者相互依存，而无先后次序之别。

"阴阳非鬼神阴阳之能屈能伸，一往而一来者，乃鬼神也。盖即气机之动静而已。"① 动静作为一种表现的形式，从体用关系上看，处于用。动静是太极的表现方式，也是气的一种表现方式，同样也是心意变化的表现方式。而理才是万事万物的本质。故蔡清云："具众理应万事，意重在内外上，不重在动静上。但理之具，则静时已具了。谓之应则为动矣。然须看所以二字方见重内外意。"② "不曰体而曰本者，盖言体用，则是内外动静相敌对，而不见诚之重处。此言诚之者之事全重在诚字上。"③ 正是由于动静是一种外在的形式，故而可以从动静观事，观理。如清言："凡圣贤之至于其国而见其君，皆是欲观其动静以卜吾道之兴废。"④ "人于君臣父子等之大伦皆一一尽道，而无越于准绳之外了，则虽于一动静一语黙及应对进退之间，有未尽合理亦可也。"⑤ "进以礼退以义之进退也，如此者岂敢望其能正君哉？一谓其动静之间不以礼，但见其擎拳曲跼奔走承顺而已。"⑥ 动静说，其实源自《易经》思想中的变易，即变化发展观。这种变化观正是基于阴阳两端，由于阴阳的相互作用，而不断变化发展出万事万物，动静说正是推动阴阳变化的动力。理学当中，出现的动静，也是看到了事物发展变化的轨迹，二者是相通的。

（4）其他体现易学思想的部分

"得天之元以为仁，得天之亨以为礼，得天之利以为义，得天之贞以为智。吾之所有者皆得之于天，不谓之天与而何然？元亨利贞天之四德，一木火土金水之理也，正所谓天以阴阳五行化生万物，气以成形理亦赋焉。"⑦ 蔡清在讲天地构成于气的时候，提到天的元、亨、利、贞四德，以及木、火、土、金、水五理，这些都是与《易经》思想分不开的，正

---

① 蔡清：《四书蒙引》卷三，《文渊阁四库全书》第206册，台北：商务印书馆1986年版，第100页。
② 同上书，卷十五，第671页。
③ 同上书，卷四，第130页。
④ 同上书，卷九，第419页。
⑤ 同上书，卷八，第390页。
⑥ 同上书，卷十二，第552页。
⑦ 同上书，卷一，第7页。

是由于《易经·乾》卦中的元、亨、利、贞，蔡清才会如是表达天地之构成。这种文字上的交叉，是蔡清理学与易道关系交错的重要表现之一。

在书中解释"与国人交止于信"一条时，蔡清如是说："上之使下，下之事上，有交道焉。易曰：上下交而其志同也。其义亦可见信即《论语》敬事而信也。"① 其中"上下交而其志同也"是蔡清引用《泰》卦中的《象传》之词，《泰》卦中原本提及上下交，是说天地之气相互交合，此乃万物相通之基，是大吉之兆，是天地之理，而蔡清在解释"与国人交止于信"时引用此语，正是说天地之理与人事之理相通，人修身养性，德行品德都应遵照天地之大理，这样才能和顺大吉。

　　盖天包乎地，地之下皆天也，阳全而阴半也。形亦是如此，理亦是如此……天包地则太极之全体亦在其中矣。故曰：夫天专言之则道也。气以成形，气谓阴阳五行之气。气本一也，分而为二，则曰阴阳。析而五之，则曰五行……如木以为肝，火以为心，金以为肺，水以为肾，土以为脾，此五藏之出于五行者……章句云：天以阴阳五行化生万物，气以成形理亦赋焉。此即理气之际乃程邵二先生之学，之所以微有不同者也。盖邵子之学固未尝不尚理，但不免多从阴阳五行气数上着工夫，以此于数学甚精，而于修为之功经世之务或略。②

此段话是蔡清在注释"天命之谓性"时所发，此处大多将万物形成之理，其中大量出现了阴阳、五行、太极等字眼，而这些正是《易经》思想当中的核心，可见，所谓的理学已经无时无刻不受到易学思想的植入。

"且君子不得闻大道之要，亦未必不以世教衰之。故盖民即人也。易曰：君子辨上下，定民志。民字亦兼上下言也。"③ 其中"君子辨上下，定民志"是出自《易经》中《履》卦《象传》，曰："上天下泽，履。君子以辨上下，定民志。"《象传》相传乃是孔子所著，是对《易经》的儒

---

① 蔡清：《四书蒙引》卷二，《文渊阁四库全书》第 206 册，台北：商务印书馆 1986 年版，第 48 页。

② 同上书，卷三，第 86 页。

③ 同上书，卷三，第 87 页。

家解读，其中当然渗透着儒家经世致用的思想，这里，蔡清的引用，更说明其受儒家思想影响之深，也更表明易学与理学在很大程度上都是相通的，其思想根基都是一致的，其本质的作用是为了经世治国、修身齐家。

在"武王末受命"一条中，蔡清写道："昧末之一字可见，武王初未有利商之心，而急于大统之集也。易曰：汤武革命，顺乎天而应乎人，况太伯之日乎?"① 此处又是一次与《易》中卦爻辞的呼应。

> 旺相者，如春木旺，木生火，则火相；夏火旺，火生土，则土相。旺者为主，相者辅之，孤虚一类。然孤自孤，虚自虚，王相一类。然王自王，相自相，次乎王者为相，得其助也。故乎王者为孤，以相克也。生乎王者为虚，子实则母虚也。大意盖如此。②

此段讲的旺相之理，俨然是来自于《易经》的占卜之理。京房所推演的纳甲法，已言及五行的旺、相、囚、休、死这五种不同的状态。这里，蔡清用大段的篇幅来说明这种关系，可见其理学中有很大程度的易学思想影响，而且除易理之外，象数的影响也可见一斑。

"礼是常行之道，权是处变时所当行之道。权与经固有辨，而实则非相背者。"③ 在《四书蒙引》一书中，提到的权变思想，虽未明言易道，然而众所周知，易道有三易：不易、变易、简易。此处所提到的权变思想，正是《易经》之变易的变形，其本质是一样的。

从整体看《周易》有着不易、变易、简易的哲学思想，教化世人。而具体到八八六十四卦，每卦都蕴含着易道之本不变的哲学意义，如："故乾之确然示人易，坤之隤然示人简。道之明者也。建之而不悖鬼神之潜往而潜来，无声而无臭，至幽者也，质之而不疑。"④ 乾坤两卦以刚健和柔顺教人。"此以极其诚敬释无言者，犹易观卦，盥而不荐，有孚颙若

---

① 蔡清：《四书蒙引》卷三，《文渊阁四库全书》第206册，台北：商务印书馆1986年版，第106页。

② 同上书，卷十，第496页。

③ 同上书，卷十二，第564页。

④ 同上书，卷四，第146页。

意。盖有言说则夺吾心之敬而不纯一矣。"①《观》卦则教人以主敬主诚。

《易》中之理，总结而言，正如蔡清《四书蒙引》中提到的一段：

> 吉凶消长之理，进退存亡之道，全以天时人事言。此道理具在易
> 书。学易则有以明之分而言，则吉凶消长天时也，进退存亡人事也。
> 胡氏注及会讲都认差。圣人生知其心自与易理相契。安而行之其身，
> 自与易理相符。若无待于假年以学易，而仅得无大过而犹言此者，盖
> 深见夫易道之果无穷，且使人知其不可不学而又不可以易而学也。不
> 可不学者，圣人犹藉之以图无过人，其可不学乎？不可易而学者，圣
> 人又有待于假数年以学易，然仅得无大过。人其可以易而学哉？孔子
> 圣之时可见其早与易契。②

《周易》作为古人卜筮之书，其本旨在于趋吉避凶，所以其中所含的
吉凶之道、存亡之法，都是依据天时而针对人事所言。学《易》之道就
在于明辨吉凶消长之理。圣人治《易》也在于行天道而安其身。如孔子
晚年读《易》，韦编三绝，可见圣人对于《易》的推崇。

第三节　蔡清对《周易》体系的整体把握

一　蔡清对《周易》性质功能的论述

对于《周易》一书书名的解释，历来众说纷纭：东汉郑玄《易论》，
认为"周"是"周普"的意思，即无所不备，周而复始。唐代孔颖达
《周易正义》认为"周"是指岐阳地名，是周朝的代称。由于《史记》
中记载"文王拘而演《周易》"，也有人认为因周文王作《易》故称"周
易"。然而在《论语》《庄子》《左传》这些较早的文献资料中，仅称
《易经》为《易》。"周易"之名最早见于《周礼》，对于《周礼》的年
代，学者还有争议，但由此可以看出，"周"应该是后来加上去的。蔡清

---

① 蔡清：《四书蒙引》卷四，《文渊阁四库全书》第 206 册，台北：商务印书馆 1986 年版，
第 155 页。

② 同上书，卷六，第 228 页。

遵循孔颖达的说法，在《易经蒙引》一书中对《周易》的名称界定为：
"周，代名也，本国名，在雍州境内，岐山之阳。"①这样的说法在当时视
朱子为正宗的社会情况来看，还是有一定的创见，显示了蔡清在学术上的
原则性和追求真理的哲学家本色。

对于《周易》的性质问题，他在《易经蒙引》中写道：

圣人仰则以易而观乎天文之昼夜上下，俯则以易而察乎地理之南
北高深：则知昼也，上也，南也，高也，所以明者阴变为阳也；夜
也，下也，北也，深也，所以幽者阳变为阴也。是知幽明之故也。②

这段引文最值得注意的是作者"以易而观"和"以易而察"的说法。
所谓"以易而观"、"以易而察"是说圣人根据《易》的变化立场来观察
天地万物的情状。他认为《周易》乃是一本摹写天地万物形成变化的经
书，天地间日夜交替而成明与幽的天之易，地势高低不同而成南北高深的
地之易，才是易中的根本，天地之易正是《易》书之易。如此，他对
《周易》的性质作出了界定：摹写天地之易。这种说法与朱熹的解释有所
不同。朱熹曾经很明确地指出："圣人作《易》本是使人卜筮，以决所行
之可否，而因之以教人为善，如严君平所谓'与人子言依于孝，与人臣
言依于忠'者，故卦爻之辞只是因依象类，虚设于此，以待扣而决者，
使以所值之辞，决所疑之事。"③ 与朱熹的论述相比可以看出，《周易》之
于朱熹是一部卜筮之书，而蔡清在体例上沿袭了《周易本义》，在对《周
易》性质的界定上，并未继承朱子之说，蔡清更侧重从天地自然的客观
认识上论说《易》的由来和功用，将《周易》看作摹写天地之易。

与朱子的"易只在一阴一阳"相同，蔡清认为《周易》一书，其根
本在于阴阳变易，其对《周易·系辞》中"易与天地准"的解释如下：

---

① 蔡清：《易经蒙引》卷一上，《文渊阁四库全书》第 29 册，台北：商务印书馆 1986 年
版，第 2 页。

② 同上书，卷九下，第 586 页。

③ 朱熹：《晦庵先生朱文公文集》卷三十一《答张敬夫》，《朱子全书》第 21 册，上海古
籍出版社、安徽教育出版社 2002 年版，第 1350 页。

圣人感人心而天下和平，若可足矣。而又曰观其所感而天地万物之情可见矣。如此看易又何道理不在其所弥纶耶？或曰弥纶天地之道，还就有易以后说。谓天地间物混杂，笼统圣易之作其中，卦爻阴阳井井有条，却能纶之更不紊，总而言之则为弥矣。曰：非也。天地生物何尝乱杂笼统？《中庸》曰：万物并育而不相害，道并行而不相悖，小德川流，大德敦化，何待易作而后不紊耶？《易》曰：弥纶只是能象之而已，准之而已。如此先儒所谓神无方易无体，故能同乎天地万物之有体者，亦缪也。天地生生之化，何尝有方体耶？张子曰：一神两化，神化都是说天地之道。若有方体，不谓之神化矣。化即易也，易能变化，岂有定体？莫大乎天地而易书与天地同其大焉，何也？如所谓死生鬼神知仁之类，莫非阴阳之变，天地之道也。《易》书于是道也，自其外而统观之，则幽明死生鬼神之类无一不包括于其中，有以弥之而无遗焉。自其内而细观之，则于所弥之中，或幽或明，或死或生，或鬼或神，或仁智之类，又皆有以纶之而不紊焉？夫易能弥纶天地之道，如此信乎易与天地准也。[①]

大到宇宙万物，小到细枝末节，都是受到阴阳变易规律的制约。

愚观此一节，是夫子从有《易》之后而追论。夫未有《易》之前，以见画前之有《易》也。夫《易》有乾坤、有贵贱、有刚柔、有吉凶、有变化，然此等名物要皆非圣人凿空所为，不过皆据六合中所自有者而模写出耳。观夫天地之尊卑，则《易》之乾坤定矣。盖天地所在，即乾坤所在也。观夫天地万物之有卑高，则《易》之贵贱位矣。盖卑高所在，即贵贱所在也。观夫阳物之常动，阴物之常静，则《易》之刚柔断于此矣。是动静所在，即刚柔所在也。观夫事之以类而聚，物之以群而分，则《易》之吉凶生于此矣。是事物善恶所在，即吉凶之所在也。观夫在天者之成象，在地者之成形，则《易》之变化见于此矣。是象形所在即变化所在也。

---

① 蔡清：《易经蒙引》卷九下，《文渊阁四库全书》第 29 册，台北：商务印书馆 1986 年版，第 586 页。

是《易》虽未作，如《易》中许多物事则色色皆已备于六合之内。先儒所谓天地间元有一部《易》书，开眼即见者也。此条本意是如此。①

此段话正是蔡清对《周易》一书性质的概括。正是"天地间元有一部《易》书，开眼即见者也"。先儒圣人之言，并非凭空而造，实是根据天地间已经存在的万物而摹写出来的，正是由于天地本有尊卑，故有《易》之乾坤定。易之吉凶道理，正是基于物以类聚人以群分之理。《易》之奥妙，正是将存在于天地间的万物进行摹写、归纳，将其所蕴含的道理提炼，所以说"易与天地准。""摹写"一说，非始于蔡氏，而本自薛瑄。然而在对于"摹写"的理解上，蔡清比薛瑄更进一步，认为摹写的不单是天地之理，还包括对天地间阴阳变化之象的摹写，如其所言：

大抵《易》书之理即天地之理，天地之理亦吾身之理。孔子此章之言一以见人当求易理于天地，二以见人当求天地之理于吾身。盖有天地之易有吾身之易，有《易》书之易，究竟论之，则易理本在天地与吾身，其《易》书则是天地人身之易之影子也。若不是于天地吾身上体验得出，则看那《易》书之易，终亦死杀了。虽曰易与天地准，亦不见其果与天地准矣。孔子系辞传之作特地是要人见得此理破。②

象也者，像也。如六画之乾，所以像夫纯阳至健之理，而凡为天为君之类皆在其中矣。六画之坤，所以像夫纯阴至顺之理，而凡为地为母之类亦在其中矣。其以爻言，如乾之六爻则有以像夫潜见惕跃飞亢之理，坤之六爻或以像一阴之始生，或以像阴盛而亢阳，亦各自像一个理，所谓理之似也。此理字以其寓于器者言。盖有是物，必有是

---

① 蔡清：《易经蒙引》卷九上，《文渊阁四库全书》第 29 册，台北：商务印书馆 1986 年版，第 545 页。

② 同上书，卷九下，第 564 页。

理，理非个悬空理也。①

　　蔡清认为《易》书之易，其根源在于天地万物之中，其所描述的理或象都不过是于天地之易的一个缩影。这种缩影包括了对天地间至根至本之理的摹写，也包括对万事万物形象的摹写，可以看作是将理同象结合为一体。天地之易是本，《易》书之易是用，是对天地之易的反映。所以说《易》书乃是对于宇宙客观世界的一种反映，圣人通过这种手段而反映出客观的存在，可以说是思维与存在的一种统一。蔡清对《周易》一书的定性，较之朱子，有所异同，是易学哲学史发展中重要的一环，对后世，如来知德、方以智也产生了一定程度的影响。

　　在对《周易》的名称由来以及成书性质作出界定之后，蔡清继而对其内容展开论述。他认为，《周易》一书内容博大而精深，但究其核心，乃是阴阳变易的规律：

　　　　莫大乎天地而《易》书与天地同其大焉，何也？如所谓死生鬼神知仁之类，莫非阴阳之变，天地之道也。《易》书于是道也，自其外而统观之，则幽明死生鬼神之类，无一不包括于其中，有以弥之而无遗焉。自其内而细观之，则于所弥之中，或幽或明，或死或生，或鬼或神，或仁智之类，又皆有以纶之而不紊焉。夫易能弥纶天地之道，如此信乎易与天地准也。②

　　从上述这段对《系辞》中"易与天地准"一句的解释中可以看出，蔡清认为阴阳变易规律，作用于宇宙间，大到天地之道，小到花鸟鱼虫等细微之物，无不受阴阳变易规律的制约。天地间万物，山川河流，动物植物，乃至饮食男女，无不体现着阴阳两端及其变易规律。所以说，从本质上来讲，《周易》一书的主要内容就是围绕着阴阳变易的思想而生发的。一言以蔽之，此即阴阳变易之道。

　　① 蔡清：《易经蒙引》卷十一上，《文渊阁四库全书》第29册，台北：商务印书馆1986年版，第693页。
　　② 同上书，卷九下，第586页。

二　蔡清对《周易》架构的解读

蔡清对《周易》架构的把握，主要表现在对六十四卦分为上下两篇的解释，以及六十四卦为何以此种顺序呈现。而对于为何分为上下两篇，蔡清在《易经蒙引》卷一中就作出解释。

在解释"以其简帙重大，故分为上下两篇简"一句时，蔡清说道：

> 古者有青缣帙，或布帙绢衮，简帙本重大，若通六十四卦及许多卦爻文字总为一篇，是诚亦重大之甚，而不便于举阅矣。故从中断自咸、恒以下为下经。上经首乾、坤终坎、离，下经首咸、恒，终既济、未济。两篇之分实亦有不徒然者，且六十四卦何以不以三十二卦为上经，三十二卦为下经，而乃上经三十卦，下经三十四卦，何也？先儒谓天地万物之父母，故上经首乾、坤。夫妇人道之始，故下经首咸、恒。此本孔子《序卦》传之意也。至于下经之所以终既济、未济者，《序卦》传亦自有明说矣。[①]

古之为书者，书于竹简之上，如将六十四卦之卦爻辞以及传文同置于一篇，则太过庞大而不便于阅读。所以将其分为上下两经。在这点上，并无甚争议。然后为何分为上三十下三十四，为何以《咸》《恒》为下经之首，则有不同之意见。蔡清此处尊朱子之意，认为上经以《乾》《坤》为首，是取其天地之义，万物之父母为天地。而下经以《咸》《恒》为首，在于人道之始于夫妇之道。而其他六十卦之序列为何如此，蔡清在其文中都有细致说明，见下文：

《序卦》传上篇

从蔡清对《序卦》传的注解可以看出其对于《周易》架构的把握。从大体上看，对于《序卦》的解读，基本是对原文的注解，并无太大发挥。这是区别于蔡清对六十四卦和《系辞》的解读的。

---

① 蔡清：《易经蒙引》卷一上，《文渊阁四库全书》第 29 册，台北：商务印书馆 1986 年版，第 5 页。

蔡清在对《序卦》上篇的注解中说道：

> 有天地则造化流行于两间，而万物生，此乾坤所以为诸卦之首
> 也。物生之始生意郁积于内，亦有盈满之义，故曰屯，物之始生也。
> 程传曰：天地生万物，屯，物之始生，故继乾坤之后。盈天地之间
> 者，惟万物，兼动植之类言。物生必蒙，专就动物之有知觉者言。需
> 者，所给也，故曰饮食之道也。饮食，人之大欲也，天生斯民有欲则
> 争，故需后承之以讼，揆其理势之必至也。程曰：人之所需者饮食，
> 既有所需，争讼所由起也。人之有讼必各有朋党，彼以朋党而起者，
> 非一人。此以朋党而起者，亦非一人。是有众起也，皆理势必然也。
> 一说自因微致大之理，非谓讼必用众也。旧说众必有所比，为我者与
> 我相比，为彼者与彼相比，此说却是连讼意非矣。须改转头项说去方
> 是传意之本。盖正意只是众须统于一意，此乃理之必然，不可得而易
> 者也。语其最下盗贼至为不道，亦必有统属，必相听顺，不然则叛乱
> 无统，不能一日相聚矣。①

之所以将《乾》《坤》两卦作为六十四卦之首，就在于天地万物的流
行生化都在天地之间，乾坤象征天地，故而如此。万物生而后《屯》，而
后《蒙》，万物生长有饮食之需要，故接之以《需》卦。有欲求则有争
端，则有诉讼之事，这是事物发展的必然之势。有争端自有争端之两方，
而各有众人从之，故而有《师》卦。人多成众，众人间有所比附，故而
接《比》卦。

> 比必有所畜，比我者与我为聚，比彼者与彼为聚。程曰：物相比
> 附则为聚。聚，畜也。又相亲比，则志相畜，小畜，所以次比也。比
> 必有所畜，字意似当谓必有以畜之者，更详之。物畜然后有礼，程
> 曰：夫物之聚则有大小之别，高下之等，善恶之分，是物畜然后有礼
> 也。礼所以序其所聚，使不乱也。履然后安，人有礼以相处，然后彼

---

① 蔡清：《易经蒙引》卷十二下，《文渊阁四库全书》第 29 册，台北：商务印书馆 1986 年
版，第 781 页。

此各得其分而安矣。曲礼所谓有礼则安，无礼则危也。程曰：履得其
所则舒泰，舒泰则安矣。物无终通之理，治极必乱，盛极必衰，天地
盈亏与时消息，而况于人乎？圣人且奈何哉！否者，上下不交然，无
终否之理，故继以同人。程曰：天地不交则为否，上下相同则为同
人，与否义相反，故相次。又世之方否，必与人同力乃能济。能一视
同仁，则近悦远来，而所有者大矣。程曰：与人同者，物之所归
也。①

此段从《比》卦到《同人》，具体解释了其间的承接顺序，正是因为
比而必须要有所蓄养，蔡清在解释《比》卦与《小畜》时，在《序卦》
原文的基础上有所发挥，并引程氏之言，因万物有着高低善恶之不同，所
以应该有所畜。按照礼仪，依照一定的顺序而聚合在一起，才能维持平
和，如此方有《履》，履得其所，而后安泰，则有《泰》。然而《周易》
之一大精髓在于变易，即处于不断的变化当中，变才是不变之道，故天下
无长泰之理，合久必分，治极必乱，继而有《否》。《否》为上下不相交
然而无终不通之理，又授之以《同人》，《同人》乃同心同德之谓，与人
同力，一视同仁，则可以大有天下，故而《大有》卦次之。

"凡物之小者不足动人，观大方可观。道德既大，则道德光辉有以动
乎人，而自可观矣。事业既大，则德业有照耀人之耳，目而可观矣。程传
只引《序卦》传无解。德业既大而可观"②，此两句为释观之言，《序卦》
原文中，只提到"物大然后可观"，蔡清发挥此意，认为此物大者之物，
不拘泥于普通之事物，道德既大，则光辉可照人，可以为人所观也。事业
亦然。可见蔡清对于《序卦》的注解，仍然可见其观点，即《周易》为
穷理尽性之书。

程曰：如人之合聚则有威仪，上下物之合聚则有次第，行列文
者，所以文其质也。若致饰于文则灭其质而亨，以尽反不通矣。故承

---

① 蔡清：《易经蒙引》卷十二下，《文渊阁四库全书》第29册，台北：商务印书馆1986年
版，第782页。
② 同上书，第783页。

以剥物，极则反无终尽之理。如动极而静，恶极而善之类。程曰：阴极则阳生，剥极于上而复生于下。善心既复则实理存于中，而无妄矣。程曰：复者复于道也，既复于道则合于正理而无妄矣。①

上文释《噬嗑》至《无妄》之卦序，言虽简而其理丰。从合到饰再到剥，揭示万事万物无终尽之理，物极必反，事理均处于不断的往复之中。故而有《复卦》，此无限往复之理，正是天地之正道，合乎正理则可《无妄》。

陷必有所丽。如兽陷于网则丽于网，鱼陷于罟则丽于罟。以人言之，如陷于刑罚则丽于狱矣，陷于湖海则丽于水矣。理虽浅事则实也。程曰：陷于险难之中，则必有所附丽，理自然也。《序卦》传中言不可者其例有二，如物不可以终否之类，以理之自然者言也。如有大者不可以盈之类，以理之当然者言也。②

对《离》的注释，离者丽也，凡物所陷，必有所附丽。陷于某处，必是附着在某处，自是有所附丽。最后说到《序卦》中之理，不外乎物无终通之理，事物在正反两方面之间不断往复转化，这正是理的所在。

为何上经以《坎》《离》为终，这点在《序卦》传原文中并无太多解释，而蔡清独发其见解如下：

愚意乾坤者，造化之本体，坎离者，乾坤之大用。坎为水，阴也。离为火，阳也。天地之所以造化万物者，一阴一阳而已，此即太极之阴静阳动也。凡单言水火便当阴阳，便包五行，使乾坤而无坎离，则乾坤或几乎息矣。此上经之所以首乾坤而终坎离也欤！观先天图乾坤定上下之位，坎离列左右之门，亦为有意。又后天图从中起，便是南离北坎，纯以坎离作用为主也。下至《参同契·悟真篇》医

---

① 蔡清：《易经蒙引》卷十二下，《文渊阁四库全书》第 29 册，台北：商务印书馆 1986 年版，第 783 页。
② 同上。

方等书，往往提掇个坎离，或水火二字亦足以明造化之不外此两端矣。上经首乾坤终坎离，造化之始终备矣。下经首咸恒终既未济，人物之始终备矣。上经终于坎离，其理最妙。若再择二卦以易之，便不得如此之精意也。此朱子感兴诗所谓昆仑大无外磅礴下深广，阴阳无停机，寒暑互来往者也。与下经之终于既未济实同一意。何谓只言水火便该五行？曰阳自天一生水为始，而三生木以终之也。阴自地二生火为始，而四生金以终之也。水实该木火，实该金土，则寄居四行之中，此犹只言仁义而该礼智信也。①

以蔡清的观点，终于坎离，主要是应之首于乾坤。因为《坎》《离》两卦为水、火之象，一阴一阳。而一阴一阳正是造化天地万物者，可以说坎离为乾坤之用。又引先天图和后天图之卦象以证明之。以坎离为上经之尾，是有极深用意的，且真是表明天地造化之精髓，故不可易为他卦。由此观之，上下经之分，是有其道理的，体现了天地万物造化之本质。

《序卦》传下篇

有天地然后气化流行万物生，有万物则分阴分阳而后有男女，此男女专指人言。有男女则阴阳相合而后有夫妇，有夫妇则生育之功成而后有父子。有父子则尊卑之分起而后有君臣，有君臣则贵贱之等立。上自天子下至庶人，在在皆有个上下之制矣。故有上下，上下既具则必有拜趋坐立之节，必有宫室车旗之制，其行之必有礼，其处之必有义，故礼义方有所措。不然上下之分不明，虽有礼义，将安施哉？是则天地万物男女者，夫妇之所由。父子君臣上下者，夫妇之所致。夫妇所关之大如此咸者，夫妇之交也，此下经之所以首咸也。②

蔡清在《序卦》下篇之初就解释为何以《咸》卦为下篇之首。上篇

---

①　蔡清：《易经蒙引》卷一上，《文渊阁四库全书》第 29 册，台北：商务印书馆 1986 年版，第 5 页。

②　同上书，卷十二下，第 784 页。

讲天地间万物的流行，主要针对动植物而言。下篇则是针对男女而说，此处专指人类。男女相合而成夫妇，后而生生不已，遂有父子、有君臣，如此则高低贵贱等级制度立起来。制度订立后而生成各有礼义。而以上的种种关系，男女相合是关键，即夫妇是本，咸者，夫妇之交，所以下经开篇要以《咸》卦为首。

物不可以终恒，此又借恒之名泛论物理。若夫妇之道，岂可以不久居其所乎？物之不可久居其所者，如人四十出仕至老则当致，仕不可久居其位也。又如天下有道则仕，无道则隐，不可恋位不去也。只是功成名遂而身退之义，故圣人欲人知进而知退，知存而知亡，知得而知丧……物不可以终壮，谓不止壮而已。壮则必进，如人年壮德充，必进而有为，所谓君子进德修业欲及时也。此亦其一端。程曰：物无壮而终止之理，既盛壮则必进。进必有所伤，进而不已则知进而不知退，必致伤矣。盖消息盈虚天运然也，四时之序功成则退。①

夫妇之道久远，故接以恒，而如天下之理，无物可以终恒，正如人出仕途，终要老而归野。有道则仕，无道则隐于野，不可久居其位而生眷恋之心，功成身退是天之大义，不可违背。此正是圣人教化世人进退之理。正因万物无就居其所之理，无终壮之时，所以应适时而动，壮之时当进德修业而有所为。如此顺应天理之自然才是正道。

程曰：动静相因，动则有静，静则有动，物无常动之理，艮所以次震也。不终于止，故又次以渐，此动静相生之理也。程曰止必有进，屈伸消息之理也。止之所生亦进也，所反亦进也，渐所以次艮也。进必有所归，特借归字而言，妹字轻看。如水之进必归于江海，人之进亦必有归宿之地也。程曰：进则必有所至，故渐有归义，归妹所以继渐也。得其归者，必大至其极也，中道而废其能久乎？程曰：物所归聚必成其大，愚谓此是泰山不让土壤，故能成其大。河海不择

① 蔡清：《易经蒙引》卷十二下，《文渊阁四库全书》第 29 册，台北：商务印书馆 1986 年版，第 784 页。

细流，故能成其深之理。穷大者，必失其居，谓失其所安也。如富贵之极而骄，骄则败，而反失其所有矣。故受以旅。旅者，在外而不得其所安也。程曰：丰盛至于穷极则必失其所安。旅所以次丰也，唐明皇宋徽宗是也。旅而无所容，故受之以巽。亦理势使然也。程曰：羁旅亲寡，非巽顺何所取容？苟能巽顺，虽旅困之中，何往而不能入？巽所以次旅也。①

该段从《艮》到《巽》，解释其卦序之理。蔡清引用程氏动静相因之观点，以明物无常动之理，故《震》卦之后接以《艮》，震者动也，艮者止也。无常动之理故亦无长静之理，《艮》接以《渐》，渐进也。进而应有所归处，故取《归妹》之"归"字义。万物之所归者，大矣。正如海纳百川而成其大，山不让土壤而成其高。大者，比丰盈于他物，故而丰。如此一来，容易过于骄而至于败，如此而失去其所安置所，故而接之《旅》卦。此过大而骄奢，以至于败之理，正如唐明皇、宋徽宗之世，本是开元盛世，终不能持久。居于旅之境地，无所收容处，故应巽顺而应物，此乃理势之必然。此处蔡清解读上述几卦之序，乃是明辨事物发展的一个必然趋势，是理之正也。而人之处世正应顺其事，应其理，方能居于安。

六十四卦之序，始于《乾》《坤》，终于《既济》《未济》。既济者，济万物也，而能济万物者，必有过人之才能，故《小过》后而《既济》。"程曰：人之所信则必行，行则过也。有过人之才者方能济事。程曰：能过于物，必可以济。"②然而"物不可以终济者，循环之理，天地人物俱不能违也。故以未济终焉。"③故而以未济为终，以象征其生生不已之义。

　　此动静之所以相生，阴阳之所以交变，而万化万事之所以无穷已也。孰谓六十四卦之始终特偶焉？而已哉。既曰既济矣，物之穷也，物穷而不变，则无不已之理。易者，变易而不穷也。故既济之后受以

---

　　①　蔡清：《易经蒙引》卷十二下，《文渊阁四库全书》第29册，台北：商务印书馆1986年版，第786页。

　　②　同上书，第787页。

　　③　同上。

未济终焉。未济则未穷也，未穷则有生生之义。序卦之义有相反者，有相因者。相反者极而变者也，相因者其未至于极者也，亦老变而少不变之义也。总不出此二例。《序卦》则略借卦名以论相承之义，如卦体卦德之类此在所略也。①

六十四卦之卦序，揭示的是天地循环生生不息之理。万物之流行，无常动静之说，无终恒之理，一切都在运动变化中，正是变易之谓。蔡清通过对其卦序的解释，进一步明其中之易理。

①　蔡清：《易经蒙引》卷十二下，《文渊阁四库全书》第29册，台北：商务印书馆1986年版，第787页。

第二章 《易经蒙引》对《周易本义》的
继承与超越

　　蔡清作为明代朱子学的代表人物，其思想主要来自于朱熹。在易学方面，蔡清的主要易学作品《易经蒙引》也是在朱熹《周易本义》的体例基础上进行发挥。从结构上来讲，《易经蒙引》对《周易本义》基本上是继承居多。从易理上看，《易经蒙引》对《周易本义》则有所扬弃。对于太极、阴阳、动静等易学基本范畴，蔡清继承的比较多，而对于《周易》一书的性质以及其中所蕴含的穷理尽性之道则是更多地阐述自己的观点。本章主要就蔡清《易经蒙引》对朱熹《周易本义》的继承与超越看蔡清易学对于朱子易学的超越。

第一节 《易经蒙引》对《周易本义》的继承

　　首先，我们来看蔡清《易经蒙引》对朱熹《周易本义》的继承，这种继承主要分为两个方面：结构和思想。在结构的继承上，显而易见，蔡清其书的体例与《本义》基本相同，故本书不作过多论述。而在思想的继承上，则体现在易学哲学中的几个主要基本范畴上：太极、阴阳、动静。

一 《易经蒙引》对《周易本义》的结构把握

　　从结构上来讲，蔡清的《易经蒙引》对朱熹《周易本义》的继承，主要体现在其体例上。《易经蒙引》中说道："是书专以发明朱子为主，故其体例以《本义》与经文并书。但于《本义》每条之首加一圈以示别，盖尊之亚于经也。然实多与《本义》异同。"① 由此可见，从体例上讲，蔡清沿袭了朱子注经的方法，逐句进行，并将朱子所注与原经文并列，可见其对于朱子之推崇。但确也有所异同，主要在于，在注释的过程中，蔡清发挥了自己独特的见解，并在手法上有一定的发展。故而，《四书总目提要》评价："朱子不全从程传，而能发明程传者莫如朱子。清不全从《本义》，而能发明《本义》者莫若清。醇儒心得之学，所由与争门户者异欤？"② 由此可见蔡清对朱子思想的贯彻，这是值得肯定的。除此外，在篇幅上，蔡清也保留了朱子的上下经之分。朱子因《周易》浩繁，故将其以《咸》卦为界，分有上下两篇，上经三十卦，下经三十四卦。而蔡清从之。

具体到每卦的注释结构，朱子采用的是解字、注原文、引别家、抒己见的模式。而蔡清亦然，在对每卦的注释上，基本仿效朱子，有所不同的在于，清所引资料更甚，而发己见尤多，且在见解上，对于朱子的修正比较多。

二　《易经蒙引》对《周易本义》的思想贯彻

在朱子看来，《易》虽是卜筮之书，但仍然蕴含着一阴一阳的基本原理。阴阳又分为阴阳之理和阴阳之气。就《易》的本质来讲，不过是阴阳变易的过程。阴阳之理所涵盖的内容极广，包括虚实、动静、仁义等，其理贯穿于整个《周易》，从圣人画卦到注经释文，体现的不外乎此阴阳之理。就阴阳之气而言，朱子认为天地之一切事物之形体均来源于阴阳二气。基于阴阳二气相互交织转化，而成天地万物。总的来说，朱子将阴阳之理归于形而上的世界，阴阳之气归于形而下，从具体到抽象，从理到器，归根结底是一变易，而此变易无非是一阴一阳。而这一阴一阳的流行推移，都是一气之消长。"阴阳只是一气，阳之退，便是阴之生。不是阳退了，又别有个阴生。"③ 又说："天地间一阴一阳，如环无端，便是相胜底道理。"④ 同时，朱子还强调指出阴阳之流行，乃是一个渐化和顿变的

---

① 蔡清：《易经蒙引》提要，《文渊阁四库全书》第 29 册，台北：商务印书馆 1986 年版，第 1 页。

② 同上书，第 2 页。

③ 黎靖德：《朱子语类》第四册，中华书局 1986 年版，第 1602 页。

④ 同上书，第五册，第 1940 页。

过程。"变、化二者不同，化是渐化，如自子至亥，渐渐消化，以至于无。如自今日至来日，则谓之变。变是顿断有可见处。"① 此处即将渐变与顿变区分开，即一个是量变，一个是质变。关于阴阳流行，朱子还集成发展了程氏"动静无端，阴阳无始"的观点，认为阴阳两者之间的转变是没有开始也没有终结的，是一个无限循环往复的过程。这种观点以变化的眼光看问题，并肯定了变化是对立面不断转化的过程，可以说具有哲学的进步意义。朱子认为阴阳不断转化，同时阴阳还可以各生阴阳。"一物上又自各有阴阳，如人之男女，阴阳也。逐人身上，又各有这血气，血阴而气阳也。如昼夜之间，昼阳而夜阴也。而昼阳自午后又属阴，夜阴自子后又是阳，便是阴阳各生阴阳之象。"② 是说，世间万物有阴有阳，而同一事物当中又各分出个阴阳来，阴中有阳，阳中有阴，阴阳互相交错，互为根本。

易是一阴一阳，然而，阴阳又是怎么回事，如何产生呢？朱子在《周易本义》中提到易者，阴阳之变。太极者，其理也。即说，太极乃是阴阳变易之理，又是易为阴阳的根本。换言之，太极就是阴阳之理。太极是理，那么太极又和阴阳之气是什么关系呢？朱子在其《太极图说解》中进而说道："此所谓无极而太极也，所以动而为阳，静而为阴之本体也。然非有以离乎阴阳也，即阴阳而指其本体，不杂乎阴阳而为言耳。"③ 可见，太极与阴阳二气是一种形而上与形而下的关系，二者本质上有着区别，所谓不杂乎。然又相互联系，密切影响，太极又在二气之中，所以又不离乎。

关于太极，还有太极动静的问题。太极作为本体，与阴阳关系如此密切，阴阳二气在不停地往复循环，那么太极呢？太极是动是静？

> 盖天地之间，只有动静两端，循环不已，更无余事，此之谓易。而其动其静，则必有所以动静之理焉，是则所谓太极者也……熹向以太极为体，动静为用，其言固有病，后已改之曰太极者，本然之妙

---

① 黎靖德：《朱子语类》第五册，中华书局1986年版，第1937页。

② 同上书，第四册，1604—1605页。

③ 胡广：《性理大全书》卷一，《文渊阁四库全书》第710册，台北：商务印书馆1986年版，第14页。

也。动静者，所乘之机也。此则庶几近之来喻，疑于体用之云甚当，但所以疑之之说，则与熹之所以改之之意又若不相似。然盖谓太极含动静则可……谓太极有动静则可。若谓太极便是动静，则是形而上下者不可分，而易有太极之言，亦赘矣。①

是说，太极动静之理是属于形而上的，阴阳动静之理是属于形而下的。朱子认为，形而上的世界是无所谓动静的，即说，太极有动静之理，而非太极自身可以动静。

蔡清认为，《周易》一书内容博大精深，但究其核心，乃是阴阳变易及其规律。

莫大乎天地而易书与天地同其大焉，何也？如所谓死生鬼神知仁之类，莫非阴阳之变，天地之道也。《易》书于是道也，自其外而统观之，则幽明死生鬼神之类，无一不包括于其中，有以弥之而无遗焉。自其内而细观之，则于所弥之中，或幽或明，或死或生，或鬼或神，或仁智之类，又皆有以纶之而不紊焉。夫易能弥纶天地之道，如此信乎易与天地准也。②

从上述这段对《系辞》中"易与天地准"一句的解释中可以看出，此阴阳变易之规律，作用于宇宙间，大到天地之道，小到花鸟鱼虫等细微之物，无不受阴阳变化规律的制约。天地间万物，山川河流，动物植物，乃至饮食男女，无不体现着阴阳两端及其变易之规律。所以说，从本质上来讲，《易》书其主要内容就是围绕着阴阳变易而展开的，其主体内容，一言以蔽之，即阴阳变易之道。在这点上，无疑是对朱子《周易本义》中思想的进一步继承。

"易者阴阳而已。幽明死生鬼神皆阴阳之变，天地之道也。"③此句话

---

① 朱熹：《晦庵集》卷四十五，《文渊阁四库全书》第 1144 册，台北：商务印书馆 1986 年版，第 324—325 页。

② 蔡清：《易经蒙引》卷九下，《文渊阁四库全书》第 29 册，台北：商务印书馆 1986 年版，第 586 页。

③ 同上。

简明扼要地揭示了易与阴阳的关系以及阴阳的重要性。太极生两仪，此两仪即是指阴阳两仪，阴阳两仪是万物成化之前提。正是由于阴阳相动才有得"幽明死生鬼神"之成。《易》书乃变易之书，其所谓变易即阴阳之变易，正如《易经蒙引》上所讲"易有太极，易者阴阳之变，太极者阴阳之所以变者也，阴阳之所以变者太极有动有静也"①。"天地相遇，天以阳气下交于地，地以阴气上交于天也。"② 阴阳两气相交而成变化，遂有万物之生。然而亦有"所谓独阳不生，独阴不成之理也"③。"盖凡物都必阴阳交会然后有此物也。"④此处正是强调阴阳二者缺一不可，必相互作用方能成其大者。"有天地然后气化流行万物生，有万物则分阴分阳而后有男女，此男女专指人言，有男女则阴阳相合而后有夫妇，有夫妇则生育之功成。"⑤如此，由阴阳而成天地万物，而成人间男女性命、种族繁衍。

阴阳之间是互为依托的，无阴则无阳，独阴不生，独阳不长是之谓也。阴阳同时不断变化，所谓阴阳无定数，阳之退则自然是阴之生，"阴阳之相胜，祸乱之相因，如循环然"⑥。正是在这种不断的循环模式之中，阴阳相因而生成万物。"所谓一阴一阳之谓道，阴阳不测之谓神者也。是故立天之道曰阴与阳，阴不一于阴，阴必变为阳。阳不一于阳，阳必化为阴。此则天道之所以为太极者然也。"⑦

阴阳之间是一个不断交替变化的过程，这是阴阳间一种消长关系的体现。"夫阳全阴半，阳统夫阴，阴制于阳，本无均敌之理。然阴阳互有消长，迭为盛衰。"⑧基于阴阳间这种小范围内会出现的不平衡状态，蔡清认为这期间的消长，都是阴阳的消长而成天地人三道，成世间之男女。

基于太极生阴阳的论述，蔡清进一步考察阴阳的动静问题。在他的易学体系中，动静是关系宇宙生成的一对重要范畴，也是万事万物存在的一

① 蔡清：《易经蒙引》卷十下，《文渊阁四库全书》第 29 册，台北：商务印书馆 1986 年版，第 657 页。

② 同上书，卷六下，第 398 页。

③ 同上书，卷一下，第 72 页。

④ 同上书，卷二上，第 95 页。

⑤ 同上书，卷十二下，第 784 页。

⑥ 同上书，卷二下，第 159 页。

⑦ 同上书，卷九上，第 573 页。

⑧ 同上书，卷一下，第 82 页。

种形式。在蔡清心目中，动静观已经不再是单纯的动与静，而是万事万物存在发展的原因，正是由于动静的对立统一性，才使得万物能生能化，不断发展。蔡清说："盖非乾坤之一动一静则安有此物？既无此物则安有此理？既无此理则易又何从摹写？"① 又说："盖天地之间本一气之流行而有动静耳。以其流行之统体而言则但谓之乾而无所不包矣。以其动静分之然后有阴阳刚柔之别也。"② 照此，则天地间阴阳刚柔之所以有分别，是因为一气流行而有动静变化。可见动静在此起到了至关重要的作用。所谓"太极随阴阳而为动静，阴阳则于动静而见其生"③，"动静迭兴而分，阴阳变化之所由生也"④，"盖动静不失其时，是能笃笃实实于事事物物"⑤，正是因为动静能够不失时机地作用于太极，分阴阳，生刚柔，继而作用于事事物物，此变化大矣。

太极动静生化万物，同时动静本身也具有奥妙的相互关系，"程曰：动静相因，动则有静，静则有动，物无常动之理"⑥。可见，动与静是相伴而存在的，有动必有静，但这里所说的有动必有静是指在一段时间内的动而复静，并非指动静在同一空间点的同时存在，此"所谓动静不同时，阴阳不同位，而太极无乎不在者也"⑦。

动静与太极、阴阳的关系，以及如何相化生的过程，在《易经蒙引》中具体描述如下：

> 动静有常，刚柔断矣。愚谓太极动而生阳，静而生阴。故凡阳物其性类皆动也，阴物其性类皆静也。所以谓之有常者。盖唯其禀性于阳，故其动有常。唯其禀性于阴，故其静有常也。阴亦或有动者，然非阴之常。阳亦或有静者，然非阳之常也。今以天地万物观之，如天

----

① 蔡清：《易经蒙引》卷十上，《文渊阁四库全书》第 29 册，台北：商务印书馆 1986 年版，第 611 页。

② 同上书，卷二上，第 90 页。

③ 同上书，卷九下，第 599 页。

④ 同上。

⑤ 蔡清：《易经蒙引》卷七下，《文渊阁四库全书》第 29 册，台北：商务印书馆 1986 年版，第 470 页。

⑥ 同上书，卷十二下，第 786 页。

⑦ 同上书，卷九下，第 596 页。

左旋一日一周而过一度常动也。地则亘万古而常静也。①

蔡清这段话，可以说是对易学的太极阴阳动静理论的集中概括。一方面，蔡清从类型上陈述了阳物以动为本，阴物以静为本，正因为万物各有其本性，所以动静有常法，刚柔必相推。另一方面，蔡清看到了阴阳动静之异态，这种异态表现在特殊情况下阳物之"静"和阴物之"动"。不过，在一般情况下，阳动阴静，乃是普遍的规律，这就是蔡清说《易》的基本立场。

蔡清认为太极乃是天地万物之理，是天地间一切的起源和准则。"合天地万物之理谓之太极。此太极二字之本指也。若谓一物各具一太极者，则指散殊者之全体而言，天地间无他物只是道而已。"②太极的本质其实就是理。一物各具一太极，蔡清认为天地间不止一个太极，天地间万事万物都有一太极，这个观点同朱熹"理一分殊"的观点类似，可见，在蔡清看来，理就是太极，太极即是理。

在蔡清看来，太极不仅是理，太极也是道。"语道体之全则谓之太极。语太极之流行则谓之道。语道之妙则谓之神。"③"若夫不滞于动，不滞于静，非动非静而妙乎动静者则谓之道者，太极也。"④由此可见，在其易学思想体系中，道体之全即是太极，太极流行即是道。太极、理、道在此是相互贯通的，在一定程度上可以置换。

刚柔变化而为太极，"动则太极，开辟而散于动静则太极混合而归于一。故曰：混兮辟兮其无穷兮"⑤。太极是由于刚柔变化相推动而成，由动及静，静而又复动，如此反复混合而归一，此称之为太极。所以，太极是混成的、无穷的、变化的。无极而太极，太极本无极，体用一源，显微无间。太极也是虚无的，无象的。"必虚其一以象太极者，盖气必有理。大衍之数五十者气数也，气不徒气而理存焉。然气有为而理无为，故虚其

---

① 蔡清：《易经蒙引》卷九上，《文渊阁四库全书》第 29 册，台北：商务印书馆 1986 年版，第 543 页。

② 同上书，卷九下，第 595 页。

③ 同上书，卷九下，第 596 页。

④ 同上书，卷九上，第 573 页。

⑤ 同上书，卷九下，第 596 页。

一以象太极之无。"①太极无象所以以虚而代之。所谓太极无象之意，乃指理之无象而聚散于天地间，太极亦无具象，故虚以代之。

太极无象，但太极不是静止不变的，而是不断变化相生推于无穷的。"所谓太极动而生阳，阳极而静，静而生阴，阴极复动者也。"②太极流行之妙，无穷无尽。太极动而生阳，阳又生阴，阴又生阳，如此循环往复而天地万物成矣。此种循环变动的模式便是太极存在的模式。

第二节　《易经蒙引》对《周易本义》的超越

上一节中，我们就结构和思想两方面谈了《易经蒙引》对于《周易本义》的继承，接下来这一节，将主要从资料引证、卦象解释、义理阐发三个方面来看《易经蒙引》对《周易本义》的超越。

一　从资料引证看超越

1. 从上古到隋唐时期的资料引证看超越

（1）历史事件的引用

> 一说需而有孚且贞者，亦有赖于势位。如唐德宗之讨淮蔡，所谓凡此蔡功惟断乃成，倘非其据尊位，主张得过鲜，不摇于纷纷之议，而无以济中兴之业矣。又世间人事于当需而不能需者，亦多是屈于势力之不足。既屈于势力之不足，则有不得遂其心而尽其道者矣。③

此段出自于《易经蒙引》卷二上之《需》卦。此处蔡清引用唐德宗讨淮、蔡之事，说明有孚且贞者也是有赖其处于尊位，有势而可成事。继而引出世间事不能需者，主要也是由于势力不足而不能成。

> 魏征对太宗曰：天下未定，则专取其才，不取其行。丧乱既平，

---

① 蔡清：《易经蒙引》卷十上，《文渊阁四库全书》第 29 册，台北：商务印书馆 1986 年版，第 631 页。

② 同上书，卷一上，第 5 页。

③ 同上书，卷二上，第 113—114 页。

则非才行兼备不可用也。范氏非之曰：王者剙业垂统敷求哲人以遗后嗣，故能长世，岂其以天下未定而专用小人之才乎？夫有才无行之小人，无时而可用退之，犹惧其或进也，岂可先用而后废？乃取才行兼备之人乎。①

出自于《易经蒙引》卷二中之《师》卦，是对《师》卦上六爻辞的解释。此处蔡清引用魏征之谏来表达其小人勿用的观点。魏征认为天下未定之时，应不拘一格，选有能者任用而可以忽略其德行，蔡清又引用范氏之语批判了魏征的观点，认为无论何时都不应给小人以可乘之机，天下治乱与否都不能任用小人。虽是借他人之口，但却是表明蔡清之意。

《随》卦上六爻"拘系之，乃从维之"一句，蔡清的解释为：

> 拘系之，如监禁意思，乃从维之，如更绳纽之意思。此假象之辞，明其随之固结而不解者也。如七十子之服孔子，虽畏于匡，绝粮于陈，困厄流离而不去，下此则如舅犯赵衰、颠颉、介子推之徒，从晋文公出亡者十九年，备历艰苦而未跬步相离，若后齐士五百人从田横于海岛而无叛色，荆楚之士从刘备于江南而依依如云者，皆是也。②

上六爻辞之意在于说明跟随之久而不可解，这种关系固不可变更，可见"随"之意诚。用七十子跟随孔子、介子推之徒跟随晋文公、五百士从田横、荆楚之士从刘备这一系列历史事件的排比，明确地表达了上六爻所示的诚意之极。由此可见，蔡清作为儒学家，其封建的君主意识十分浓厚，这种君臣、主仆的尊从思想根深蒂固。

《临》卦卦辞主要为君子临小人之意，在对卦辞的解释中，蔡清引用司马光、欧阳修等为人臣者，与当道小人的关系来说明君子临小人之意。又提到秦始皇灭六国、唐太宗平定突利等君主之征讨四夷之事，以明君临

---

① 蔡清：《易经蒙引》卷二中，《文渊阁四库全书》第 29 册，台北：商务印书馆 1986 年版，第 133 页。

② 同上书，卷三上，第 203 页。

天下之观。

　　韩范、富杜等皆在两府，欧阳修、蔡襄等在言路，而范雍、夏竦
之徒自不得于其位。又如司马光、吕公著等入朝，而章惇、蔡卞之徒
亦自然消阻而不得挺，是皆君子道长其势，有以逼使远去之意。以国
家之寇敌言之，如唐宪宗既平刘辟，李锜便有次及河北淮西诸镇之
势。嬴秦既灭韩赵，便有次及燕魏齐楚之势矣。以中国之于夷狄言
之，如唐太宗既定帝业灭突利，而四夷君长莫不来王，或遣子入侍，
亦其势有以威之也。宋仁宗只用韩范措置边务，而赵元昊知其非敌即
纳款事大，亦其势有以逼之也。则所谓二阳浸长以逼于阴者，固不害
其为君子也。①

　　"小人剥庐，终不可用也。地若无天且不能为地，况天下可无君子
乎？故曰不有君子其何能国？故李林甫得志于天宝，而四海鼎沸，林甫已
剖棺断尸矣。蔡京得志于崇宣，而二帝北狩京等，亦家无处所矣。"②
《剥》卦上六爻之意，"君子得舆，小人剥庐" 此为专就"小人剥庐"一
句说，明其终不能任用小人之意。纵然李林甫、蔡京之徒得一时之专宠，
跋扈天下，而终不得善终，故小人无终用也，天下不可无君子，一国之
大，不可无君子。

　　《复》卦初九爻"不远复。无祗悔，元吉"以明修身之道。"孟子幼
时问东家杀猪何为？母曰：欲啖汝。既而悔曰：吾闻古有胎教，今适有知
而欺之，是教之不信。乃买猪肉以食之。若孟母可谓不远复者矣。"③用
孟母教育其子之事，明言传身教之道，知错而能迅速改而从善，才是君子
修身之法。

　　在对《大畜》卦六五爻辞"豮豕之牙，吉"一句作注释时，蔡清写
道："如魏已伐韩，齐师直走魏都，而韩师自解，得其要害也。项羽以范

----

　　① 蔡清：《易经蒙引》卷三下，《文渊阁四库全书》第 29 册，台北：商务印书馆 1986 年
版，第 212 页。
　　② 同上书，第 248 页。
　　③ 同上书，卷四上，第 261—262 页。

增为谋主，陈平具为恶草以间之，增死而项势益蹙，坏其腹心也。"① 用围魏救韩以及陈平陷害范增以削弱项羽之势力的典故而解释何为"獭豕之牙"。用具体的史实而例证，正是蔡清解《易》的一大特色，以形象的事例使易理更加易懂。

> 孙膑料庞涓死于树下，子贡料鲁邾之二君有死亡，往往奇中，岂必皆圣人而后能知来藏往哉？但各得其一二而不能如圣人之全且至耳。故曰：圣人人伦之至也，非谓他人皆不得与于人伦之事也。又如汉昭烈闻张飞营都督有表曰：噫！飞死矣。盖飞若在，不应都督上表也。又楚人伐郑，郑人将奔谍告曰：楚人遁矣。幕上有鸟，乃止。盖楚人宵遁幕中无人，故鸟敢栖其上，此亦已然之事，皆藏往之类也。②

此处是对《系辞》上传第十一章中"神以知来，知以藏往，其孰能与于此哉？古之聪明睿知，神武而不杀者夫"一句的解释。以孙膑预料到庞涓所死之处、子贡预见到鲁邾二君有亡、汉昭烈言张飞之死等一系列的事件，说明圣人知来藏往之能，而此非必拜卜筮之所赐，而是圣人之睿智，可以根据事物发展的一般规律而预测其未来的发展趋势，正是朱子所谓"无卜筮而知吉凶也"。

（2）典籍资料的引证

① 《尚书·洪范》

> 问圣人未系辞之，前全无文字可凭，恐终只是观象以断吉凶。曰观象以断吉凶。时在圣人亦须有个法则处之，不是人人着他自观象以断吉凶也。《洪范》七稽疑曰：择建立卜筮人，乃命卜筮。而传曰：著龟者，至公无私，故能绍天地之明。卜筮者亦必至公无私，而后能

---

① 蔡清：《易经蒙引》卷四上，《文渊阁四库全书》第 29 册，台北：商务印书馆 1986 年版，第 276 页。

② 同上书，卷十下，第 654 页。

传著龟之意。必择是人而建立之，然后使之卜筮，为人断吉凶也。①

在解释《乾》卦卦辞时，蔡清提到上述内容，其中引用《洪范》文说明古之卜筮之事，是有专人司之，为人观象断吉凶。

《夬》卦在解释"泽上于天，夬。君子以施禄及下居德则忌"一句时说道："泽上于天，其势必溃决而散漫于下，是夬之象也……《洪范》曰：水润下上于天，非其性也。故溃于下，则亦有灌溉之泽矣。"② 此乃引《洪范》篇中之言。

"贞悔二字占法有自来也。书洪范七稽疑云曰雨、曰霁、曰蒙、曰驿、曰克、曰贞、曰悔。盖雨霁蒙驿克者五行之兆龟法也，贞悔者本末之义著法也。"③ 此出自《系辞下传》第一章。

《系辞下传》第十二章中有"天地设位，圣人成能。人谋鬼谋，百姓与能"一句。对于该句的解释，蔡清是这样说的："凡卜筮问易者，亦先须谋诸人，然后乃可问易。虽圣人亦然。故《洪范》曰：谋及卿士，谋及庶人，然后曰谋及卜筮。又曰：朕志先定，询谋佥同，然后鬼神其依，龟筮协从是也。"④ 其中提到了《洪范》篇，说到谋先是人谋，而后才是卜筮。蔡清此处的引用正是说明了他对卜筮的看法，同时从侧面表明了蔡清对《周易》性质的观点。他认为《易》的卜筮功能，主要还是人谋，通过人的谋划以及对于事物发展规律的谋划而有所预见，趋吉避凶。卜筮之事是一种协从的功能。由此可见，蔡清还是看重人的主观能动性的，对于《周易》的卜筮性质，蔡清并未继承朱子之意。

②《中庸》

在解释"首出庶物，万国咸宁"时蔡清引《中庸》之注，表明圣人在天子之位，是从道德的层面讲而非实指位置之高低。"大学进修录以首出庶物，兼德与位而言。据《本义》云：圣人在上，高出于物，则首出庶物一句专以位言，其德字只在圣人二字内。首出庶物正是在上之义。中

① 蔡清：《易经蒙引》卷一上，《文渊阁四库全书》第29册，台北：商务印书馆1986年版，第12页。
② 同上书，卷六下，第391页。
③ 同上书，卷十一上，第672页。
④ 同上书，卷十一下，第731—732页。

庸注曰：圣人在天子之位，则圣人主德言，明矣。"① 解释"德施普也"时又引用"《中庸》所谓德之所施者，博也"②。

"《中庸》所谓尽人物之性者，至诚也。经纶天下之大经者，亦至诚也。其间节目固多，亦只是德业二字足以蔽之。"③ 此处提到《中庸》，是以说明君子进修之实，在于表里如一。重在意诚，君子德业之修主要强调一个诚字。

"与《中庸》经纶天下之大经解不同者，盖此从济屯上言，则曰引之理之所谓治乱民如治乱绳之意。《中庸》以五伦言则经者理其绪而分之以比父慈子孝君仁臣敬之各得其分也。"④ "《礼记》文王世子篇：文王事王季食下问所膳，命膳宰曰：未有原。所谓食之余，无以再进也。又汉立原庙《中庸》或问注曰：谓又一庙也。此两原与筮义同，以一人而抚万邦，上比下也。以四海而仰一人，下比上也，自有相亲比之道。盖比亦是两边相合上事。"⑤ 由上述两处的引文可以看书，蔡清对于《中庸》的引用，主要还是用儒家思想对《周易》进行注释，将儒家的中庸、正心诚意等思想用于解释《易》之经传。

2. 从两宋到元明时期的资料引证看超越

（1）名家著作的引用

① 《正蒙》

在解释"同声相应，同气相求"时，蔡清引张载之言："《正蒙·动物篇》曰：动物本诸天，以呼吸为聚散之渐。植物本诸地，以阴阳升降为聚散之渐。又曰：有息者根于天，不息者根于地，此动植之分也，息谓呼吸也。"⑥ 主要在于表明动物植物分阴阳的话，则动物因呼吸为聚散，主要多得于天之气，故而为阳。植物生长在地下，靠近地气，故而为阴。

"《正蒙·天道篇》第三曰：天不言而四时行。圣人神道设教而天下

---

① 蔡清：《易经蒙引》卷一上，《文渊阁四库全书》第 29 册，台北：商务印书馆 1986 年版，第 31 页。

② 同上书，卷一中，第 34 页。

③ 同上书，第 46 页。

④ 同上书，卷二上，第 97 页。

⑤ 同上书，卷二中，第 133 页。

⑥ 同上书，卷一中，第 49 页。

服，诚于此，动于彼，神之道欤！"① 此在解释"观天之神道而四时不忒，
圣人以神道设教而天下服矣"一条时出现的，天地之运行，默然而行，
按照一定的规律，四季不断交替变更。圣人教化天下正如天道之运行，默
然而润物，以诚而化育天下。

"《正蒙》曰：诚于此动于彼也，此意尤切。又《正蒙》第九篇曰：
能通天下之志者，为能感人心，圣人同乎人而无我。"② "《正蒙·天道
篇》曰：日月得天，得其自然之理也。非苍苍之天也。此与程传合。"③
天道运行，合乎是自然之理，虽无声无行而自化。

"《正蒙》第一篇曰：气聚则离明得施，而有形，有以知明之故。朱
子解之曰：形之时其幽之因已在此，不形之时其明之故已在此，聚者散之
因散者聚之，故其所谓离明者，一说指日光，一说指目。看来只自气聚则
目得而见，所谓离为目也。愚谓此正所谓阴阳之变，所谓易也。"④ 此处
可见蔡清的气论主要是受到张载气论思想的影响。蔡清认为阴阳变易之道
正是易之精髓，而阴阳变易正是阴阳两气的不断交替变化。"《正蒙》太
和章曰：气本之虚则湛本无形，感而生，则聚而有象，有象斯有对，对必
反其为有反，斯有仇，仇必和。"⑤ 气是无形的，聚散于物则作用于物，
而气本身则是无形无象而散于天地间。

　　②《皇极经世》

对于《乾》卦"圣人之元亨只在时乘六龙以御天"一句，蔡清解释
说："《皇极经世》书曰：仲尼能尽三才之道者，以其行无辙迹也。"⑥ 圣
人御天之术犹如君子治国之法，在于无为而无不为。正是由于"行无辙
迹"而能尽天地人三才之道。同样，君主与民休息，无为而治，顺应天
地之自然规律，则可以驭天下。

---

① 蔡清：《易经蒙引》卷三下，《文渊阁四库全书》第 29 册，台北：商务印书馆 1986 年
版，第 223 页。
② 同上书，卷五上，第 307 页。
③ 同上书，第 316 页。
④ 同上书，卷九下，第 587 页。
⑤ 同上书，卷十二下，第 792 页。
⑥ 同上书，卷一上，第 28 页。

《皇极》观物外篇曰：阳交于阴而生蹄角之类也，阴交于阳而生羽翼之类也，刚交于柔而生根荄之类也，柔交于刚而生枝干之类也。此盖所谓本乎天地之实也。又曰：走者便于下，飞者利于上，从其类也。此又亲上亲下之说也。又曰：飞者食木，走者食草，人皆兼之而又食飞走也，故最贵于万物，此又可见此条当除却人类，而论动物也，以动植二类证人类也。①

阴阳相交而有动物之不同，刚柔相济而有植物之错综，这正是阴阳二气构成万物的根本。以动植物可以观人类。此段是对"同声相应，同气相求"的进一步解读，从动植物分类的情况说明。

对于君子小人之间的消长关系，蔡清在对《泰》卦《彖》之辞的解释时，有所涉及，其中有引《皇极经世》以证之。

《皇极经世》书第七篇解曰：唐虞之世，非无小人也，君子在内而众，小人在外而寡，则小人不胜君子也。故虽有四凶亦不能害君子。商纣之世非无君子也，君子在外而寡，小人在内而多，则君子不能制小人也。故虽有三仁而不能去小人，所谓内外者不特在位在野而已，但信而任之则为内，疏而远之则为外。②

唐虞的时候，君子在内得君子所信，故而可制约小人，不使其为害，而商纣之时，君主昏庸任佞为亲，则虽有仁德之臣而反被小人所害。故而蔡清认为君子小人之消长、制约的关系，不在于在位还是在野，还在于是否为君主所信任。这才是力量衡量的关键。

"《皇极外篇》第三十七篇曰：室中造车，天下可行，轨辙合故也。苟能顺天理合人情，日月所照皆可行也。"③ 此是对"惟君子为能通天下之志"的解释。车虽在一室之内所造而能行于天下，在于轨辙相合。如果能顺应天理合乎人情则可通行天下而无阻碍。所以说君子应有通天下之

① 蔡清：《易经蒙引》卷一中，《文渊阁四库全书》第29册，台北：商务印书馆1986年版，第49页。
② 同上书，卷二下，第156页。
③ 同上书，卷二下，第168页。

志向，为天下谋。

在《大过》卦中，蔡清再次引用邵雍之言："《皇极外篇》三十八板有曰：大过本末弱也，必有大德大位然后可救，常分有可过者，有不可过者，有大德大位可过者也。"① 大过之时必须有大过之才德与之匹配方能有吉，否则则大过至于凶也。又引三十八板"曰：夫易者，圣人长君子消小人之具也。其长也辟之于未然及其消也。阖之于未然。一消一长，一阖一辟，浑浑然无迹，非天下之至神，其孰能与于此？愚谓此于复姤二卦之辞观之尤分明"②。此是对《姤》卦初六爻辞之解释，君子小人之消长正如阴阳两气的消长，君子之行，要根据其理势，当进则进，当退则退，依时而动，有所权衡。

（2）宋元著名易学家言论的引用

①项安世

项安世（1129—1208）［生年据本集卷四《内子生日（戊申）》"居士新年六秩来"推定］，字平父（一作平甫），号平庵，其先括苍（今浙江丽水）人，后家江陵（今属湖北）。宋孝宗淳熙二年（1175）进士，调绍兴府教授。时朱熹任浙东提举，相与讲理义之学。经朱熹荐为谏官。著有《易玩辞》《项氏家说》《平庵悔稿》等。《宋史》卷三九七有传。项安世诗，以《宛委别藏》本《平庵悔稿》十二卷为底本。

"平庵项氏曰：鼎之木上有火，犹井之木上有水，非井鼎本形，特象之耳。盖以木巽水为井，以木巽火为鼎，皆以其用之象而得其体也。"③ "平庵项氏曰：草木皆具水火之气，其生也，水气升于上水至木，杪则为润液象，井泉之上出也。其成也，火气见于上火，至木杪则为华实，象鼎气之上蒸也。愚谓此亦是一说，在前人所未发，盖生物者水也，成物者火也。"④《鼎》卦辞以上两处均是就卦象说。蔡清引用项氏之说，认为项氏取之象有独到之处。

"项氏谓：'殊贵贱，使有度，慎取予，使有义，辨名实，使有信'

---

① 蔡清：《易经蒙引》卷四下，《文渊阁四库全书》第29册，台北：商务印书馆1986年版，第286页。

② 同上书，卷六下，第400页。

③ 同上书，卷七上，第426页。

④ 同上书，卷七下，第447页。

为正辞，此说固善，但恐语意亦倒在理财一边说，不能尽圣人之意。"①此句出自《系辞下传》，是对"理财正辞，禁民为非，曰义"一句的解释。引项氏之语，并在此基础上提出自家的见解。"项氏曰：危以动，则民不与者，党与之与也。无交而求，则民不与者，取与之与也。"②同出于下传，为"君子安其身而后动，易其心而后语，定其交而后求"之释文。

对"近而不相得则凶或害之悔且吝"一句，蔡清引项安世之语："平庵项氏曰：凡爻有比爻有应爻有一卦之主，爻皆情之当相得者也，今称近者正据此爻言之，反以三隅则远而为应为主者，亦必备此三条矣。"③又"项氏曰：命辞之法必各象其爻之情，故观其辞可以知其情利害者，商略其事宜有利不利也。悔吝则有迹矣，吉凶则其成也。故总而名之曰吉凶相感情之始交，故以利害言之相取则有事矣。故以悔吝言之相攻则其事极矣，故以吉凶言之远近情伪。姑就浅深分之，若错而总之，则相攻相取相感之人，其居皆有远近，其情皆有情伪，其情皆有爱恶也，故总以相近一条明之，近而不相得则以恶相攻而凶生矣。以伪相感而害生矣，不以远相取而悔吝生矣。"④

②陈淳

陈淳（1159—1223），字安卿，亦称北溪先生，南宋理学家。漳州龙溪（今福建龙海）人。朱熹晚年的得意门生，理学思想的重要继承者和阐发者。著作有《北溪全集》。其理学思想主要见于《北溪字义》。在学习理学思想方面，提出要立志、虚心、下学与上达。批判了学习为求取功名而不求甚解的时弊。

《系辞上传》第五章首句"一阴一阳之谓道"，对此蔡清作出了长篇的解释，其中引用了陈淳之言："《陈北溪字义》曰：阴阳气也，形而下者也。道理也，形而上者也。"⑤将阴阳看为阴阳两气，是形而下之气，为实体，而道则是道理，是抽象的，所谓为形而上之理。接着，又引道：

---

① 蔡清：《易经蒙引》卷十一上，《文渊阁四库全书》第 29 册，台北：商务印书馆 1986 年版，第 682 页。

② 同上书，卷十一下，第 710 页。

③ 同上书，第 733 页。

④ 同上书，第 734 页。

⑤ 同上书，卷九下，第 595 页。

北溪陈氏曰：以造化言之，如天地间生成万物，自古及今，无一物之不实。散殊上下自古有是，到今亦有是，非古有而今无，皆是实理之所为。大而观之自太始而至万古，莫不皆然。若就物观之，贯彻始终亦只是一实理如此。姑以一株花论来，春气流注到则萌蘖生花，春气尽则花亦尽。又单就一花蕊论，气实行到此则花便开，气消则花便谢而亦尽了。方其花萌蘖，此实理之初也，至谢而尽处此，实理之终也。①

天下间之道理，都是一个实理。以花草之盛衰而言，春来则花开，春尽则花落，这正是万物发展的必然轨迹，天地之实理。有阴阳而有动静，花开花落之动静变化，真实体现了阴阳的变化之道。

《陈北溪字义》略曰：继善是太极之动而阳时。所谓善者，以实理言，即道之方行者也。成性是说人物受得此善的道理去，各成个性耳，是太极之静而阴时。又曰继成字与阴阳字相应，是指气而言，善性字与道字相应，是指理而言。天地生物之心无有不善，故曰天地之性也，对气质之性而言也。②

此段是对"继之者善也，成之者性也"的解说。善恶心性与太极阴阳联系，太极之动为阳，而为善之源。太极之静为阴，是善授予个人不同后而成的个性。善与性乃是体用的关系。天地之性为善，是就其理言，而具体到个人的气质之性则有善与不善之分。

凡奇偶之生成屈伸往来者，奇而生者神之来而伸也，偶而成者鬼之往而屈也。盖物未成则其气日渐凝聚故为神，既成则其气日渐耗散故为鬼，如此分鬼神之义亦可，北溪陈氏亦如此说。但以五生数为

---

① 蔡清：《易经蒙引》卷九下，《文渊阁四库全书》第29册，台北：商务印书馆1986年版，第599页。

② 同上书，第602页。

神，五成数为鬼，恐于朱子屈伸之意未切，要之当说得圆活，方是如
一变生水来而伸也……北溪氏大传曰：日往则月来，月往则日来云
云。往者屈也，来者伸也，屈伸相感，朱子此谓奇偶生成之屈伸往来
者屈伸往，来字实本诸此……依北溪说则所谓往来者乃阳主进，阴主
退之义。一说就是精气为物，游魂为变之例。依愚管见则所谓往来者
即往者屈也，来者伸也之义。一则往在来之前，一则往在来之后，知
此则于二说知所折中矣。或曰此以其生之序言，彼以其行之序言。①

此段是对阴阳往来之说的讨论，认为鬼神之说不过是气之聚散，气之
聚合为神，散发为鬼，聚散之道为神鬼之化。天地往来之谓不过是阴阳两
气之往来聚散。

③胡炳文

胡炳文（1250—1333），字仲虎，号云峰，婺源考川人。世代承袭朱
子学说，尤其对易学极有造诣。胡炳文秉承家传，精研《易》学，并倾
注数年的努力对《周易》进行了全面考订，完成专著《周易本义通释》，
以纠偏辨错，阐发先圣本义。其著作很多，其中收入《四库全书》的有
《四书通》28 卷、《云峰集》10 卷、《周易本义通释》12 卷。

云峰曰：捐本拂人情之事也。损下未必大善而吉，未卜无过未必
可固守，未必可有往，惟损所当损，于理可行而下信之，则其占如此
耳。此说甚善，但以有孚为下信之恐未安。盖损所当损，便是诚实而
不妄，便是有孚，如需之有孚，习坎之有孚，益卦六三之有孚中行之
类。有孚皆自我而言，不必皆以人信之为义也。②

此为对《损》卦卦辞的解释。《损》卦之精义在于损所当损，有孚在
道，诚实下信，损之得当，则吉。蔡清在对《姤》卦九二"包有鱼，无
咎，不利宾"爻辞的解释中，同样提到胡炳文之说：

---

① 蔡清：《易经蒙引》卷十上，《文渊阁四库全书》第 29 册，台北：商务印书馆 1986 年
版，第 629—630 页。

② 同上书，卷六上，第 374 页。

云峰曰：包者容之于内而制之使不得逸于外，是包字已有制字意
了。今观《本义》云二与初遇，为包有鱼之象，只取二与初遇义。
又云然制之在己，故犹可以无咎。然字方转意下去始露出制字，可见
云峰之说小异，且包字既当制字了，下文若不制而使遇于众，岂可谓
若不包邪？毫厘差异，亦不容不辨。①

此处是就"包"字考，论包字有无制字之意思。云峰认为"包"字
有"制"字之意，而蔡清此处引其言在于指出其言失之偏颇，"包"与
"制"不同，不可谓有"制"字义。由此也可见蔡清解《易》注重文字
的考证，所谓"锱铢必较"也。

"云峰所谓可过乎恭不可过乎傲，可过乎哀不可过乎易，可过乎俭不
可过乎奢也。"② 《小过》卦"君子以行过乎恭，丧过乎哀，用过乎俭"
一句之释文。蔡清引用云峰之语以进一步阐释《小过》之精义。君子之
道在于恭俭让，君子的行为可以小过于恭但切不可过于傲慢，可以过于哀
伤而不能过于易，可以过于节俭而不能过于奢侈。

在解释《系辞上传》之"鼓之以雷霆，润之以风雨，日月运行，一
寒一暑。乾道成男，坤道成女"一句时，蔡清引云峰语，"云峰曰：易既
画天地万物之变化，又在卦爻实体中。此说谬也。易中只是法象，安得有
实体？"③ 蔡清认为易是个空的事物，可以成形成象而为万物，但易本身
只是法象耳。易是没有实体的，这种观点显然是对朱子观点的继承，而这
也是蔡清批判云峰之所在。云峰认为易能像万物之变化，易本身是实体。
蔡清对此不以为然。

从上述的引证可以看出，对于胡炳文的易学观点，蔡清批判的多，认
同的少。蔡清《易经蒙引》中对于名家之言的大量引用不单引用同意之
观点，同样包括了批判的成分。

④吴澄

吴澄（1255—1330），字幼清，晚年改字伯清。抚州崇仁（今属江

---

① 蔡清：《易经蒙引》卷六下，《文渊阁四库全书》第29册，台北：商务印书馆1986年
版，第401页。
② 同上书，卷八下，第527页。
③ 同上书，卷九上，第549页。

西）人，人又称草庐先生。宋元思想家、教育家、理学家。幼聪敏好学，曾受教于朱熹再传弟子饶鲁的门人程若庸。吴澄为学虽由朱熹《四书集注》入门，又得到朱学人物的指授，自称其学为朱子之学；但他不偏执于一家，对陆九渊的"本心"学说尤为赞赏，他极力调和朱、陆两家学说，反对持门户之见。如全祖望所言："草庐出于双峰，固朱学也，其后亦兼主陆学。盖草庐又师程氏绍开，程氏尝筑道一书院，思和会两家，然草庐之著书，则终近乎朱。"① 撰有《五经纂言》《孝经章句》《草庐精语》《道德经注》等书，后人辑于《草庐吴文正公全集》，其易学著作有《易纂言》《易纂言外翼》《易叙录》。

蔡清引用吴澄之话语也较多，其中有的引用是从批判的角度来申证自己的观点，如"临川吴氏谓：居则不行，行则不居者。非也。居贞犹云安处于正也，其不进之意自在贞字内。若依他说反重叠了，且居既为不进，则象传谓志行正也。行字又反居字了不通"②。此处引用，即蔡清认为吴氏"居则不行"的解释是有偏颇的，提出居并非不进不行，而主要是居贞之意。然而多数情况下，还是引用以证其见解，如："临川吴氏谓：中正则内无私心，应乾则外合天德分内外亦未当，且为必以有应为应天，卦体是六二应九五也。"③"临川吴氏曰：长则各有夫家，亦是以中少二女，为未嫁者。而以长女为已嫁者矣。以卦德言之，内说而外明，当作《象传》说而丽乎明，言在己有和悦之德，又得明德之人而附之也。内字属己，外字属人。"④此两处多是取吴澄象数之见，以说明卦象爻象。而"临川吴氏曰负者小人之事，六小人之才也，乘者君子之器，三君子之位也，此说最明"⑤这句，又是就爻位而言。除了对吴澄象数思想的引用外，还包括了其义理的引用。

"临川吴氏谓犹男之失其配，君之失其民，如此骑墙则非惟于象有违而于起凶，二字义亦不切。失道者寡助，以至亲戚畔之而难作矣。起凶

---

① 黄宗羲：《宋元学案》卷九十二，《续修四库全书》第519册，上海古籍出版社1995年版，第641页。
② 同上书，卷二上，第98页。
③ 同上书，卷二下，第168页。
④ 同上书，卷五下，第354页。
⑤ 同上书，卷六上，第371页。

也，专主民言起凶占。"①在论述"得道多助，失道寡助"时，引用吴氏的比喻，将治国之吉凶与男女之婚配相比较，以明治国之要在于得民心。

　　　吴氏曰：人心未与物接，寂然不动，何思之有？既与物接应之，各有定理，何思之有？依此说人心自然何思何虑，则思与朋从尔思之思不同矣。未为当也，且接上文天下二字不顺。②

　　　吴氏乃曰：往者之屈感来者之伸，来者之伸又感往者之屈，其泥于相感之义欤！不必从也。如下文尺蠖之屈以求伸也，龙蛇之蛰以存身也，岂非偏言屈之感伸而亦谓之屈伸相感欤！③

　　　临川吴氏曰：盖于其名卦而知其有忧患也。下文举九卦之名以见其忧患之至。愚按：临川是以卦名为出于文王，故云今据朱子以卦名为出于伏羲，则易之兴于中古，为指文王与纣之事不可谓其于名卦而知其有忧患决矣。所谓作易者其有忧患乎？作易指系辞也。④

　　以上几处引用，在于明往来之序、屈伸之理，身处安逸而应有远虑，保持忧患意识。这些观点都与蔡清的治国之见相佐证。

二　从卦象解释看超越

1. 拓宽其象　详细说之

　　蔡清《易经蒙引》对于朱熹《周易本义》卦象的超越，体现在具体卦象上，可以大致归为对其象的扩充、说明和独发自家之言两大类。而在对朱子《本义》中卦象的扩充方面，又可以分为对其卦象的详细解释、增加其象的类别、抽象化其象以象人事三个方面。

　　首先，我们来看蔡清对朱子卦象解说的细化。在《讼》卦中，对于"不利涉大川，入于渊也"一句，蔡清如是说：

――――――――――

　　① 黄宗羲：《宋元学案》卷六下，《续修四库全书》第519册，上海古籍出版社1995年版，第402页。

　　② 同上书，卷十一下，第698页。

　　③ 同上书，第700页。

　　④ 同上书，第715页。

以卦象言之，乾，刚实之物也，坎，险陷之物，渊之象也。以乾乘坎，以实履陷乃入于渊也，故为不利涉大川。《本义》以刚乘险，即以实履陷也，必先言以刚乘险，然后言以实履陷者。犹先云柔中居尊，下应九二，然后云纯一未发以听于人。①

对于此处的卦象解释，蔡清采用传统的说法，认为乾象征刚实之物，坎为陷之物，将《讼》之上下卦分别解释，从而得出"实履陷乃入于渊"之卦象。与朱子《本义》之说相较，其卦象的解说更加详尽。又如《萃》卦卦象：

坤顺兑悦，彼此之情聚也。九五刚中而二应之，上下之情聚也。泽上于地，津润上行，发荣滋长之象，万物之聚也。泽上于地，凡有生气之流行而在地上者，皆泽也。即庶物也，非谓庶物之润泽也。②

其中"坤顺兑悦"、"九五刚中而二应之"、"泽上于地"均取自《本义》之说，而蔡清于其基础之上，又发万物之聚，繁荣滋长之意，并指出泽乃是泽被所有有生之物，即一切庶物。对《升》卦九三爻辞"升虚邑"的解释是：

九三升虚邑，阳实阴虚，而坤又有国邑之象，是九三所临者虚邑也。九三阳刚之才，既可以进当升之时，又利于进而所进者。坤又荡无阻滞，其象为升虚邑也。升虚邑只是无所疑也，象传自明。此以象言，而占即如之。盖据九三言，一说本占之象也。九三升虚邑一句，只是象。而《本义》云故其象占如此。盖此是象而占即如之，此可以例诸卦爻所谓故其象占如此者矣。③

与朱子"阳实阴虚，而坤有国邑之象。九三以阳刚当升时，而进临

---

① 蔡清：《易经蒙引》卷二中，《文渊阁四库全书》第 29 册，台北：商务印书馆 1986 年版，第 123 页。

② 同上书，卷六下，第 404 页。

③ 同上书，卷六下，第 414 页。

与坤，故其象占如此"的解释相比，蔡清更详细地分析了其中之象。

其次，蔡清对于朱子的卦象超越还表现在对其所象之物的扩充。在《屯》卦中，解释上卦《坎》卦卦象时，将云、雨、水归为同一物质的不同的状态。

> 云是地中湿润之气上蒸而成，远而望之，见其油然布空而已，实则无非雨泽，但其薄而轻则随风飘扬，就空消散气不下坠，故不成雨。若气浓而重，畜极施行，即下垂为雨耳。①

认为云是湿润之气飘浮于空中，一旦湿气增加，则重而下垂为雨。故云、雨实为一物。"在天为云，云之施及于地则为雨，雨之聚则为水，云盛方成雨，雨盛方成水泽"②，云施于地为雨，雨多而聚集为水。这就是《坎》卦的云、雨、水之象。同时，蔡清进一步丰富了《坎》卦的象，在朱熹的基础上提出"坎"还代表月。"坎为水又为月，水光在内可以鉴形于内，而不可以照物于外，故月之体亦如水之黑，非受日光则无以照物于外。"③

又如《随》卦六二："万物之理阴必从阳。六二阴也，初九九五阳也，此卦随也。故言相从之理。盖初阳在下，自二观之，小子之象也。五阳在上，且二正应，自二观之，丈夫之象也。据理则二当惟五之从，非初九可得而即者。但初阳在下而近五，阳正应而远六二，阴柔之性不能自守，苟且惟近者之，是比其势遂不得不遗五耳。"④ 蔡清对于《随》卦六二爻的解释，与朱子相比，具体解释了"不能自守"之意，分析了小子之象与丈夫之象，可以说是对《本义》的一种扩充。

最后，蔡清的超越体现在将朱子之所象进一步抽象化，使其义运用于人事，从而明人事之理。这也正是蔡清解《易》的一大特色。如"履虎

---

① 蔡清：《易经蒙引》卷六下，《文渊阁四库全书》第 29 册，台北：商务印书馆 1986 年版，第 92 页。

② 同上。

③ 同上。

④ 蔡清：《易经蒙引》卷三上，《文渊阁四库全书》第 29 册，台北：商务印书馆 1986 年版，第 200 页。

尾，大凡臣事刚君及同僚，长上朋友之交际，有利害难处者，皆是虎也。或仕进及一切事为有危机所伏处，即是虎尾也。"① 履虎尾，为《履》之卦象，此处蔡氏将此卦象延伸扩展，将其理概括为一切有危机之事，如此，臣事君等一切有危机渗透之类，都属于此象。"六三武人为于大君，虽别为一象，其取义则实与上文'眇能视，跛能履，咥人凶'同。故《本义》曰如秦政、项籍岂能久也？岂能久则即是'履虎尾，咥人，凶'意矣。"② 六三爻之爻象为武人，为大君，这从本质上看，与前文所说"眇能视、跛能履"一样，都是越位勉强为之之象，不可久也，故为凶之兆。又如《恒》卦九四爻：

> 故其象为田无禽，占在象中也。此爻之象非专为田设也，故《本义》云占者田无所获，而凡事亦不得其所求也。若只从田无禽说，久非其位意，则是久田于无禽之地，决然不得禽也。守株待兔即是久非其位，安得禽也。泛言人事则凡所处非其地，所乘非其时，所为非其方，所交非其人，皆久而无功。凡百人事中，惟田之于禽所得最大，最显人所易见。故此以为象，而一切人事皆在其中矣。《本义》云占者田无所获，而凡事亦不得其所求。姑以田无所获为主而推类以尽其余。③

蔡清继朱子之义而深发人事之则在于宜时、宜地、宜法、宜人。只有注意这些相关因素的正确性，才能事半功倍，达成目的，否则将如守株待兔，久而无功。《周易本义》中以田无禽而为象，正是此意。

再如《鼎》卦"五阴为耳者，此人之耳，非鼎耳也。然亦因元取鼎耳，而后转取人耳之象。理则一象亦一也，不必更以鼎卦取人象，谓五正在耳位也。盖既以五为人之耳，位则又须取首与手足及身之象矣。如何取得？易须是变化活动者，他所谓不可为典要处甚多。且离为目，其中爻又为耳。耳乃在目中耶？以此观之，则易象殆类空中之云，镜中之灯，不可

① 蔡清：《易经蒙引》卷二中，《文渊阁四库全书》第 29 册，台北：商务印书馆 1986 年版，第 147 页。

② 同上书，第 151 页。

③ 同上书，卷五上，第 319 页。

泥定捉摸明矣。"① 此处论《鼎》卦耳象究竟为人耳还是鼎耳，并由此发出易是变易之理，须活看，不可拘泥于一象，正如处世之道，需据时而动，不可拘泥，要从变易之法。

再看《鼎》卦初爻"两象一意，周公盖以颠趾出否之义于人事未显，故又用此句以申明之其义，则为因贱以致贵要之，因贱致贵亦不止。因妾得子一事，就人事中举其类者，仿佛如商鞅之因景监而见用于秦孝公，萧曹绛灌之徒皆起自刀笔负贩至于遭时致主而位将相之类，皆是也。韩信举于行阵、陈平拔于亡命，皆是也"②。举商鞅、韩信等例，发明因贱以致贵之理。《比》卦六三爻"比之匪人"。蔡清论述为："六三阴柔则暗昧，不中正则邪僻，而况承乘应皆阴则所近者，举非正人。以三之阴柔不中正，其有不入其流者乎？故曰比之匪人。不可专指承乘应皆阴，为比之匪人也。观兑四之介疾有喜，则可见矣。比之匪人，自学者言之，则友便僻友善柔友便佞是也。自仕者言之，则为入于不善之党，如范增之于项羽，严尤之于王莽，是皆可伤也。"③ 此处蔡清进一步深化了《本义》之说，将"承乘应皆阴"扩大到人事上说，而非单单局限于爻象。认为此处比之匪人，还指君子在择友上应洁身自好，仕途方面要独善其身，不应入不善之党派。

"大车所以象其才德之茂。若非得应，则有大车而不得以载。所谓野渡无人舟自横矣。故有所往，而如是一句，当兼刚中得应说。大车以载是象，有攸往无咎是占。《本义》又言占者必有此德，乃应其占也。明此爻未易，当在占者宜自审也，归重大车上。"④ 这是蔡清对《大有》卦之九二爻"大车以载，有攸往，无咎"的解释。大车之象，如爻辞所示，显而易见，蔡氏将大车之象进而延伸为有才德之茂之意，有才德，又得应，才能有以载，进而无咎。又一次揭示易以道义配祸福之义，即有德之君子方能获无咎之果。

2. 发一家之言

蔡清作为明代的一名理学家，其理学思想继承自朱熹，可以说，儒家

---

① 蔡清：《易经蒙引》卷七下，《文渊阁四库全书》第 29 册，台北：商务印书馆 1986 年版，第 449 页。

② 同上书，第 454 页。

③ 同上书，卷二中，第 136 页。

④ 同上书，卷二下，第 176 页。

的核心思想在蔡清这里有很明确的体现。其中最显著的是儒家的入世哲学，所谓"明知不可为而为之"的积极态度。这种思想根基表现在具体的哲学意识形态，就是其理学思想中的修身之道，也就是上面所提到的工夫论方面的思想。通过格物致知，虚静的方法来达到修身，进而平天下。其本质还是为天下谋。儒家所追求的成圣的终极目标还是创建一个和谐的社会，将个人价值与社会价值有效地统一起来，通过社会活动更好地体现自身价值，从而达到二者的完美结合。从这个层面看，蔡清的理学思想正是其易学思想的根基。正是由于理学当中的修身之道，才奠定了他在《易经蒙引》中的治国思想。蔡清易学的一大特色乃是其"修身齐家治国"的精神，而这种精神在其对朱子卦象超越的地方，十分明显。

《蛊》卦释文：

> 艮刚居上而其情不下接，巽柔居下而其情不上通，上下不交，两相乖隔，而天下之事日入于弊矣。以卦德言，下卑巽则逡巡萎靡而无敢为之志，上苟止则因循怠惰而无必为之志，其势必至于庶事堕哉。而百孔千疮不可胜救矣。蛊坏之极乱当复治，此非专就天下说。凡人家及庶事俱有乱而复治之理，盖易穷则变，变则通也。[①]

艮为山为止，巽为风为顺，上下不相交，故天下事不利。此是就上下卦象而说，从卦德讲，则上下均无必为之志，天下事将陷入僵局。此卦象并非单单天下之事，百姓之家事亦同此理。而易有变易之本，物极必反，处此僵局必将有为，乱当复治也。

> 愚谓是说实天下治，非谓是天下将治也。其《本义》云治蛊至于元亨，则乱而复治之象者，盖蛊本不专就天下说，人家及凡事俱有之。今却云天下治者，以治蛊至于元亨，即是天下乱而复治之象。故云蛊，元亨而天下治也。《彖》传是就大处立议论，或以象字，只是

---

① 蔡清：《易经蒙引》卷三上，《文渊阁四库全书》第 29 册，台北商务印书馆 1986 年版，第 203 页。

兆字意者，非矣。①

　　《蛊》卦有乱而复治之象，正如天下合久必分，分久必合之理。蔡清此处独发此象以明治世之理。又见《观》卦"风行地上，由厉周览遍及庶物无远弗至观之象也。昔者先王法此，则巡省方国以观夫民俗，而因民俗以设教，使天下同归于中正之道也。如齐之末业，教以农桑；卫之淫风，教以礼别；奢如曹则示之以俭，俭如魏则示之以礼，此所以为观也。"② 此段是对《象传》"风行地上，观；先王以省方观民设教"一句的解释。对于《象传》《彖传》，朱子的《周易本义》并无太多解释。而蔡清在此处将治国之道寓意其中，并举齐、曹、魏之例，以明观民设教之理。

　　又如《噬嗑》：

　　　　物有间者，啮而合之也。推之于人事，如寇贼奸宄间，吾治化者也，则合之以刑。如蛮夷华夏间吾疆域者也，则合之以兵。以至凡一事之不如意，皆必有一物以间之者，举其大如舜以三苗间，高宗以鬼方间，周以殷之顽民间，宣王以猃狁淮夷间。若汉高祖光武及唐太宗之芟夷暴乱，是皆以其梗吾治而噬以嗑之也。③

　　《噬嗑》之卦象为齿而合之之象。蔡清此处将其象抽象化，取其中间有物间隔之象，认为寇贼奸佞、蛮夷之徒等都是使有间之物，而对待之法，就应如噬嗑，合之。这也正体现了蔡清将卦象、义理运用于治国治家之特色。再如《大过》卦"大过栋挠，以人事言之，如顿十万兵于泉城，兵过多而民力不供，其势必溃。又如以极刚治小邑，若某进士作小县令，却常鞭人至四五十，常用夹棍之类，民不能堪，则其官必不能保矣。是即大刚则折之理"④。在对《大过》卦辞的解释中，蔡清发朱子之未发，将《大过》卦义与屯兵于小邑或重刑施于小邑相比，以明《大过》之卦义。

----

　　① 蔡清：《易经蒙引》卷三上，《文渊阁四库全书》第 29 册，台北：商务印书馆 1986 年版，第 206 页。
　　② 同上书，卷三下，第 223 页。
　　③ 同上书，第 227 页。
　　④ 同上书，卷四下，第 284 页。

从这点看,是超越朱子《本义》之处。又如在释九二爻辞时,蔡清说道:
"阳过之始而比初阴,如老父之得才子而足以乾家之蛊,庸君之得贤臣而
有以振国之衰,余可类推。"① 再次将大过与治国治家相联系。

> 剥之时众君子俱已沦谢凋落,有一阳在,是尚有一君子存也。此
> 一君子乃善人之望,而天下所赖,以挽回天下之春者。如一树果俱已
> 零落,惟有一硕果在,而不为人所食剥,未尽而能复生之象也。夫一
> 阳在上众阴当共承之于下,故君子得之,其占为得舆也。若小人得
> 之,则其势不利君子,必尽剥乃已,而彼亦不能免矣。故为剥庐言,
> 自失其所庇也。硕果不食,爻之象也,得舆剥庐占之象也。②

剥卦有剥落凋谢之意,五阴一阳,唯一阳在,象征君子之势薄,但仍
有力挽狂澜之望。此处蔡清将其象与君子联系,又用果树作喻以象君子之
况,深入浅出,喻君子修身之道又可见治国之法,尽在于势。善于将萌芽
之势发挥而成燎原之火,其中蕴含之精妙大矣。

蔡清在注释《周易》的过程中,对朱子卦象的超越,还表现在发朱
子之未发,卦中所象之物,有自己新的看法。如《蛊》卦解释中提道:
"曰乱当复治以理数言也。当云者理数当然也,元亨者治之几也。故继以
利涉大川,乘其几而有所事也,先甲后甲则有所事之术也。大川之象盖指
当时之乱言。"③ 此处明确指出"利涉大川"中"大川"是象征时事之
乱。以"大川"之实物象征时事之乱,可谓蔡清的独特创见。又如《同
人》卦中提道:"所以取高陵之象者,盖九五在上,九三进而备之,有仰
关而攻之势,故取高陵之象。此爻取象如此,而其为戒亦深矣,以见凡图
非己有者,皆为徒劳而无功。"④ 此爻取高陵之象,乃是蔡清提出,别于
《本义》之处。再如《大有》卦:

---

① 蔡清:《易经蒙引》卷四下,《文渊阁四库全书》第 29 册,台北:商务印书馆 1986 年
版,第 287 页。

② 同上书,卷三下,第 247 页。

③ 同上书,卷三上,第 203 页。

④ 同上书,卷二下,第 171 页。

　　　大有此有字是奄有天下之有，有国有家之有，凡百有位之有也。
火在天上无所不照，火虽明，若在下则有所蔽隔，其所照有不周者。
今在天上，则凡天下万物皆在所照之中矣。固为大有之义。又六五以
阴居尊得中而五阳应之，是上下五阳皆为六五一阴所有也，亦为大有
之义。阴安能尽有诸阳？阴居尊而中又有大中之道，故也。只是中而
曰大中者，以其当大有之时而居尊位，故其中亦为大中也，非寻常之
中也。或谓大字从位上来。愚谓大字还从卦而来，若谓从位上来，则
他卦九五皆可谓大中矣。①

　　《大有》之象为火在天上，火照万物之象。一阴居中而有五阳，是谓
大有。蔡清在朱子《本义》的基础上详细解释了《大有》之卦象，具体
解释了大有之"大"字和"有"字的意义，并且提出白家之观点：大有
之"大"字是从卦而来，并非同他说从卦居五爻位而来。
　　除上述两点之外，蔡清对朱子《周易本义》卦象的超越，还在于提
出了新观点。比如在一卦取两象与否，卦爻象相通否，爻象亦是象等方
面，《易经蒙引》都进行了讨论，并提出观点。
　　蔡清认为卦象爻象都不是单一的，可以分作两类。

　　　爻中所谓象者有二类：一类是乾初九为潜龙之象，九二为见龙之
象，是本诸爻体者，而假物以象之也；一类是乾九三性体刚健有能，
乾乾惕厉之象。蒙九二刚而不过，为能有所包容之象，则是本爻之体
所具者，以为象不复假诸物也。然假物之象却在本于所具之象。本爻
所具是内象，所假之物是外象也。且夫易者，象也。统而言之，无一
字不在象上来，象即画中所具也。②

　　此处蔡清提出易象分为假物之象和抽象之象两类，是超越朱子的地方。
即看到易中象的普通性的同时，也看到了此象的两样性。正如蔡清在《需》

　　①　蔡清：《易经蒙引》卷二下，《文渊阁四库全书》第 29 册，台北：商务印书馆 1986 年
版，第 173 页。
　　②　同上书，卷二上，第 107—108 页。

卦当中的进一步论证，以《屯》卦为例，《屯》卦利于建侯，既然取雷雨满盈之象，则不应再取以贵下贱之意义。又如《习》卦、《坎》卦、《蹇》卦、《解》卦，都应如此看，一旦取其象则不可复纠其义。蔡清主张将其象抽象来看，从一般的象的象征抽离出其中的根本意义，以此明教化之道。

> 《本义》若就只云卦象则或重在大川矣。今曰两象则二意分明，更重在乾矣。如山下有险，明是两象也，而不曰两象，如险在前也，刚健而不陷，明是两体也，亦不曰两体，独此曰两象者，正以其两象不分明，故特言之。不然亦或只认作坎为大川之一象矣，不知所重更在乾之能待上，是以知朱子用意之密。如习坎别以卦象释有孚之义，则不得拘《本义》中实为有孚心亨之象，而通解之矣。如既济初吉柔得中也，别自六二取义亦不得拘《本义》，只以既济之理言之，而无所指矣。如讼九二自下讼上患至掇也。专以上应九五接不可敬言，而《本义》所谓以刚居柔得下之中之义，有不得拘矣。讼卦终讼不可成也。则不得兼上九以刚居讼极，有终极其讼之象矣。[①]

针对《谦》卦中"地中有山，谦。以卑蕴高，谦之象也"一句，蔡清说道：

> 此与上《本义》山至高而地至卑，乃屈而止于其下，谦之象也不同。盖上《本义》所谓谦者，主山言，谓高而能下也。此主地言，谓地虽卑而中之所蕴则高而卒，亦归于高而能下也。内充而外陷也。但山至高而地至卑，乃屈而止于其下者，高卑为二人之象。此以卑蕴高，则其高与卑皆就一人身上言也。同一卦之象而所取却有二义，亦犹贲卦《象传》文明以止人文也，与《本义》所取离明于内，艮止于外者不同，以卑蕴高自掩其高也。[②]

---

① 蔡清：《易经蒙引》卷二上，《文渊阁四库全书》第 29 册，台北：商务印书馆 1986 年版，第 114 页。

② 同上书，卷三上，第 184 页。

根据不同的卦象卦辞而取不同角度不同意义之象，可以说是《易经》解释的一大手法，突出了以儒家思想来解释《易经》哲理的本质。

"六三守旧居正，则虽危而终吉，俱为象，足见初六之小有言，终吉，亦俱为象。而需九二之小有言，终吉亦俱为象矣。坤六二不习无不利皆一例。"① 这是蔡清对《讼》卦六三爻"食旧德，贞厉，终吉。或从王事，无成"的解释。此处，蔡氏对于卦象、爻象的界定，并非仅仅限于实际的事物，而是扩展为吉凶祸福，将占卜之事看作象。这是蔡氏在朱子之上的一种突破。如此处在解释《讼》之六三时，将守旧居正看作是爻象，同时联系初六之爻，《需》卦九二之爻，《坤》六二之爻，均将其视为爻象。正如蔡氏在九二爻辞解释时提到的："爻辞通是象，无象亦象也。"② 可以说这是蔡清关于卦象、爻象的一种基本观点。

三　从义理阐发看超越

1. 对太极、阴阳、动静概念解释的超越

　　盖天之四德默运于冥漠之间，而万物之所以为元亨利贞者，惟其机之所动耳。所以然者，以物物各具一太极。盖自其向日成始之时，其阴阳会合，冲和之气浑沦全具，而所以为来日之元亨利贞者，悉已该载于其中而无遗矣。其来日之元亨利贞者，不过只是应天之时而行耳。今只以一粒粟言之，各有一点生意，即便是天德之所在，机之所伏也。故其机发动之时，一段滋温之气是得于乾之元。至其露生之时，则得于乾之亨，既而得其利而向于实，得其贞而实之成无他也。气候所至而物随之，物固莫之能为也，而天亦莫之为也。总是体统一元之气，流行贯通而无间然者也。不然天虽不物，物而雕之，亦当一一而取之，而天亦当一一而应之，而造化亦劳矣，亦当有时而息矣。岂所谓天道无心而成化也哉？岂所谓动静无端，阴阳无始之妙道

---

① 蔡清：《易经蒙引》卷二中，《文渊阁四库全书》第 29 册，台北：商务印书馆 1986 年版，第 125—126 页。

② 同上书，第 125 页。

也哉？①

太极在蔡清的易学哲学体系中，与朱子一样，承担着世界本原的角色。朱子认为天地间万物之理不外乎一太极，太极生阴阳而有万物。蔡清在这个逻辑顺序上，是同意朱子之说的。然而，所不同的是，太极究竟为何物？朱子认为太极乃是天下之一理，也就是其理本论的思想特质，而蔡清在这点上，对于朱子的认识有了一定的超越，认为太极不仅是理，也是气。太极是万物之元亨利贞动化的根本，同样，也是阴阳二气会和冲合的源头。正如蔡清解释《乾》卦时提到的："体统一元之气，流行贯通而无间。"②

在《睽》卦的卦辞解释中，蔡清进一步讲到太极，认为太极是天地万物有独而无对之物，唯其不能以独而无对，故二者常相须也。独阳不生，独阴不成，故《睽》之所以未尝有不合者也。又以《睽》卦为例："睽者其静，合者其动。睽者其别，合者其交也。何则？一本故也。此可以观太极之全体矣，妙哉。夫万物睽，而其事类也。物物皆有睽有合，故曰事类。盖以形则天地万物无一而不睽者，唯以理言，则天地万物虽睽而不终于睽也。"③ 此段虽是对《睽》卦的解释，而其中阴阳有对，相互依存之理正是太极之妙。太极生阴阳，阴阳的相互关系，是对太极具体内容的一种诠释，由阴阳可见太极之全体。

天地间不外乎阴阳，阴阳之数不外乎奇偶。以其大者言之，天阳也，何以见其奇？盖天之形包乎地之外，一而实者也，故为奇。地阴也，何以见其偶？盖地之为地尽能容载乎天之气以养育乎，万物二而虚者也，故为偶。又以在天之日月言之，日则本体自明，且万古常盈而不亏，一而实奇也。月本体虚，常受日之光以为光，且有盈有亏，亦二而虚偶也。又以地之山水言之，如水其体虚也，故投之以物则随

---

① 蔡清：《易经蒙引》卷一上，《文渊阁四库全书》第 29 册，台北：商务印书馆 1986 年版，第 24 页。

② 同上。

③ 蔡清：《易经蒙引》卷五下，《文渊阁四库全书》第 29 册，台北：商务印书馆 1986 年版，第 356 页。

而没入,有偶象焉。山之视水则其体实矣,非掘不入,故虽只是地之隆起者,然以对水看则亦奇象矣。①

阴阳是万物化生之本,阴阳作为一种次之于太极的本源,其包含甚广,从数上看,阴阳象征奇偶之数。阴而偶,正如爻中以两画象之,阳为奇,一画以象之。天地万物分阴与阳,阴阳共存,同样地,也可分奇偶。天为奇,地为偶,日月星辰、山川河流其理同。此处蔡清将对阴阳的认识与奇偶联系起来,对于朱子的阴阳之说,是一种超越。

在对于《坤》卦的解释中,同样可以看到蔡清对于阴阳关系的见地:

> 盖所以赞化育而参天地者,其旨深矣。若随造化则阴阳两端相为消长,全不容得损益了。所以圣人扶阳抑阴,要于人事上,扶气化使阳之长者艰其消,而阴之消者难为长也。分明是有此理,岂圣人莫如之何,而徒致抑扬进退之私愿而已哉。立天之道曰阴与阳,立地之道曰柔与刚,立人之道曰仁与义。盖天之所以与人者,本自无欠缺处,自君臣父子之大以至于事物细微之间,皆当以仁为主。至于仁之行不去处,便有义以裁之。不然仁亦有非其仁矣。是仁与义二者缺一不可,但阳必胜阴,刚必胜柔,仁必胜义,此又阳全阴半之理,学易者所当知。②

阴阳相因,互为消长,然而无论如何变化消长,阳必胜阴,阴不能抑阳。阴阳之间的定位是确定的。这就是蔡清所谓的"阳全阴半",这点的提出,对于朱熹的《周易本义》是一种理论上的超越。在朱子《本义》一书中,并无出现"阳全阴半"一说,对于阳胜阴之圣人言论,提及较少。

对于阴阳两者间的具体变化之妙,蔡清在《屯》卦中也有详细论述:

---

① 蔡清:《易经蒙引》卷一上,《文渊阁四库全书》第29册,台北:商务印书馆1986年版,第7页。

② 同上书,卷一下,第73页。

六子之卦，实太极图之阳动阴静也。震一阳起于二阴之下，阳动之始也。坎一阳居于二阴之中，阳动之半也。艮一阳止于二阴之上，阳动之终也。此皆图之左方为阳之动者也。巽一阴伏于二阳之下，阴静之始也。离一阴丽于二阳之间，阴静之半也。兑一阴见于二阳之上，阴静之终也。此皆图之右方为阴之静者也。终则有始，相为循环，而阴根阳、阳根阴之妙已具见于此，合而言之则震坎艮一乾也，巽离兑一坤也，天地间只是这一个道理，无他物也。①

八卦之六画之组成也，阴阳两爻之组合也。《震》《坎》《艮》三卦为阳动之始、半、终，《巽》《离》《兑》为阴静之始、半、终。有始有终，如此相互循环，阴阳混为其根，这正是阴阳变化之妙，动静相生之道。天地万物，其理不外乎是也。

蔡清的动静观，最主要的一点在于其主静的思想，关于此，在其对《艮》卦的解释中有详细论证：

盖体立而后用有以行也，此理所关甚大。人于此理若充得尽，即是定之以中正仁义而主静立人极矣。天下万品无有无个本体者，虽天地亦然，且如天象亦惟北辰不动，故能乾运周天之星斗列宿。盖北辰天之极而居上者，又非南极之比也。天时则惟冬不用，故能有春生夏长秋成之功，所谓不翕聚则不能发散也。五方则惟北不用者，北方地寒不生五谷，所谓"青海城头惟有月，黄沙碛里本无春"者也。人则一身手足耳目口鼻之类皆动，而惟背不及于用，既不能如目视而耳听，又不能如手持而足行，惟其身之所在则帖然随之而已，无往非止也，故能出一身之万用而不穷。盖人是天地所生者，其种出于天地，故自然如此耳……举天下之物莫不皆然，愚于是而窃见夫三才主静之意。②

---

① 蔡清：《易经蒙引》卷二上，《文渊阁四库全书》第 29 册，台北：商务印书馆 1986 年版，第 92 页。
② 同上书，卷七下，第 466 页。

　　蔡清认为天、地、人三极都是主静，如天之星宿运转正是由于北辰之不动，四时更替在于冬之静而方有春生夏长秋实，人之身体器官，眼耳口鼻皆有动，而独独背脊不用，为背脊之不用而能成其他器官之万用。由此可见，天地间只有主静才是至理。动只是静的一种形态，静极而动。主静之说，具体到君子之德行，也尤为重要。"圣人定之以中正仁义而主静立人极焉。君子修之吉，修之虽是敬，敬亦主静也，故圣人立人极焉。修道之教也，君子修之则由教而入之事也，然必戒惧而后有慎独，抑慎独虽动时工夫，其工夫亦主静也。不然欲动情胜矣。故喜怒哀乐发而皆中节谓之和，此非主静而何哉？"① 可见，天道、地道、人道，均是主静之大义。

　　蔡清在《复》卦中谈到动静之间的转化问题：

　　　　看来静极而动，不止在人。积阴之下，一阳复生天地生物之心云云者，亦正是静极而动也。但本心几息而复见之端，似只说恶极而善者耳。不可谓静极而动者，亦是本心几息而复见之端也。恶极而善，为复特以静极而动比类耳。若不远之复与夫敦复者，岂必皆俟恶极而后复于善耶……所以静极而动，恶极而善，本心几息而复见也；天地人之理，夫岂不同条而共贯也哉？复有二，有善恶之复，有动静之复，动静之复则天地圣人众人一也。善恶之复则只是众人若天地至诚无息又安有恶极而善之理。静极而动自其不可相无者，言恶极而善则自夫淑慝之分而言。②

　　此段首引胡炳文之言"积阴之下，一阳复生天地生物之心云云者"，由此而发静极而动的观点。蔡清认为动静两者之间是一个辩证转化的过程，万物无终动之理，动是静的一种变相的表现，静主于动。然静发展到一定程度将以动的形式展现，动静无端。"静极而动"的提法并非蔡清首次提出，在朱子的思想中亦有迹可循，而在《周易本义》中，却无出现，可以说，这个观点是《易经蒙引》对于《周易本义》的一种

---

① 蔡清：《易经蒙引》卷七下，《文渊阁四库全书》第 29 册，台北：商务印书馆 1986 年版，第 467—468 页。

② 同上书，卷四上，第 253 页。

超越。

"一说无平不陂以静者言，无往不复以动者言。愚按以静者言盖谓形也，以动者言盖谓气也，然谓两个无不字则是着句皆说得尽了。"① 将动静之观点与形气相结合来解释《泰》卦九三的爻辞。认为动是指气动，静是指的一种状态，将动静与形气联系起来看，是蔡清在朱子基础上的发挥。

2. 从修身治国之道看超越

　　　能养其良知良能之天而不失其正，则他日扩充而至于无所不知，无所不能，不思而得，不勉而中者，此其基也。故曰圣功。即就今日言也，非谓到后日方有圣功。入圣之域虽在后日，作圣之功就在今日……圣人之所以为圣人者，正焉而已矣。当蒙时而养以正，虽未即至于圣域，圣域可由此而驯致矣。②

此段是蔡清对《象》辞"蒙以养正，圣功也"一句的解释。君子修身之道在于摒除一切物欲，恢复自身的良知良能。而养良知良能之法就在于守正。通过守正而达到良知良能，这正是圣功之道。只有通过平常的养护，才能最终到达圣人之境界。圣人的标准就在于正，能守住其正气。《蒙》卦之本，就在于教人守正之理。此处蔡清对于象辞的解释，明显加注了儒家的传统思想，即对于圣人的推崇。自此的养正，与孟子养浩然之正气有一定联系。正是受到传统儒家思想的影响，蔡清在注释《易经》文的过程中，反映出其儒家思想的主张。这一点可以说是对于朱熹的超越。朱熹在对于《周易》的解释中，是从其本义入手，并且有很大程度的占卜思想。从这点来看，蔡清在对《易》的注释中，更加大了从儒家角度入手，丰富了其修身治国的意义。

　　　一说先果行而后育德，盖德是行道而有得者也，果行育德是内外

---

① 蔡清：《易经蒙引》卷二下，《文渊阁四库全书》第 29 册，台北：商务印书馆 1986 年版，第 159 页。
② 同上书，卷二上，第 106 页。

动静交相养之道——养蒙之道不外乎此。抑又论之果行育德，固君子之所以养蒙而正者，又果行育德之方也。杨墨之行非不果也，而非吾所谓行；佛老之德，非不育也，而非吾所谓德：故曰蒙以正，圣功也。能果行育德，则虽愚必明，虽柔必强矣。岂终于蒙乎圣人，于蒙卦则只管教人以开蒙之道，亦是圣人之情见乎辞。①

从行为上规范，行为是对于道德的践行。果行和育德两者是一个相互联系、相互作用的因果关系，二者相养。《蒙》之养正之道也不外乎此。

《讼》卦《象》曰："讼不可成，以理言之，扬人之恶也，烦上之听也，损己之德也，增俗之偷也。又人己之间俱废，其业虽得，不偿失也。此岂君子之所乐成者哉？谓之不可成。"② 在注释《讼》之卦辞时，引用《象》传之言，明君子之道在于宽厚容忍，避免事事诉诸讼。成讼对于人际关系有所损害，并且损伤自己的德行，一旦讼于官府，又有劳民伤财之嫌。所以就君子之道来讲，不主张讼，故卦辞谓之不可成。此处引用《象》辞以明义理。

《咸》卦有云："山以虚故能受泽之润，土性燥也，君子之心虚方能受人之感，实则有拒而不能受也，此以接物言，闻一善言见一善行，若决江河沛然，莫之能御也。其以虚受人为何如哉？"③ 以山为喻，山土干燥，因其干燥为虚才能接受水的润泽，君子修身之道应效仿山的以虚受之，只有虚心才能接受外界的建议，才能成其大。

《临》卦六三爻辞曰："六三居下之上，固是临下二阳然，亦是卦之所以为兑者也。故为甘悦以临人。阴柔不中正，分明是小人又居下之上见，其与二阳相近，且卦之所以为兑者，故为甘临耶。无攸利，夫惟诚可以动物，惟德可以感人。甘临诡道，何益之有哉？然制行在我，若知其无益，忧而改之，则何咎。"④ 前几句从爻辞上分析其道理，后几句则是继续发明《易》之大理。天地间，至诚至信方能感动万物，君子有德方能

① 蔡清：《易经蒙引》卷二上，《文渊阁四库全书》第29册，台北：商务印书馆1986年版，第107页。
② 同上书，卷二中，第123页。
③ 同上书，卷五上，第308页。
④ 同上书，卷三下，第216页。

收获民心。临诡道，如能改过，则无大害。处理一切危机，主要还是在于人之德行，有德之人天佑之，故何咎之有？《坎》卦卦辞中说道：

> 有孚，维心亨，乃行有尚，何也？人之处险若无孚信，而有侥幸苟免之心，则心不胜其忧恼，是徒足以重其困耳。惟能内有孚信而其心亨通，身虽处险而心不为险所怵，如此则理有能为之机，而势有可乘之便，险中获济而行有尚矣。不然则虽有可出之便，而亦自不知所为目见，此类最多也。此有孚须兼行有常，意终始安于义命，而无侥幸苟免之心也。有孚心亨两象一义，盖处险能有孚，则其心自亨矣。心既亨矣，何往不济。①

《坎》为险象，处于《坎》卦之境，其应对之法则是保持心之亨通，根本在于有孚。人若没有诚信而存侥幸之心，则很难突破困境。只有内心有诚信之德，行事之时才能显现出君子品行，如此，身在险境而心不为所惧，这样才有机会可以改变局势，险中求胜。所以有孚乃是君子修身的重要法则之一。

> 馀庆馀殃本于善不善，然善不善亦由积而成。积则自微而至著者也。此自人家兴衰常理而言也。又以其变故之大者言之，臣弑其君，子弑其父，元亦非一朝一夕之故。盖其所自来者有渐，亦莫非由积而成也。若为君父者能于其渐时而辨之，则不至有今日弑逆之祸矣。由辨之不早辨也，直到事势既成然后从而裁之，则其祸立至矣。易曰云云。盖言人当于其渐者而慎之也。②

此段出自《坤》卦。万事万物都是一个渐变的过程，没有一蹴而就之说。要善于把握时机，防患于未然，在祸事未成之时，能够见其端倪而遏制，则可以免祸。正所谓君子以作事谋始。事情谋划之始端，不是因为

----

① 蔡清：《易经蒙引》卷四下，《文渊阁四库全书》第 29 册，台北：商务印书馆 1986 年版，第 290—291 页。

② 同上书，卷一下，第 85 页。

有利而争于所趋，就是因为有害而争于所避。在利益关系未明确之先，就应该明确其发展的轨迹，趋利避害，为才之所能。利益关系如此，相害之道亦然。应趋于其害之未至而有所断别。"有争是非者，有争利害者，只是此两端作事谋始。盖工夫不在讼之时，而在未讼之时也。上医医于未病之先，则无病矣。"① 君子谋事之道，在于谋为事物未成之前，防患于未然。君子之道在于事物的预见性，这也正是作《易》之本义。通过预见性而防范灾难的发生，做到趋利避害。

善恶之事，非一朝一夕而至，都是一个逐渐积累的过程。而君子修身之道在于从小做起，从细微处着手，不断培养自己的德行。正如《小畜·象》曰："必多识前言往行以畜其德，乃为厚积，乃可远施。然此个君子，非可目定，为小畜君子也。夫子因小畜之象，而就人事中寻出君子之所以，则其象者耳。要之细行，不矜终累大德，皆君子事也。"② 君子修身之道，在于厚积德。厚积而薄发，德行兼备才能德施众生。又如《升》卦所言，修德之功夫在于从小处积累。积小以至高大，这正是德之升也。积小便是礼，一步步积累扎实，方能有成。修道如此，治学更是如此。学者之于学，万万不可有怠慢之心，一日之懈而将有千里之别。德须日日要进，所谓逆水行舟，若一日不进，便是退也。"胡氏所谓念念事事谨审者，正是无一步放过，只管积渐进将去意思。"③ 正是不积跬步不足以至千里之理也。

治国之道，首先为君者要有忧患意识，不可安逸。《履》卦中说道："履虎尾，危也，始于危终于不危，始也。惟恐其不得进终也，终遂其进矣。是为愬愬终吉。易中常教人存畏心，故曰危者使平易之道也，此便是圣贤之心法见于易者。"④ 易之明理处，在于成圣人之道。此处即阐述君子圣贤常怀敬畏之心，于危处谨警从事，于不危之时仍要保持此心。君子之道如此，君主治国之道亦然。

具体到策略方针上，首先要树立正确的价值取向，惩恶扬善：

---

① 蔡清：《易经蒙引》卷二中，《文渊阁四库全书》第 29 册，台北：商务印书馆 1986 年版，第 124 页。

② 同上书，第 142 页。

③ 同上书，卷六下，第 414 页。

④ 同上书，卷二中，第 151 页。

　　人君御天下之权，只是赏罚二者而已。遏恶扬善之谓也。遏恶扬
善是其所当然之则，顺天休命则其所以当然之故也。尧舜之所以帝，
禹汤文武之所以王，皆此道也。此圣人之所以法天为治者也。天命有
善而无恶，此以天地之性言，所以孟子只言性善。①

　　从善恶有常而讲到为君者治国之本。天地之道在于惩恶扬善，这不
仅是天之道，也是人君应该遵循的治国之道，同样是君子圣人所应该自
律的法则。天命本性为善，这也是孟子提倡人性本善的原因。其次要选
用贤臣，使得国家制定的政策可以顺利有效地贯彻实施；这就涉及了君
臣关系的问题，所以处理好君臣关系，也是治国的一大方针。"盖天下
之理，邪正不两立，况圣人本心固欲小人之尽去，而天下之尽为君子
也。故君子亦有不得不用其凌逼时。不但君子之于小人，国家之于寇
敌，中国之于夷虏，皆此理也。"② 蔡氏将《临》卦之卦理与君子处世
之道和帝王治国之法相结合。君子与小人的关系，有着一个此消彼长的
过程。如君子欲去尽天下之小人，不得不有逼迫之势。大到国家，在处
理与敌寇的关系上，也是同理。所以恩威并用，君子应有之气度与威
严，不可废弃。蔡清从《蒙》卦的养正，进一步将君子修身、帝王治
国之法都纳入进来。

　　盖君以刚健为体，而虚中为用。臣以柔顺为体，而刚中为用。君
诚以虚中行其刚健，臣诚以刚中守其柔顺，则上下交而其志同矣。陛
下得虚中之道以行刚健之德矣，而在廷之臣未见其能以刚中守柔顺而
事陛下者也，愿观象玩辞，求刚中之臣，远柔佞之士，以应经义起治
功。③

　　最后，民心问题尤为重要，关乎国之命脉。治国之道，重中之重就在

<hr>

① 蔡清：《易经蒙引》卷二下，《文渊阁四库全书》第 29 册，台北：商务印书馆 1986 年
版，第 175 页。
② 同上书，卷三下，第 212 页。
③ 同上书，卷二上，第 111 页。

于顺应民心，因势利导。"民悦而从，则所谓得人和，而三军一心矣。故以战则胜，以攻则取，何吉如之？既吉则有吊民伐罪之功，而无黩武厉民之失矣，何咎之有？孟子曰：天时地利不如人和。师卦已有此意矣。"① 引用孟子之言，加强顺应民心的重要性——此正是可以王天下的先决条件，与将帅之才，兵士之勇相比，显得更为重要。除了在此处的象辞中强调，在之后的象传中，进一步说道："容民畜众者，君子于无事之时善其政，教厚其生，聚以容保吾民，此乃所以畜众也。盖民生既厚，一旦有事而发之，则不患不足于兵矣。"② 可见，在和平时期，通过保民政策而顺应民心，有了稳固的民众基础，这样一旦发生战乱，也不怕没有上阵杀敌之兵。这才是治国安邦的明主所用之策，也是《易传》中的精神所在。《泰》卦中也提道："盖天地生物而不能使之遂，其生乃以其责而付之君。故人君之裁成辅相，非为天地虑也，为吾民虑也。圣人之虑民，亦岂能家赐而人益之哉？唯参赞天地化育，使民顺天之时，因地之利各有以养其生而安其业，是圣人之裁成辅相乎天地者，乃所以左右吾民也。"③ 为人君者，在于顺应天时，辅以人事，为百姓所虑，如此使得百姓各安其所，各得其业，则天下太平。

对于如何顺应民心、顺应天时的问题，蔡清在其书中还有大量篇幅论证，如《大有》卦中：

其德刚健而文明，论进德之序，则先明而后健，自明诚谓之教者也。论成德之序，则先健而后明，自诚明谓之性者也。应天而时行，此人事之时也。当其可之谓时也。承天而时行，此造物之时也，不先不后之谓时也，有小不同。应天时行与君子而时中，博博渊泉而时出之同义。盖天叙有典而我享之以时也；天秩有礼而我庸之以时也；天命有德而我章之以时也；天讨有罪而我刑之以时也。④

强调时中的概念。天行以时，君子应顺天而行有时。尊重客观规律，依照自然界的时效而行，将其天时作为行事的准则。这才是君子之所为。治国之道在于应时应民。再如《观》卦中：

> 问内顺外巽，于观道不甚相关，曰不然。凡为人所瞻仰者，最要有顺德。如孝于亲，弟于长，慈于众，体群臣子庶民之类，此皆顺德也。东坡所谓躬信顺以先天下者也。巽者善通人情，善酌物理，随物而赋形，因时而制宜，所谓巽称而隐，巽以行权者也。此于君道亦非小节。夫如是可以表正万邦，而万邦作孚矣。顺而巽，此于大观似未切者，殊不知为人上者，最要顺。顺以动则得人心。故曰得乎丘民而为天子顺。岂细行也哉？至于巽，亦为人上者之至切要者也。盖巽德之制也，为人君事有万几，臣民有万邦。若非巽，则何以能使万事各得其宜，万民各得其所，百官各得其职哉。①

国家之太平在于和顺，如果君臣之间，臣巽顺于君，君民之间，民顺应于君，天下之心归一，则太平也，国运昌盛。《屯》卦中论述了君子之道。君子之道在于以德居，可以以贵下贱，方能万民归心。

> 贤谓才过人也。才过于人而乃能下于人，不忽人以自恣，能舍己以从人，如是则众心自归。所谓劳谦君子，万民服也。所谓汝唯不矜，天下莫与争功。汝惟不伐，天下莫与争能。又如所谓好大者不大，不自大者乃所以为大。好高者不高，不自高者乃所以为高者也。厥初后王君公之立，大抵皆然。盖蒸民群居，蚩蚩蠢蠢而其中乃有才器出群之人，自是足为众人之主。但有过人者，每每有挟己自恣，罔民自利之病，如是则民心终亦离而不附，而不足以为君矣。②

---

① 蔡清：《易经蒙引》卷三下，《文渊阁四库全书》第29册，台北：商务印书馆1986年版，第222页。

② 同上书，卷二上，第94页。

才能过于人而不自恃，是有谦谦君子之德，如此则自为众人主。除了有君子之德，还要懂得把握时机，在天地未通之难时，挺身而出，为天下谋，才是君子之道。君子经纶天下，屯难乱世，天下之事未得其理，天下之民未得其所正，正是君子有为之时，可以显德而治理天下。故君子出而经纶之，是顺应天下之大势。天下之民使得其所而已。使天下之事归于天下之理。天下之民各得其所，以经纶之道而救济时世，方显君子本色。

> 盖圣人虽在天子之位，然亦有时当谨密处，此便是时潜而潜，或时乎布德泽以及物，便是时见而见。至于兢兢业业，思患预防处，便是时惕而惕。或事有应机而发，因时而动处，便是时跃而跃。时飞而飞，则如开明堂受朝贺之时是也。时亢而不与之俱，亢则如尧禅舜，舜禅禹之时与。凡高而不危，满而不溢处，皆是也。①

虽有天子位之尊贵之势，然处事仍要依时而动，把握好时机才是成功的关键。局势不同，应依据其具体的情况选择潜、惕、跃、飞，而不能一味的强势，正如文言，"刚而能柔，天之法也……因是天之法刚而能柔，故圣人之刚而能柔，有以见乎天之法也"②，如此才能做到高而不危，满而不溢。如不然，人进退不知道随时而为，有则先时而有为则不免于躁进，有则后时而不为又不免于失时，都不可取也。

---

① 蔡清：《易经蒙引》卷一上，《文渊阁四库全书》第 29 册，台北：商务印书馆 1986 年版，第 27 页。

② 同上书，卷一中，第 53 页。

第三章 蔡清易学的主要命题与基本范畴

上一章中主要就蔡清《易经蒙引》对于朱熹《周易蒙引》的继承和超越问题作了专门讨论，本章将重点讨论蔡清易学的主体思想。将从主要命题与基本范畴入手，来研究蔡清的易学思想。主要命题包括易与天地准、理气无先后、静极至虚明三个方面。基本范畴则主要指易学思想不可避免的道器问题、太极问题、阴阳问题以及动静问题。

第一节 蔡清易学的主要命题

本节将从易与天地准、理气无先后、静极至虚明三个主要易学命题入手，窥探蔡清对于《周易》一书性质的界定、理气何为本体以及虚静的认识论。

一 易与天地准

愚观此一节，是夫子从有易之后而追论夫未有易之前，以见画前之有易也。夫易有乾坤、有贵贱、有刚柔、有吉凶、有变化，然此等名物要皆非圣人凿空所为，不过皆据六合中所自有者而模写出耳。观夫天地之尊卑，则易之乾坤定矣。盖天地所在，即乾坤所在也。观夫天地万物之有卑高，则易之贵贱位矣。盖卑高所在，即贵贱所在也。观夫阳物之常动，阴物之常静，则易之刚柔断于此矣。是动静所在，即刚柔所在也。观夫事之以类而聚，物之以群而分，则易之吉凶生于此矣。是事物善恶所在，即吉凶之所在也。观夫在天者之成象，在地者之成形，则易之变化见于此矣。是象形所在即变化所在也。是易虽未作，如易中许多物事则色色皆已备于六合之内。先儒所谓天地间元有一部易书，开眼即见者也。此条本意是如此。①

此段话是对"在天成象，在地成形，变化见矣"一句的解释，同样也是蔡清对于《周易》一书性质的概括。"天地间元有一部易书，开眼即见者也"，先儒圣人之言，并非凭空而造，实是根据天地间已经存在的万物而摹写出来的，正是由于天地本有尊卑，故有易之乾坤定。《易》之吉凶道理，正是基于物以类聚、人以群分之理。《易》之奥妙，是将存在于天地间的万物进行摹写，归纳，将其所蕴含的道理提炼，所以说《易》与天地准。再看《易》之卦，卦有三画，上一画象征天，为天道也；中一画象征人，为人道也；下一画象征地，则为地道也。天道、地道、人道，三道皆统一于《易》，如此《易》之广大而悉备可见也。在八经卦的基础上，文王拘羑里而重为六十四卦，是谓两倍天、地、人之三才，故有六画。而此六画者，无他而亦为三才之道。将上二爻视为天，象征阴阳之两象；中二爻为人，其意为仁义之德行；下二爻为地，表示刚柔之质不同。由此观之，《易》之为书，不单单有天道而又兼有天道之阴阳，有人道而又兼有人道之仁义，有地道而又兼有地道之刚柔。宇宙之奥妙不外乎此，所以谓《易》书之广大悉备，摹写天地。

《易》可谓包含了天地间之至理，究其内容，不外乎六十四卦、三百八十四爻之象而已。而简单的阴阳爻展现出如此深邃之宇宙奥妙，正是通过卦爻之象来达成的。简单说来，易者，象也；象也者，像也。从《说卦传》中不难发现，自天地定位至所广八卦之象，其中有形体，有性情，有的是近取诸身，有的是远取诸物。这是单从卦画上说，不可说元亨利贞及潜龙勿用之类的卦义。通看六十四卦三百八十四爻，不单是八卦有象，每个爻也有不同之象。有本体之象，有一爻之象。每卦虽形者一，然每卦自具有六爻，而自有不同之象也。正如圣人设卦观象，不单单是看卦象，同样兼看爻之象。如《乾》卦象征纯阳至健之理，凡为天为君之类，都以《乾》卦象之。《坤》卦象征纯阴至顺之理，凡为地为母之类则以《坤》卦为象。

---

① 蔡清：《易经蒙引》卷九上，《文渊阁四库全书》第 29 册，台北：商务印书馆 1986 年版，第 545—546 页。

具体到每爻而言，如《乾》之六爻分别像潜、见、惕、跃、飞、亢之理，坤之六爻或以像一阴之始生，或以像阴盛而亢阳，每爻所像之理亦不同。《易》之所以是摹写天地之书，就在于《易》之卦爻象天地万物之形体、性情。近到自己之身体发肤，远到万物山川、花鸟鱼虫，都是象的由来。有象则有理，没有空洞的理。原本《易》卦爻之象是出于对卜筮的一种记载，而后慢慢延伸扩展而象征万事万物，这正是《易》可以与天地准的机制所在。这里需要指出的是，"易者，象也"之说，只可谓之法象，不可直谓之实体。卦爻只是象一物类，确非卦爻本身乃是实体也。

> 《本义》云卑高者，天地万物上下之位。以天地言之，天尊地卑，其卑高固昭然不易也。以万物言之，如山川陵谷之类，其卑高亦昭然可观也。动物如人类则父子、君臣、夫妇、长幼之类，其高卑各有定位也。如鸟兽之类，则大而犀象，微而兔鼠，大而鹍鹏，微而燕雀，其为类固各有高卑也。在植物则柟橡杞梓，或干霄蔽日，而弱草仅贴水栖尘，何莫不有卑高之类也？然自其类而言之，则又各自有卑高之别焉。卑高之所在，即贵贱之所在也。易之所以有贵贱者以此。①

此段蔡清对于《系辞》"卑高以陈，贵贱位矣"的解释中，提到了尊卑高下之分，明确指出天地万物都有尊卑高下之分。自然之山川丘谷、动物之鸟兽大小不同，植物也有遮天蔽日与依水贴地之分。人类亦同此理，有君臣父子之别，长幼之序。如此种种，都是尊卑之不同。由此可见，《易》理中所强调的，正是对于现实生活的摹写。是对现实的一种概括的反映。

天地万物不仅有尊卑贵贱之分，亦有动静刚柔之别。以天地不同而言，天常动，地常静。以日月来说，日动月静。至于动物，也是阳动阴静。人类也如此。阴阳无处不在，故动静刚柔亦随之。《易经》中所讲阴阳，正是基于对天地间万物的仰观俯察，其动静之理，刚柔之分，也是对于万物形状的描写。

① 蔡清：《易经蒙引》卷九上，《文渊阁四库全书》第29册，台北：商务印书馆1986年版，第542页。

　　今以天地万物观之，如天左旋一日一周而过，一度常动也。地则亘万古而常静也。其有震动者乃变异也。以日月言，日为阳，日则一日一周矣，可见其动。月虽亦逐日而运行，然其行不及日十二度有奇，其所以迟者，正以其不能如日之动而健故也，亦可见其皆为静矣。至于万物如人之男女，鸟兽之雌雄牝牡之类，其为性之动静亦概可验矣。故丈夫有四方志，妇人之得其正性者，自不轻出闺门。雄鸣而雌伏，牝鸡不司晨，牝马虽健必非空群之逸足，而触藩之壮者，往往必羝羊也，斯亦可见阴阳之分动静，而刚柔所由判也。断是自然分判，非人断之也。以天地言，天之行健动也，地之安贞静也；以人物言，为男为牡为雄者皆动，为女为牝为雌者皆静；又以动植二类言，则动物为动，植物为静；又以人类分言，则如智者动仁者静，亦是。盖阴阳无处无之。刚柔之断系于动静之有常者。盖刚者必动，而动者决由于所性之刚。柔者必静，而静者决由于所性之柔。故曰刚柔断矣。定者有尊卑，各安其分之意。位者有卑高，以序而列之意。①

　　《易经》尊卑高下、动静之常是对于天地的摹写，其六十四卦之序，也同自然界有着密切关系，反映了四季交替变化的规律。六十四卦可以说与寒暑的变化是相匹配的。按照朱子所说的，一日之计为大，一天中十二个时辰都从《复》卦开始推演。然而蔡清在书中则透露了不同于朱子的看法。他认为阴阳消长之几，应从《姤》卦开始。若从阴阳两气的消长上说，则寒始于《升》《讼》卦，时值立秋，而终于《震》，继而随之有《噬嗑》卦；暑始于《无妄》《明夷》，时值立春，而终于《巽》，《井》《蛊》卦为大暑之节气。如果按照朱子所说，以《复》卦为始，则夏至便为暑之终，而此后又有小暑、大暑。以《姤》为寒之始，则冬至便为寒之终，而此后又有小寒、大寒。这样有不妥之处。寒始于《升》卦而终于《震》卦，暑始于《无妄》卦，立春为《明夷》之卦，如此之循环往复，将二十四节气与六十四卦相联系，可见《易》之摹写天地不单是具

---

① 蔡清：《易经蒙引》卷九上，《文渊阁四库全书》第29册，台北：商务印书馆1986年版，第543页。

体的鱼虫山河，还包括了天地寒暑变化，阴阳两气之交叠，"《易》与天地准"之意甚明。

　　《易》之主体虽为卦爻之变化，然而卦爻辞也是不可忽视的一部分。既有卦爻辞，则《易》书之中无所不备，大到阴阳消息之往来变化，细到卦爻之变象所彰显的吉凶悔吝之道，均囊括其中。细看卦爻之占辞，不难发现，皆揭露人事显衰之规律。人不知其根于理数而浑然不自知。《易》之旨则在于明其根于理数之道，显微言大义于世人。司马相如所谓《易》本隐以之显，正是此意。《易》中所蕴之理幽幽于世间细微处，世人日用而不知，《易》则就事为之间发以示人。如潜见之类穷通也，如履霜直方大之类，《屯》之二三、《蒙》之初二之类，贤否也。《易》之为书，是圣人对于天地的摹写，其中卦爻辞又是前人之事理的记载，故可以说《易》书无所不备。卦爻象的吉凶悔吝之说，是前人占卜吉凶之后的记载，以事明理，或发明君臣之道，或发明君子处世修身之法，可以说，《易》之为书，不仅反映了天地间自然之事，更注重人事之变迁，微言而大义，所谓"人事粗迹也，《易》书有以微之。盖于至著之中，寓至微之理也。天道至幽也，《易》书有以阐之。盖以至微之理寓于至著之象也。微显与神德行相似，阐幽与显道相似，但彼在占筮上说，言其功用之切于人，此在卦爻上说言其功用之具于易，此亦所谓体用一原，显微无间者也"[1]。

　　"《易》何以见其能弥纶天地之道耶？盖天地之道，不过一阴阳之变也。而《易》书卦爻亦一阴阳之变也。《易》书只一阴阳之变，凡幽明死生鬼神智仁之属，《易》皆有以象之而无遗矣。"[2] 之所以说《易》与天地准，其根本在于，天地之道不外乎一阴一阳之变易，而《易》之精髓正在于此。基于这个最根本的因素，蔡清得出《易》与天地准的看法。

　　　　此圣人以易穷理之事，《易》者阴阳而已，幽明死生鬼神皆阴
　　　阳之变，天地之道也。圣人仰则以易而观乎天文之昼夜上下，俯则
　　　以易而察乎地理之南北高深，则知昼也上也南也高也，所以明者阴

---

　　① 蔡清：《易经蒙引》卷十一下，《文渊阁四库全书》第29册，台北：商务印书馆1986年版，第713页。

　　② 同上书，卷九下，第585页。

变为阳也；夜也下也北也深也，所以幽者阳变为阴也。是知幽明之故也。原夫人物之始而即以反其终，则知始之所以生者，气化之凝而阴变为阳也；终之所以死者，气化之尽而阳变为阴也。是知生死之说矣。阴精与阳气聚而成物，魂游而魄降散而为变，于是知精气之聚者阴变为阳也，此神之伸也。游魂之散者，阳变为阴也，此鬼之归也，则知鬼神之情状矣。夫于幽明而知其故，于生死而知其说，于鬼神而知其情状，则理无不穷矣，而其所以穷之也，非圣人用易以穷理而何？①

　　如此推之，易道之无穷，所谓神无方易无体者，正以其能弥纶乎天地之道也。从《易》最初之卜筮作用看，一卦可变而为六十四卦以定吉凶，也是由于其变易之法符合天地规律。基于最根本的规律一致，故而说《易》可毕天下之能事。以《咸》卦为例，对于"咸"字，孔子解释了其名义与卦辞，而似乎意犹未尽，于是在其末说到天地感而万物化生，又说圣人感人心而天下和平，观其所感而天地万物之情可见矣。如此一卦中，圣人发出良多感慨，可见《易》又有何道理不在其所弥纶呢？《易》之所以能弥纶天地之道，在于《易》之无方无体，在于天地本身之无方体而并行不悖。正如张载所言之一神两化，神化都是说天地之道。神化之说正是基于天地无方体。化即易也，易能变化，岂有定体？《易》之书与天地同其大，天地间所谓生死鬼神仁义礼智之类，其本质不外乎阴阳之变化，这也正是天地之道的体现。《易》之为书，正是揭示了天地此道，故幽明死生鬼神之类无一不包括于其中而无遗漏也。再进一步，则或幽或明，或死或生，或鬼或神，或仁智之类又皆是有条不紊，故言《易》能弥纶天地之道，如此信乎《易》与天地准也。

　　"大抵《易》书之理即天地之理，天地之理亦吾身之理。孔子此章之言一以见人，当求易理于天地。二以见人，当求天地之理于吾身。盖有天地之易，有吾身之易，有《易》书之易，究竟论之，则易理本在天地与吾身，其《易》书则是天地人身之易之影子也。若不是于天地吾身上体验得出，

───────────────

①　蔡清：《易经蒙引》卷九下，《文渊阁四库全书》第29册，台北：商务印书馆1986年版，第586—587页。

则看那《易》书之易终亦死杀了。"①蔡清将天、人、易看作是相对独立的三者，认为《易》书之"易"是天地之易与吾身之易的反映，即是说，《易》书之"易"体现了天人合一的根本。三者虽是独立的个体，而其所反映的理是一样的。如果《易》之为书不再含有天地、吾身之理，那么其书也就失去了本身之意义，所谓"亦死杀了"。由此段话，我们可以看出蔡清对于"易与天地准"一句的理解。不难发现，蔡清坚持的《易》乃摹写天地之易的观点，其实是儒家天人合一思想的真实再现。

> 天下感应之理本同归也，但事物则千形万状，而其涂各殊耳。天下感应之理本一致也，但所接之事物不一，而所发之虑亦因之有百耳。夫虑虽百而其致则一，涂虽殊而其归则同，是其此感彼应之理一皆出于自然而然，而不必少容心于其间者。吾之应事接物一，惟顺其自然之理而已矣。天下何思何虑？天下何思何虑，同归殊涂。专以人事言，不必兼日月之类。盖爻辞思字以人言，下文则泛及以明之耳。殊涂就行事说，百虑就心之发念处说。对殊涂而言，则为同归。对百虑而言，则为一致。其实一也，一致谓所至之域则同也。圣人之意只为天下事，虽千端万绪，总是一个自然之理在那里。人只要顺而处之，其于人之从、不从，何暇计焉。彼所谓憧憧者，正谓计人之从也。必思而从则所感者私，私则自狭，狭则不能无不应矣。此理之必然，断断无疑者，天下岂有从邪而得便宜道理，万万不失也。②

此段之本旨在于强调天人感应，世间万物所感都是一理，正是基于此一理之同，才有了天人感应的可能，才有了天人合一之说。这正是《易》之存在的根本条件。所谓《易》与天地准而能弥纶天地之道者，是就《易》之变易上说。一神而两化，一物两体也，左右是一阴一阳之谓道，即阴阳不测之谓神也。在蔡清的具体论述中，可以体贴蔡清之意，认为《易》即是阴阳，分阴分阳而阴阳又互为其根，这是《易》之奥妙所在。

---

① 蔡清：《易经蒙引》卷九上，《文渊阁四库全书》第 29 册，台北：商务印书馆 1986 年版，第 564—565 页。

② 同上书，卷十一下，第 698 页。

所谓神无方易无体者，尽在此矣。儒家所提倡的穷理尽性以至于命，与《易》之神无方易无体并不相悖。至命从穷理尽性上来，乃穷理尽性之极致也。至命并非他物，乃是穷理之归结处。故所言穷理尽性不外是达到至于命这一目的的具体手段。圣人所提倡的穷理尽性以至命，之后方能作《易》。只有通过穷理尽性这一些功夫的锤炼，才可以真正体会人生、宇宙的真谛，才能真正领悟《易》之根本。神无方易无体，必须通过其他手段的练习，才能通往易之精髓。此处非是说为学之道必须从穷理开始而通《易》，从根本上说，穷理尽性是为了至命，这与《易》之根本恰恰相符，换言之，可以通过穷理之说而治《易》，也可以通过治《易》而达到至命之目的。从此也可以进而看出易道之大。《易》之与天地准在于其阴阳之变，此是针对天上说，从人事处看，则圣人作《易》是为了晓天地之理于人事，明穷理尽性之法，天人在此通过《易》而沟通在一起。天地一阴一阳之变易与人之穷理尽性虽看似殊途，但实则同归于一理。

二　理气无先后

　　理气关系是宋代理学家极为重视的一个问题。二程主理，以理为最高本体，建立了理学思想体系，程氏认为"理先气后"，"理为气主"；张载重理尤重气，提出"万事只一天理"，同时又说"太虚即气"，从张载开始，有了气论的萌芽；朱熹则是继承了二程的思想，建立了"理在气先"的理气论，即理与气相即而不杂，认为理与气是两个不同事物，理是形而上之物而气则属形而下之物，先有是理然后才有是气。理学家的理气论，一直都存在这样那样的问题，并不完备。朱熹的理气为二的观点，也遭到了后世如曹端、薛瑄的反对。薛瑄强调理气浑沦一团，不分先后，肯定"天地万物浑是一团理气"[①]。"理只在气中，决不可分先后。如太极动而生阳，动前便是静，静便是气。岂可说理先而气后也。"[②] 又说："阴阳中有理，理不外乎阴阳，精粗本末无二致，观《太极图》可见矣。理气，物物皆然，理气之外无一物。"[③] 理在气即在，气在理即在。气中有理，

---

① 薛瑄：《读书录》卷三，《文渊阁四库全书》第 711 册，台北：商务印书馆 1986 年版，第 582 页。
② 同上书，卷四，第 607 页。
③ 同上书，第 762 页。

理在气中，理气浑沦而产生万物，理气之外，无一物存在。

薛瑄指出，理与气同时俱在，彼此无缝隙，"一气一理浑然无间，万物各得一气一理，分之则殊，合之则一"①。正是理气合一的思想，薛瑄认为理气不应分先后。对于朱熹"未有天地之先，毕竟也只是此理。有此理，便有此天地；若无此理，便亦无天地，无人无物，都无该载了。有理，便有气流行，发育万物"②。的说法，薛瑄提出了不同见解：

> 或言"未有天地之先，毕竟先有此理，有此理便有此气"窃谓理气不可分先后。盖未有天地之先，天地之形虽未成，而所以为天地之气则浑浑乎未尝间断止息，而理涵乎气之中也。及动而生阳，而天始分，则理乘是气之动而具于天之中，精而生阴，而地始分，则理乘是气之静而具于地之中。分天分地，而理无不在，一动一静，而理无不存，以至化生万物，万物生生而变化无穷。理气二者，盖无须臾之相离也，又安可分孰先孰后哉！③

薛瑄认为，在未有天地之先，天地之形未形成以前，就已经存在着浑浑乎的无形之气，气未聚而成形之时，理就涵乎气之中。气从无形到有形，理都在其中，理与气始终"浑然无间"，"密匝匝地"、"无须臾之相离也"，所以不能把理气分为孰先孰后。

薛瑄的理气观，对蔡清影响很大。"得天之元以为仁，得天之亨以为礼，得天之利以为义，得天之贞以为智。吾之所有者皆得之于天，不谓之天与而何？然元亨利贞天之四德，一木火土金水之理也。正所谓天以阴阳五行化生万物，气以成形，理亦赋焉。"④ 此文中，将天之元亨利贞与儒家道德体系中的仁义礼智相结合，认为天之四德是人之四德之本，人的德

---

① 薛瑄：《读书录》卷一，《文渊阁四库全书》第 711 册，台北：商务印书馆 1986 年版，第 712 页。

② 黎靖德：《朱子语类》卷一，《文渊阁四库全书》第 700 册，台北：商务印书馆 1986 年版，第 17 页。

③ 薛瑄：《读书录》卷三，《文渊阁四库全书》第 711 册，台北：商务印书馆 1986 年版，第 578 页。

④ 蔡清：《四书蒙引》卷一，《文渊阁四库全书》第 206 册，台北：商务印书馆 1986 年版，第 7 页。

性情操完全得之于天，这就奠定了天人关系的基础。天有着宇宙的意味，由蔡清此段话可以看出，其理学的核心乃是气元论，认为天下万物乃是气以助成其形，而后才有理赋予万物。天地六合都是气，理正是此气之理。先儒都认为先有理而后有气，即认为理生气，蔡清则不这么认为。蔡清所提先儒主要指朱熹，蔡清认为朱子的"理在气先"的观点不甚妥当。在理气问题上，蔡清是强调理气的合一，有是气必有是理。可以说，蔡清的哲学体系中有着二元论和唯物主义的倾向。蔡清的气论思想承自张载、薛瑄，在了解了蔡清"理气合一"的观点后，首先我们来看蔡清对于气是如何论述的。

　　　　盖天包乎地，地之下皆天也。阳全而阴半也，形亦是如此，理亦是如此。凡地之所生，无非是得于天之所施。所以谓地对天不过也，所以独言天命也。天包地则太极之全体亦在其中矣。故曰夫天专言之则道也，气以成形，气谓阴阳五行之气。气本一也，分而为二，则曰阴阳。析而五之则曰五行。天之所以化生万物者，惟此而已矣。故曰气以成形，如木以为肝，火以为心，金以为肺，水以为肾，土以为脾。此五脏之出于五行者然也。又以外体言之，火为目，水为口，左耳居东方属木，右耳居西方属金。而鼻则属土也。又通一身而论，其得于五行者，如吴文正公诗云"气火血脉水，骨金毛发木。五行皆有土，四物载于肉"是也，皆气以成形者也，有气斯有理。木之理为仁，火之理为礼，金之理为义，水之理为智，亦各有所属也。此所谓理亦赋焉者也。[①]

　　　　气体之充也，气自是气，体自是体，自手至足都是体。气则行乎体之中，体无气则馁而不能运动矣。故曰气体之充也。气贯乎一身之间而主于一心上。[②]

　　上两段文字详细描述了气是如何体现于万物之中，宇宙间是怎样以气

---

　　① 蔡清：《四书蒙引》卷三，《文渊阁四库全书》第 206 册，台北：商务印书馆 1986 年版，第 81 页。

　　② 同上书，卷十，第 466 页。

为元而生成万物人体性命的。正如文中所述，天地相对，天地间均以气成形而遂有万物。气本来是一体之气，一分为二而成为阴阳之气，阴阳之气又化五而有五行之别，正是五行之金、木、水、火、土而构成了人体五脏，随而有人为万物之灵长，小到人体器官，大到天地万物，都是一气分化而成。天地之所以成为天地，主要由于阴阳五行的构成。而阴阳五行之理又完完全全地反映在每个个体之上。从构成元素上讲，天地和人是同种的。至于万物，也同样是由天地间阴阳五行所构成。正如张载所谓乾父坤母，民吾同胞，物吾与也。天地阴阳五行与人体紧密相关，所谓天人合一，正是此理。天地之气与吾体构成之气实属一气，正所谓张子之民胞物与。气化为五行万物的同时，也赋予了仁、义、礼、智等德性于其中，从而产生理，理乃随气而赋予万物。由以上的分析我们不难看出，在蔡清的理学中，他认为气才是万物构成的物质本体，理是随同气交织并作用于天地之间，二者相依相存，不可分割，蔡清在描述天地之气形成万物之后，继而说出五行相对之仁、义、礼、智，可见其理气不可分的观点。

蔡清明显的元气论思想同时还表现在他对于鬼神问题的看法上。在鬼神问题上，蔡清的论述更进一步证明他的气元论："张子曰：物之初生，气日至而滋息；物生既盈，气日返而游散。朱子之说盖本此。其以二气言者亦言其屈伸各有所属耳。非实有两个气，而两气之外又别有一个气之贯者也。故曰其实一物而已。鬼神三段。盖程子之说未见鬼神，是阴阳之二气也。故用张子之说，继之张子之说未见二气之良能，实一气之屈伸也。故朱子又以一气贯之，然后鬼神之义尽矣。朱子之说重一气上，二气则张子已说了。"① 关于鬼神之说，早在张子之时已经有所问津，张子指出气是在运动变化中的，游散于天地而各成其形，朱子继承此说，进一步指出阴阳两气实则一气而贯之。程子又指出所谓鬼神不外是阴阳二气之屈伸罢了。蔡清在这个问题上，综合史上各家的看法，继而提出：

鬼神者，天地之功用，二气之良能也，其至而伸者为神，反而归者为鬼。阴阳非鬼神，阴阳之能屈能伸，一往而一来者乃鬼神也。盖

---

① 蔡清：《四书蒙引》卷三，《文渊阁四库全书》第 206 册，台北：商务印书馆 1986 年版，第 100 页。

即气机之动静而已。故曰：二气之良能也。曰阴之灵也，曰阳之灵也。盖天地无心而成化者也。①

由此可见，蔡清不仅是严格的唯物论者，其唯物思想中还渗透着朴素的辩证法，清楚地认识到气作为宇宙的本体，是处于不断运动发展中的，而非一成不变的，这可以说避免了走向形而上的迷途，而更接近于真正意义上的哲学思想。

在与气紧密相依的理的问题上，蔡清是如是说的：

上天之载，无声无臭，是即大本大原所在，又万事之所自出者也……以一理复终之一理也，由一理而散为万事，放之则弥六合也。由万事而合为一理，卷之则退藏于密也。放之则弥六合，卷之则退藏于密，亦姑以形容其极于至大，而无外入于至小，而无内耳。②

理散于万事万物之中，天地六合皆备于一理，极大之处、至微之地均有理藏于其中，可见理之无处不在。"天理流行必兼人欲，尽处言者，理欲不两立故也。天理流行随处充满者，近自一身之间，目视而耳听，手持而足行以至于身之所接。如君臣父子之属皆是道理。如此一动静、一衣服、一饮食以至鸢飞鱼跃都是此理。"③ 天理与人欲乃是对立统一的整体，理之流行处均可见欲，近观吾一身之体，远到君臣父子之间，鱼虫鸟兽之中，都不外是此理。无论动还是静，衣食住行的各个方面，都可以看到理所依存处，此可真谓理无处不在，无时不在。

"言天下万理同出一原，我只是一个道理，以该贯他何至于多学而识也。子贡只就外面探讨得许多，孔子则只把他一心来照外面许多而见其无一理之或外也。"④ 万理乃一理也，殊途同归，世间万物都出于一理，朱子所谓理一分殊是也。"万理一原而一以贯乎万矣。盖非一无以贯乎万，

----

① 蔡清：《四书蒙引》卷三，《文渊阁四库全书》第206册，台北：商务印书馆1986年版，第100页。

② 同上书，第80页。

③ 同上书，卷七，第284页。

④ 同上书，卷八，第341页。

然非万则亦不见夫一。之所贯功有先后理则一串。孟子意为徒博而不知约者居多。天下之理自一而万，万复合为一。"① 理是一个理，然理又化分散于天地间，一与万之间相辅相成，没有此一，则无万物之理，没有万物来体现，也不得见此理之广博。天下理只是一个依存且循环的过程。从此也可以看出，蔡清关于博和简之间关系的看法。只是博而不知归于简，只是徒然还不知其中真味。单有简而没有博作为依托，那此种简便单一而没有内涵。

　　蔡清有着气论思想的倾向，其气论是全面的，在强调气本的同时也看到了理的重要性。同时蔡清提出，心的重要不亚于气，心乃是气的主宰，只看重气而忽略心，就好比只看中物质而忽略精神一样，没有意志的能动作用，气只能是单纯之气而不能作用于人发挥其作用，所以，气本论并不等同于唯气论。此处所提到的心，在某种程度上与理是有共同之处的，质言之，理气在蔡清的思想中，同等重要，互为根本。蔡清又提出心为气主，如其书中所述：

　　　　盖心为气主，本非气所能助。今心既违理而不安矣，求助于气何益？此所以为急于本而缓其未——其实亦不是能急于本，但以所缓者未为急于本耳。然学问之道，苟心不安亦可求助于气，本末亦不可相无，但要从根本上正起。故曰：持其志，无暴其气。谓之仅可，则有不可在矣。不得于心，勿求于气，如何为急于本而缓其末？曰心者气之主也，力制其心而不为气所动，是亦知心之为重也。②

　　　　既曰日用事物当行之理矣，而又曰皆性之德而具于心。自表而言及里也。既曰皆性之德而具于心矣，而又曰无物不有，无时不然者，又自里而言及表也。夫何故？盖心虽主乎一身，而其体之虚灵足以管乎天下之理。理虽散于万事，而其用之微妙实不外吾之一心。理与心本是相为表里者。故朱子于训义间亦一表一里。言之以见道之不可须臾离者如此。或问云：循之则治，失之则乱。此治乱非就天下国家言

---

　　① 蔡清：《四书蒙引》卷十二，《文渊阁四库全书》第 206 册，台北：商务印书馆 1986 年版，第 580 页。

　　② 同上书，卷十，第 465 页。

治理也，事得其绪之谓理，乱则不理也。①

　　这段话中，蔡清清楚地将心、理、气三者统一起来，明确地界定了三者的关系。如其所述，理和心乃是一表一里，不可相离。而气仍是二者的基础。心虽然不是物质的实体，但是在人在物而言却也有着决定性的作用。

　　究人之所以异于禽兽者，全是心上不同。心之不同，虚灵知觉也。心之虚灵知觉所以不同者，形气之正也。朱子形气之正，故该得心，但读者或不察耳。众人不知此而去之，谓不知其所以异于禽兽者在此几希问也。君子知此而存之，是以战兢惕厉云云，正是存之之功，不是存之了方战兢惕厉。②

　　可见，心乃是人区别于禽兽的根本，也是区分不同人的一个标准。也正因为此，正心诚意才成为了儒家修身养性的不二法门。所以，一切的行为都应该遵照此理。天下之大者，唯理是也，理之所在，即天之所在也。人如果逆理而行，与天道相悖，将不得其法而不能免于难，故认为人应顺天应命，依理而行。

　　盖吾之心正，天地之心亦正，天地之心正，然后天地之身安，所谓位也。天地之身安则天地之气顺矣。天地之气顺然后万物之得，是气以化生于天地之间者，始遂所谓育也。仔细推来天地之气顺与天地位处无甚分别。……大抵天下有本然之义，理有当然之工夫，有自然之效验，性、道、教三者皆出于天本然之义理也。戒惧以致中，谨独以致和，当然之工夫也。天地位万物育自然之效验也。盖有是义理，必有是工夫，以全是义理；有是工夫，则自有是效验，以应是工夫。学者知此，可以读天下之书而论天下之事矣。③

————————

① 蔡清：《四书蒙引》卷三，《文渊阁四库全书》第 206 册，台北：商务印书馆 1986 年版，第 83 页。
② 同上书，卷十二，第 583 页。
③ 同上书，卷三，第 85 页。

人唯独先正自己之心，方能与天地之心同正，如此才能确保身安于天地间。身安则方能气顺，气顺而能得万物，这也是天地化育万物的道理。正心才能气顺，气顺才能身安，正心在某种意义上成为一种功夫、一种方法，这又与天地之正气不可分割。

在理气关系上，蔡清认为理气无先后，有理时则气必存焉，有气之处，理则定在其中。"盖实有是物则实有是气，实有是气则实有是理。盈天地间一气机之屈伸往来而不已焉。此即理之所在也，无物不有，无时不然。"①　正因为气是往来于天地间的，所以与之相依存的理也是无时无刻存在于万物之中。"必虚其一以象太极者，盖气必有理。大衍之数五十者，气数也。气不徒气而理存焉。然气有为而理无为，故虚其一以象太极之无为。若不虚其一，则有气而无理，而数亦滞而不通矣。故曰皆出于理势之自然，而非人智力所能损益也。"②　由此可见，蔡清认为有气必有理，若无此理，则气的变化就停滞而不通。蔡清的理气观认为理与气须臾不可离，应作合一看，理气无先后。而需指出的是，蔡清此处所说之理，更是侧重于气之运动变化的法则，与朱熹所谓的理，并非完全一致。正基于理的界定有所不同，故而蔡清对于朱熹的理先气后提出了异议。

> 化育流行就物上言，或谓道者率性之谓。今云化育乃天之命，非物之性也。曰此知性命之分，而未知性命之贯也。《易》曰各正性命，岂不就物言邪？或曰此气也，又何以言道？曰鸢鱼之飞跃，气也；而其所以飞跃者，理也。气便载得许多理出来，故理气自相依而不离。言其上下察也，题谓：即鸢鱼之飞跃而见道之昭著于上下，则可。谓上下止于天渊道之昭著于上下，止于鸢鱼之飞跃，则不可。③

蔡清认为"鸢鱼之飞跃"的飞是一种生命现象，是属于气的范畴，

---

① 蔡清：《四书蒙引》卷三，《文渊阁四库全书》第206册，台北：商务印书馆1986年版，第100页。

② 蔡清：《易经蒙引》卷十上，《文渊阁四库全书》第29册，台北：商务印书馆1986年版，第631—632页。

③ 蔡清：《四书蒙引》卷三，《文渊阁四库全书》第206册，台北：商务印书馆1986年版，第94页。

而鸢为何能飞、鱼凭何能跃则是理的范畴，是一种规律性的体现。蔡清从鸢飞鱼跃之例，再次证明其理气一体的观点。理与气之间并不存在先后问题，同样不存在理被气所汩没的问题，正是气负载着理，理寓于气之中，理气须臾不可离。

> 或据先儒谓性命以理言，而气在其中。太和以气言，而理在其中。遂介然谓各正为得其理，保合为全其气，此于理气之辨疏矣。盖实未晓得性命以理言而气在其中，太和以气言而理在其中者耳。大抵从各正言，须用性命字。从保合言，须用太和字。而各正必居于保合之先，太和必置之性命之后，则确乎其有不可移者矣。圣笔一字之间，夫岂苟哉？而《本义》所谓万物各得其性命，以自全者亦可见其非少了太和二字也。①

性命之理中有气，太和之气中有见理，理气紧密相连，而不可分为二。对于朱子将理气割裂开来的做法，蔡清提出了反对意见。蔡清引《通书解注》中，讲到以继之、成之，为气；善也、性也，为理。为何要将理气分成二者呢？纵然善、性难以归属于气，然而理可以归于气，理气二者为一，二者不可须臾离也。

三　静极至虚明

《虚斋文集》提要中，对蔡清评价道："清初学主于静，后主于虚，谓天下之理，以虚而入，亦以虚而应。故自号虚斋。成化间士大夫多空谈理学，惟清荐实力行，能不为训诂支离所域。"② 可见，虚静是蔡清哲学体系中的重要观点。下文将就蔡清的静极至虚明之说进行讨论。

虚静可以说是蔡清的认识论。蔡清认为格物致知之道在于保持心的虚灵，而静就是至于虚灵的根本方法。蔡清认为心主一身，静主于动，心静而身安而后能定，通过正心诚意而保持心不为外物所扰，才是格物致知之

---

① 蔡清：《易经蒙引》卷一上，《文渊阁四库全书》第29册，台北：商务印书馆1986年版，第29页。

② 蔡清：《虚斋集》提要，《文渊阁四库全书》第1257册，齐鲁书社1997年版，第755页。

根本。

为了说明虚的性质，蔡清从物入水没与不没谈起。以木头为例，当木质之物投入水中，此物能不没入，原因就在于木性为虚。不单单是木头，其他材质的物体，只要中空，有"虚"，为阳气所聚集处，也可保证不没入。正是因为这个"虚"，才有了不没入之果。此乃蔡氏受实而不受虚之理。通过入水不没这一自然现象的例证，蔡清将虚实阴阳联系起来，认为以质而言，实为阳虚为阴，以气而言，中虚为阳而实为阴。可见，在蔡氏看来，气之虚才是主导的，以此喻虚的重要性。

> 或问所谓人之一心，湛然虚明，如鉴之空，如衡之平，以为一身之主者，固其真体之本然而喜怒哀惧随感而应，妍媸俯仰因物赋形者，亦其用之所不能无者也。又曰其未感之时，至虚至静，所谓鉴空衡平之体，虽鬼神亦不得窥其际者，固无得失之可议。及其感物之际而所应者又皆中节，则其鉴空衡平之用流行不滞，正大光明，是所以为天下之达道，亦何不得其正之有哉？[1]
> 心惟虚则灵，故心有所忿懥不虚也，则忿懥不得其正而视不见、听不闻、食而不知其味矣，何灵之有……又当知此是以心言，而理在其中，心所以能涵万理者，以其虚也。虚则有以具众理，灵则有以应万事，能具众理而应万事，此所以为明德也。[2]

心之虚明是一身之主，是人感万物的基本条件。心的湛然虚明，是保证判断力的重要方法。心的平衡寂静是感受外物喜怒哀乐的最好状态。所谓以不变应万变是也。只有保持至虚至静的状态，才能达天下之大道。不难看出，虚静对于蔡清的哲学体系来说，担当着一种方法论的角色，是至于命的一个方法。唯有保证心的虚灵，才能使得心不被万物所牵绊，不以物喜不因物悲，不随物而有所偏执、停滞。如此才能应万物，明众理。心之大能涵盖万物万理，则在于心之虚，受实不受虚，正因为心处于虚的状

---

① 蔡清：《易经蒙引》卷十下，《文渊阁四库全书》第29册，台北：商务印书馆1986年版，第651页。

② 蔡清：《四书蒙引》卷一，《文渊阁四库全书》第206册，台北：商务印书馆1986年版，第30页。

态，方能涵盖万物而又不为万物所充斥。

正如君子之学习，必虚其心方能受万物之理。如蔡清在《咸》卦的解释中所述：

> 山上有泽，则是以泽之润而感乎山，以山之虚而受其感，咸之象也。君子体之则虚其中以受人之感焉。夫人之心不虚则先入者为主，而感应之机窒矣。虽有至者，皆捍而不受矣。不以私意自蔽，所谓虚也，所谓寂然不动者也。受人无工，夫虚则能受也……愚谓君子以虚受人于象，必有所取，岂非以山上有泽以虚而通故邪？如师卦水不外于地，兵不外于民，亦与上下文意俱贯通。山以虚故能受泽之润，土性燥也，君子之心虚方能受人之感，实则有拒而不能受也。此以接物言，闻一善言见一善行，若决江河沛然莫之能御也，其以虚受人为何如哉？受人者受人之感，在人之感或以事感，或以言感，惟其虚中则人之以言感者，吾有以纳其言而酌其是非，人之以事感者。①

以《咸》卦为例，《咸》卦泽山咸，泽在山上，是用泽之湿润感应山之干燥，山因虚其中故而能受此润泽。以此为喻，君子之道应如山之虚，虚其心而感受万物。心不虚则外物不能入，则感之不通也。所谓的虚，是强调虚己之私欲，无欲则刚，无欲方能感于外物，如此才是格物致知之根本。《易》之所谓寂然不动，感而遂通之理，寂然不动正是虚的状态，君子应如此，方能通天下之理。

具体来讲，如何做到虚呢？蔡清指出，应主敬，这是对朱熹主敬之说的继承。"又曰敬则内欲不萌，外诱不入。自其内欲不萌而言则曰虚，自其外诱不入而言则曰实，只是一时事不可做两截看。"②　"又曰"指朱子《周易本义》之说。此处蔡清引朱子之语，在于说明敬与虚之紧密关系，两者是一时事，不可分开看。主敬方能使内心的欲望不再萌发，能抵制外来的诱惑以确保内心的虚灵。可见，蔡清将主敬看作至虚的方法。

---

① 蔡清：《易经蒙引》卷五上，《文渊阁四库全书》第29册，台北：商务印书馆1986年版，第308页。

② 同上书，卷八下，第518页。

朱子的主敬与主静相通，蔡清亦然。蔡清既然将主敬看作保持心之虚灵的方法，那自然涉及主静。关于动静，蔡清认为静为动主，可见，静之于蔡清哲学体系之重。"且静亦须虚，方是静本色，不然形静而心骛于外，或入于禅者，何限人心？本是万理之府，惟虚则无障碍，学问工夫，大抵只是要去其障碍而已。此言吾未能尽行之，但仿佛似有一二时袭得此光景者，或非意之来应之。若颇闲暇至寤寐之际，亦觉有甜趣，故吾妄意虚之一字，就是圣贤成始成终之道。"① 虚与静是紧密相连的，如果说虚是君子格物致知的前提条件，那么静则是虚的前提条件。唯有保持心静，方能保持心之虚灵。蔡清以入禅定为例，如心不静而为外物所扰，随身静与一处而心意杂动，则何虚之有？以静之态求虚之境，此乃成圣成贤之大道。

那么，如何能入于静呢？蔡清如是说：

> 定而后能静。大抵外物所以能动其心者，只是见理不真，而胸中无定力耳。定则惟理是主，是非眩他不得，故静而不妄动。定以理言，故曰有静；以心言，故曰能静，而后能安。人之一身，以心为主，心苟静而不妄动，则此身随其所在而无不得其所安矣。或谓静与安皆以心言，非也。安谓所处而安，处居也，非处事也。处事则能虑时矣。《论语》曰怀土谓溺，其所处之安，此可证也。或问分明，谓无所择于地而能安。小注分明谓安以身言。或曰：小注又何以谓但有深浅？曰：不但其心静又连其一身皆安，非有浅深而何？大抵身以心为主也。②

心为身主，欲求心之静，必先使身定。身安于某处而入于定，身定则心方能静，又蔡氏认为心为身主，心静而又使得身更安。对于静、定、安三字的区别，蔡清引朱子之言补充提到，朱子认为定、静、安三字分为三个节次，知止后皆容易进，安而后能虑，虑而后能得。而难处在于，有能

---

①　蔡清：《虚斋集》卷二，《文渊阁四库全书》第1257册，台北：商务印书馆1986年版，第790页。

②　蔡清：《四书蒙引》卷一，《文渊阁四库全书》第206册，台北：商务印书馆1986年版，第32页。

安而或不能虑，能虑而或不能得者，却无知止而不能有定，定而不能静，静而不能安者。可见三字代表了三个不同的阶段，不同的状态。是一个递进的层级关系。知止而后能定，身定则心方能为之静，静则是安静是也。主静之法，还在于正心诚意：

> 人心之所以不正者，大概皆妄念有以挠之也。去妄然后可以存其真。故曰欲正其心者，先诚其意。意者心之萌也。心该动静，意只是动之端，心之时分多，意之时分少；意者，心之所发也。未发之前心固在乎？曰然。既发之后犹有心在乎？曰然。然则心兼动静，或静而未应物，或动而应物，皆当敬以存之矣。夫心对意而言则为本体，不必谓正心之心，全是体而以意为用也。如彼说则将以心意分动静，相对工夫矣。正心只是主静之法，静亦静，动亦静也。故曰敬以直内。诚意者，致谨于动之端也。①

心不为妄念所牵动，则可以保持心的静。如何使心不动，就在于正心诚意。必先诚其意，因为意为心的萌芽，是心动的开始。如使得意诚而不动，则心定也。心定而能静，而能虚，而能通天下之理。

提到心之虚明，自然要涉及性。心性作为理学的重要范畴之一，蔡清对此作了评述：

> 曰心与性自有分别，灵的是心，实的是性。性便是那理，心便是盛贮该载敷施发用的。此皆切要语也。大学之明德即中庸天命之性也。但中庸性字兼人物，而明德则专指人，非物所得而同矣。章句气禀所拘，物欲所蔽，虽云气禀拘于有生之初，物欲蔽于有生之后，是两平说。但凡为气禀所拘者，则必有物欲所蔽。凡物欲得而蔽之者，皆坐于气禀之拘也。二者理实相须。故序文云气质之禀，或不能齐，是以不能皆有。以知其性之所有而全之也。不及物欲一边者，气禀不齐则必有蔽于物欲者矣。若孟子待文王而后典章注云，惟上智之资无

---

① 蔡清：《四书蒙引》卷一，《文渊阁四库全书》第 206 册，台北：商务印书馆 1986 年版，第 37 页。

物欲之蔽。盖以上智之资，气禀清明则物欲自不得而蔽之也。又或问汤之盘铭章，只言利欲昏之而不及气禀。盖以其为利欲之昏则其由于气禀之拘亦不待言矣。故或兼言气禀物欲，或单言气禀自可以该。夫物欲又或单言物欲亦自可以该气禀。经传中如此类者尚多。读者可以类推而意会也。因其所发而遂明之。遂明之者，格物致知以启其明之之端。诚意正心修身以致其明之之实也。①

　　格物致知之法，在于正心诚意。正心则需要摒除心之欲望，心与性是紧密相连的，要是心正，则要关注性。所谓天命之性、气质之性有所不同，摒除物欲使得天命之性恢复，才能保证心的灵明。性是理的体现，正心必先修性，修身以养性以是心正意诚，方能格物而致知，方能明理。

　　蔡清认为，有静而至于虚明，是认知天下之理的方法。人心保持虚明是为了更好地装载理，而此理必先通过践行才能发挥作用，这才是真正意义上实现了君子的修身齐家治国平天下之道，才是蔡清作为理学家的本旨。这就涉及了知行的问题。朱子认为致知力行与存心致知，两者先后次序不同。在认知的过程中，必须先明白此理是何理，方能在实践中尽此理，这是朱子认为的知先行后。任何事情之前，必然先有一个宏观的概念，而后才能指导具体的操作过程。在细微处体现万理之精妙。这也是为何说存心居致知之先的原因。存心是全此理之统体。致知是各随其理而察之。蔡清基本同意朱子的这种论断，认为理性的认知对于人类的行为实践有着重要的指导作用。同时蔡清又指出，知必先见于行，知方有意义。他认为如果是做真学问，须与日常之用相适应；如果是真道德性命，则须有用于治家之法与当官之政。在蔡氏看来，真正的学问必须是有实用性的，要将学问用于安身立命才是真学问。这与蔡清强调《易》为穷理尽性之说的本意相符合。对于知行，蔡清看重的是知行合一。知是为了行："吾尝见有胸富万卷，笔下如流，而实于其身不得几字受用者。则学其不可择术哉！"② 又"曰必知止而后能定，静安虑以至于能得。此所以必贵于知

_____

① 蔡清：《四书蒙引》卷一，《文渊阁四库全书》第 206 册，台北：商务印书馆 1986 年版，第 30—31 页。

② 蔡清：《虚斋集》卷一，《文渊阁四库全书》第 1257 册，台北：商务印书馆 1986 年版，第 768 页。

止也。不然终无得于道矣。夫知行岂可判然为二哉？但始求知时便是要为践行之地矣，故如此立言"①。在求知之时便已知道此知识是为了运用于实践。在行的问题上，行又反过来帮助知："知圣人之席不正不坐，由于其心之安于正，此心迹相符之理，正可以相形观也。"② 在知行的关系问题上，蔡清看到了知对于行的指导作用，可看到了行对于知的反辅功效，其说强调知行合一，体现了朴素的辩证法思想。

第二节　蔡清易学的基本范畴

一　道器

1. 宋明道器观的流变

"道"和"器"是中国古代的一对哲学范畴。"道"是无形象的，含有规律和准则的意义；"器"是有形象的，指具体事物或名物制度。道器关系实即抽象道理与具体事物的关系，或相当于精神与物质的关系。道器的概念最早见于《周易·系辞上》：形而上者谓之道，形而下者谓之器。

周敦颐作为宋明道学的开创者，其"道"的思想是十分丰富的。周敦颐的"道"具有多重含义。从本体论角度看有"太极本无极之道"；从宇宙生成观看有"天演之道"，同时又兼有"主静"、"中正"之人道、政治伦理之治道。周敦颐的天道观，事实上就是一个"独立而不改，周行而不迨"的宇宙循环生成系统。周敦颐认为天道是自然界变化的本质，是天地阴阳四时五行的变化规律。具体到人道，周氏将"诚"作为沟通天道、人道的桥梁，提出以"诚"为出发点的主静去欲的修身论的思想。周子"道"的观点是一贯而终、紧密相连的整体，不仅表现在本体论、修养论、政治观等几方面外，还贯穿于他的认识论、功夫论等多个层面。周敦颐提出的无极太极、阴阳五行、万物化生的天演之道，可以说是儒家在探寻宇宙本体方面的一个总结。在此基础上，周敦颐又将天道伦理化，赋天道以道德的属性，提出了他的伦理、修养以及政治之道。这样，周敦

---

① 蔡清：《四书蒙引》卷一，《文渊阁四库全书》第 206 册，台北：商务印书馆 1986 年版，第 35 页。

② 蔡清：《蔡文庄公集》卷四，《四库全书存目丛书》集部第 42 册，齐鲁书社 1997 年版，第 705 页。

颐将天道、天命与人性连成一个体系，真正意义上实现了天人合一，从而
开宋明道学之先河。故黄梨洲评周敦颐谓："周子之学以诚为本。从寂然
不动处，握诚之本，故曰：'主静立极'。本立而道生，千变万化，皆从
此出。化吉凶悔吝之途，而反覆其不善之动，是主静真得力处。静妙于
动，动即是静。无动无静神也。一之至也，天之道也。千载不传之秘固在
是矣。"①

　　程颐认为道即是原则法规。他认为《周易》一书的根本就是"随
时变易以从道"。在此，程颐将道等同于事物变化的原理和规范，人的
行为同样要符合这种规范。不仅如此，具体到《易经》中的六十四卦、
三百八十四爻，都体现这个"道"。正如程颐在《序卦传》中提到的，
乾坤为天地之道，屯为万物始生之道，蒙为生发之道，需为饮食之道，
等等。程颐进一步指出，天就是道，即所谓天道。用程颐的观点解释，
天道为天所遵循的法则，指的是万物强健不息之道。从程颐《序卦传》
中提到的各卦之道，我们可以看出，其所谓的道，主要是指从卦义引申
出来的象征意义。从总体上看，道之于程颐，即是一种法则规律。具体
到各卦，到阴阳之变，又有不同的天道、地道、阴阳之道。程颐在解释
形而上与形而下的问题时说道："离了阴阳更无道，所以阴阳者是道也。
阴阳，气也。气是形而下者，道是形而上者。形而上者则是密也。"②
程氏认为道为形而上之体，阴阳为形而下之用。道是无形的法则而阴阳
之气则属于有形之器。"所以阴阳者是道"谓阴阳变化的法则为道。这
个法则也可以理解为阴阳变化之理，即是说道是理层面的，是形而上
的。道与阴阳为体用，但程氏明确指出体用一源，即道不离乎阴阳而又
不杂乎阴阳之意。

　　张载认为道乃是气生生不已的变化过程，认为易在于气的变化，这就
是道，所谓"其志生即是道是易"。这与程颐"随时变易以从道"的观点
基本一致。仔细体味，张载的道指的是气化的过程，把阴阳二气相互交感
产生万物的运动变化过程称为"道"，如其说："一阴一阳不可以形器拘，

　　① 黄宗羲：《宋元学案》卷十二，《续修四库全书》第518册，上海古籍出版社1995年版，第255页。
　　② 朱熹：《二程遗书》卷十五，《文渊阁四库全书》第698册，台北：商务印书馆1986年版，第128页。

故谓之道。"① 是将道视为阴阳二气互化的过程。又 "道中涵浮沉、升降、动静相感之性,是生纲缊、相荡、胜负、屈伸之始"②。由此可见,张载道的观点是与其气论的哲学体系密切相关的,把道作为气的一种特性,有气才有道。正如其书中对于《系辞》"形而上者谓之道"一句的解释:"凡不形以上者,皆谓之道。惟是有无相接与形不形处,知之为难,须知气从此首。盖为气能一有无,无则自然生,是道是易也。"③

朱熹在《太极图说解》中说道:"盖太极,形而上之道也……则冲穆无朕,而动静阴阳之理已悉具其中矣。"④ 可见,朱子认为的道是在理的层面上,太极为形而上之道,朱子又认为太极为天地之至理,所以可见,道在于朱子有本体的意味,同时也有法则的意味。他在《太极图说解》中解释周敦颐的太极动静时说:"太极之有动静,是天命之流行也,所谓一阴一阳之谓道。"⑤其道是指阴阳变易的法则。在与陈亮的书信中,朱熹指出 "若论道之常存,却又初非人所能预,只是此个,自是亘古亘今常在不灭之物"⑥,极力强调道的永恒性与绝对性。当然,这也与其理先气后的思想有莫大的关系,正是由于此,朱熹的道是一种超越的形而上的宇宙本体,可以脱离具体事物、超越时代而独存、独运。

薛瑄在理气问题上提出了理气无先后的观点,对蔡清影响很大。而在道器问题上,薛瑄同样提出道器不相离论。薛瑄由 "理气无间隙"的观点出发,论证了道器不相离而相即的思想。他说:"理气无缝隙。故曰:器亦道也,道亦器也。"⑦ 又说:"显者器也,微者道也;器不离道,道不

---

① 张载:《横渠易说》卷三,《文渊阁四库全书》第 8 册,台北:商务印书馆 1986 年版,第 742 页。

② 张载:《张子全书》卷二,《文渊阁四库全书》第 697 册,台北:商务印书馆 1986 年版,第 97 页。

③ 张载:《横渠易说》卷三,《文渊阁四库全书》第 8 册,台北:商务印书馆 1986 年版,第 742 页。

④ 曹端:《太极图说述解》,《文渊阁四库全书》第 697 册,台北:商务印书馆 1986 年版,第 8 页。

⑤ 同上书,第 7 页。

⑥ 朱熹:《晦庵集》卷三十六,《文渊阁四库全书》第 1144 册,台北:商务印书馆 1986 年版,第 18 页。

⑦ 薛瑄:《读书录》卷六,《文渊阁四库全书》第 711 册,台北:商务印书馆 1986 年版,第 631 页。

离气，故曰无间。"① 在薛瑄看来，大到天地万物，小到一发一尘，都是"道亦器也，器亦道也"的体现。由于理气无间隙，浑沦一体，有形是气之聚，无形是理之微，不论有形还是无形，都是理气所至，其体现无非是理气的变化流转，"即理而物在其中，即物而理无不在"②。由此可推论，形而上之道和形而下之器是不相分离的，只有把"道器合言"，才是从根本上认知道器。薛氏谓："体用一原，显微无间，见道器合一之妙。"③ 又说："天地之塞气也，形而下者也；天地之帅理也，形而上者也。气也理也，浑合而无间者也。"④ 薛瑄以体用一源、显微无间来说明形而上之道和形而下之器的"合一"、"不离"论。

2. 蔡清的道器观

蔡清的道论，明确指出道为理，在道与阴阳、太极的关系上，又都有所说明。"道即理，凡易词所发明者皆是也。"⑤ "道者天理之自然，犹云在物为理也。"⑥ 将道与理等同，并认为《周易》所阐发的不过是此理而已。蔡氏所认为的天理之自然、物理之自然的道，同先儒一样，有着规律、法则的含义。

　　　朱子曰阴阳何以谓之道，当离合看此句最好。盖道不离于阴阳，故当合看，而又不杂乎阴阳，故当离看，此正犹所谓道之体用不外乎阴阳云云，倚于阴阳也……道不是道之所以然，道便是阴阳之所以然，此外更何物为道之所以然乎……所谓道者非他也，即其所以一阴而复一阳者之谓道也。盖道不离乎阴阳而亦不杂乎阴阳，乃太极之谓

---

① 薛瑄：《读书续录》卷三，《文渊阁四库全书》第 711 册，台北：商务印书馆 1986 年版，第 757 页。

② 薛瑄：《读书录》卷十一，《文渊阁四库全书》第 711 册，台北：商务印书馆 1986 年版，第 696 页。

③ 同上书，卷九，第 680 页。

④ 薛瑄：《读书续录》卷一，《文渊阁四库全书》第 711 册，台北：商务印书馆 1986 年版，第 708 页。

⑤ 蔡清：《易经蒙引》卷十上，《文渊阁四库全书》第 29 册，台北：商务印书馆 1986 年版，第 639 页。

⑥ 蔡清：《四书蒙引》卷十，《文渊阁四库全书》第 206 册，台北：商务印书馆 1986 年版，第 470 页。

也。太极动而生阳，静而生阴，动静无端阴阳无始，是即一阴一阳之谓道也。①

　　道与阴阳的关系，是道论中无法回避的一个关键问题。这涉及了体用关系的问题。道为形而上之理，阴阳则为形而下之器，此处阴阳指的是阴阳两气。一个为体，一个为用，体用一源，故而道不可须臾离于阴阳，但道却不是阴阳。

　　盖动只是阳，静只是阴，皆是滞于器也。若夫不滞于动，不滞于静，非动非静而妙乎动静者，则谓之道者，太极也。天之道，一阴了又一阳，一阳了又一阴，阴阳只管循环不已。地道亦然，人道亦然，此即所谓至理而三才各一太极也。此即邵子所谓天地人之至妙者也。彼六爻之变化，便是这个道理，故曰六爻之动，三极之道也。②

　　阴阳动静的变化，体现了太极之妙，也恰恰反映了道之运行。正是在这种变化发展中，道的法则意义才显露出来。正如蔡氏所言，六爻之动，正是体现了天地人三才之道。蔡清的道不仅仅是本体意义上的准则，同时还与德性相关，这就是所谓的道心。

　　盖道由性而出，惟我有是性则临事物时只据吾性所发便一一有个当然不易之理在。若天素所安排者矣，故曰率性之谓道，只是触事物而见道，道初不属事物也。③
　　或以道出于性，性一故道一言者，虽知有道性之别，然解此义则泥矣。不知此道字正指性也，道者性命道德之总名，何者不是道？④
　　心亦道也，道字虚而广，性情志意，德行功业都说得道，此则以

　　① 蔡清：《易经蒙引》卷九下，《文渊阁四库全书》第29册，台北：商务印书馆1986年版，第594—595页。
　　② 同上书，卷九上，第573页。
　　③ 蔡清：《四书蒙引》卷三，《文渊阁四库全书》第206册，台北：商务印书馆1986年版，第82页。
　　④ 同上书，卷十一，第511页。

心言①。

从这些引文可以看出，蔡清将道与心性相联系，认为道出于性，性一则道以，而道与性毕竟是两个不同的事物，自有区别。道心是对于德性之类的总称。由此，蔡清将宇宙观意义上的天道与人道通过德性相联系，体现了儒家的天人合一思想。而天人合一需要一个沟通的媒介，这个媒介正是诚。诚是伴随事物发展过程的，是物之成物的原初，也是物之所终结处。诚为物之体，是物所不能遗的一个特性。修心修性之关键在于正心诚意，必须保证自诚而后能成道。所以说诚是以心言，是心之本。道以理言，是心之用，心在，所以道即随之。

道是无时无处不在、不可形状的存在。时间有万变，事情有万殊，物种有万类而道却无所不在。所谓无物不有，无时不然。道无穷尽，无方体，仰之不可及，可见道之高妙。虽谓不可及而又无处不在、无孔不入，可见其坚而广博。看似在眼前，前趋却不得。又仿佛在后，后触而恍惚。作为本体意义的道，正是如此不可捉摸，没有具体的形状，可散于万物而为道。这就是道的高妙之所在。

　　　是道之大无不包而细无不入，初不以远近而有间也。圣人之道即天地之道，其流行充塞于宇宙间，亦岂有远近之间哉。昔吾夫子欲居九夷，门人惑之。殊不知九夷虽远，固不能外。是道以有生，圣人所在即道之所在，又岂有不化之人哉？今去圣人仅二千年，不问海内外华邦蛮区。愚夫小子皆能道吾夫子之号而起尊信之心，由是愈见其道之大焉，居夷之言非偶设也。②

道充斥于天地之间，无处不在，无物不有。并不因为远近而有所差别。圣人之道也是此理，圣人之道就是天地之道，同样流行于天地间，不因远近而有差。孔夫子曾想迁居九夷之地，其门人都不解。而门人正

---

　　①　蔡清：《四书蒙引》卷十二，《文渊阁四库全书》第 206 册，台北：商务印书馆 1986 年版，第 593 页。

　　②　同上，卷六，第 253 页。

是不知道之广，九夷之远，却仍在天地之中，仍有天地之道存也。此是从地域上讲，从时间上说，则古之圣人距今已千年，而如今道尚存，可见道之广博的特性，不会因为时间或空间而消亡。反过来，道之广，却也非圣人所能尽，非天地所能尽。圣人之所以称为圣人，在于其德行之高尚而非形之故，天地之大，在于天地间所存之道，而不能说天地就是道，天地虽大，尤不能尽道之全体。天行健，能生覆而不能形载；地势坤，能形载而不能生覆。天、地虽大，也只能各得道之一隅，必兼覆载生成方为道之全体。

道之高妙，具体还体现在道之化育万物的过程中。万物发育的原因皆在于道，道体物不遗，无物不有，故而说道发育万物，换言之，阴阳五行化生万物，气以成形而理亦赋焉。一阴一阳之谓道，由此可见道之发育万物。那么道是如何具体发育万物的呢，这就涉及了天道、地道的相互作用：

> 天道下济而光明，天虽居上而其气常下降以济万物，惟其下济也，故气一嘘而万物以生，气一缩而万物以成，其道之光明为何如？夫天道若不下济，无由光明惟下济所以光明也，下济是谦光明则亨矣。天道下济者，天位乎上而其气之下降者，所以济乎下也，故谓之下济。使天不下济，则生物之功何自光显乎？地道卑而上行，地道至是卑顺也，然惟卑也故能承天时行以上配乎乾，其道则上行也。夫地非卑则不能上行，惟其卑也故上行，卑是谦上行则亨矣。地道以位言则屈于下，以德言则不自作可谓至卑矣，于其卑则再无去处其理自是上行矣。地道上行者，盖物之生虽出于天，然非地以承之则生物之功不克终物之成。虽主于天，然非地以承之则生物之功亦不克，遂此见地之卑而其道上行以配天也。[①]

道化育万物是离不开气的，也就是说道器关系是紧密相连的。形而上之道与形而下之器缺一而不能成宇宙之万物。既然道与器关系如此密切，

---

① 蔡清：《易经蒙引》卷三上，《文渊阁四库全书》第29册，台北：商务印书馆1986年版，第182页。

那么蔡清是如何认识器的？"凡有形有象者，皆器也。"①一句话点明何为器，乃是与道之无形状相对的有形有象之物。"夫士之器非寻常器也，制之在天，用之在人。其本然之量，敛之则不盈一掬。放之则包乎六合。自外而实之则累千万不见其有余。自内而出之则累千万不见其不足。大哉！器也……是故有斗筲之器，有瑚琏之器，而又有不器之器。"②可见，器是相对于道的形而下的存在，有着千姿百态，其包甚广，如有斗筲之器、瑚琏之器、不器之器等。

对于道器的关系，蔡清的基本观点是道与器不可相离，道一旦离开器也就不能称其为道。"形而上之道与形而下之器元不相离，此所谓道亦器，器亦道也。"③"器亦道，道亦器，有分别而不相离也。朱子曰理则一而已矣。其形者则谓之器，然而道非器不形，器非道不立。盖阴阳亦器也。而所以阴阳者，道也。是以阴阳往来不息而圣人即是以明道之全体也。"④有此物则有此气，有此气则有此理，天地间不外是一气机之屈伸往来而不已，这正是理之所在。无物不有，无时不然，所谓一阴一阳之谓道。由此观之，道器不可须臾相离也。

对于如何区分道器，蔡清说得更明白："西山真氏曰凡天地之物，有形有象者皆器也，其理便在其中。大而天地亦形而下者，乾坤乃形而上者，日月星辰风雨霜露亦形而下者，其理即形而上者。以身言之身之形体皆形而下者，曰性曰心之理乃形而上者。至于一物一器，莫不皆然。且如灯烛者，器也，其所以能照物，形而上之理也。且如椅桌器也，而其用理也。天下未尝有无理之器，无器之理，即器以求之则理在其中，如即天地则有健顺之理，即形体则有性情之理，精粗本末初不相离。"⑤引真氏之言，以天地、日月、星辰、风霜为喻，又具体到人之自身，日用之桌椅，

---

①　蔡清：《易经蒙引》卷九下，《文渊阁四库全书》第29册，台北：商务印书馆1986年版，第598页。

②　蔡清：《蔡文庄公集》卷四，《四库全书存目丛书》集部第42册，齐鲁书社1997年版，第702页。

③　蔡清：《四书蒙引》卷一，《文渊阁四库全书》第206册，台北：商务印书馆1986年版，第41页。

④　蔡清：《易经蒙引》卷九下，《文渊阁四库全书》第29册，台北：商务印书馆1986年版，第598页。

⑤　同上书，第600页。

说明道与器的不同。物之实在则是器，物因其形状而具有的不同的特性则谓之道。这就是形而上与形而下的根本区别。

二　太极

1. 蔡清的太极观

太极是一种状态，更可以说是一种过程，是阐明宇宙从无极而太极，以至万物化生的过程。无极即道，是比太极更加原始更加终极的状态，两仪即为太极的阴、阳二仪。太极一词最早见于《周易·系辞上》。所谓"易有太极，是生两仪，两仪生四象，四象生八卦。"孔颖达认为太极是指天地未分之前的一种状态，元气混而为一，这个一即是太初、太一。宋代理学家则普遍将太极视为理。《朱子语类》中提道："太极只是一个浑沦底道理，里面包含阴阳、刚柔、奇偶，无所不有。"① 清工夫之《张子正蒙注·太和》："道者，天地人物之通理，即所谓太极也。"②同时，太极在道教经典中还有天宫、仙界的意思。如晋葛洪《抱朴子·吴失》："园囿拟上林，馆第僭太极。"③《云笈七签》卷八："太极有元景之王，司摄三天之神仙者也。"④

"合天地万物之理谓之太极，此太极二字之本指也。若谓一物各具一太极者，则指散殊者之全体而言，天地间无他物，只是道而已，道无他，只是一阴一阳而已，是阴阳也。"⑤ 太极是万物之理，也是阴阳二气之本，天地间不外乎太极之阴阳变化。阴阳两气之变化，一嘘一吸都是造化，体现的是动静之变机。所谓动静无端、阴阳无始正是体现了太极之理。从一呼一吸之微到千年万世之久，都不外是此一气之动静也，此一理之统贯也。小到至细至微处，大道宏观宇宙，都体现了太极之妙，太极的特征决定了它广博的内涵，圣人因其无穷无尽而无以名状之，故强加之以"太

---

① 黎靖德：《朱子语类》第五册，中华书局 1986 年版，第 1929 页。

② 王夫之：《张子正蒙注》卷一上，《续修四库全书》第 945 册，上海古籍出版社 1995 年版，第 598 页。

③ 葛洪：《抱朴子外篇》卷三，《文渊阁四库全书》第 1059 册，台北：商务印书馆 1986 年版，第 198 页。

④ 张君房：《云笈七籤》第一册，中华书局 2003 年版，第 136 页。

⑤ 蔡清：《易经蒙引》九下，《文渊阁四库全书》第 29 册，台北：商务印书馆 1986 年版，第 595 页。

极"之名。故"太极"只是此理之尊号而已。对于太极与道之关系，则语道体之全，则谓之太极，语太极之流行则谓之道，而语道之妙则谓之神。太极其本质，是天地间不可名状之理，对于如此神妙之本体，不可常物名之，故勉强名之太极。

蔡清又从占卜蓍草的角度进一步解释太极：

> 必虚其一以象太极者，盖气必有理大衍之数，五十者气数也，气不徒气而理存焉。然气有为而理无为，故虚其一以象太极之无为，若不虚其一则有气而无理，而数亦滞而不通矣。故曰皆出于理势之自然，而非人智力所能损益也。既虚其一以象太极，而其余四十九之当用者，则两仪体具而未分之象也，盖启蒙此解，盖对下句分而为二以象两仪，而得之若本义只是虚其一以象太极，不可以为又有象两仪未分之义也。启蒙以虚其一为象太极，语录又以四十九之未分者，为象太乙。盖太极以理言也，太乙以气言也，然象太极之意重象太乙之意轻其说已具上。每疑作易者，所以虚一象太极之意。①

其中五十蓍草，虚一以象太极，这一，正是对太极本体最好的诠释。太极以一象之，正是体现了其虽为一，而非单一之本，此一是合二为一之一，其本身函阴阳，包万物，散于不同领域可表现为不同的形式，看似为一，实则为千为万。这也正是太极之全体。

太极是万物之源，太极是阴阳变化之道，太极是宇宙之理，天地之道，太极虚为一，太极动化万物，太极也是阴阳两气。天之四德，默然运行于冥冥之间，而万物之所以为元、亨、利、贞，不断变化，其根本契机也在于太极之动。换言之，即所谓物物各具一太极。如无极而太极，太极本无极，体用一源，显微无间。"合一不测为神化与两在故不测同，惟其两在所以合一，是合阴阳而为一，所以为神主一理之妙，于二气者言，即太极也。"② 此句更是说出太极之本，乃是主于一理，妙于阴阳二气，可

---

①　蔡清：《易经蒙引》卷十上，《文渊阁四库全书》第 29 册，台北：商务印书馆 1986 年版，第 631—632 页。

②　同上书，卷十一下，第 703 页。

见，太极不仅是道，太极也是气，其本质是气，即物质的。

太极不仅是本体意义上的理、气，同样，太极也蕴含着性命之理，蔡清作为理学家，也赋予了太极以理学内涵。认为性命之理同样体现了太极之全体。仁义礼智都是涵盖于太极之中的，不可独谓仁或智，独谓则不能立于道也。太极是抽象不可捉摸的，但当太极散于万物，则有了具体的形状："举太极而言，而二气五行万物诸形器之属，即在其中，见太极非有离乎形器也。又曰形器已具而其理无朕之目，谓自二气五行万物而言，而太极亦即在其中亦。见太极非有离乎形器也，但亦不杂乎形器耳。"①　一旦太极散于具体的形器中，则有了形器的模样，不再是缥缈之无形，正因为万物都具有一个太极，所以也可以说太极是不离乎形器的。而太极又非单单局限于形器之中，所以说不杂乎形器。

　　盖天地万物无有独而无对者，惟其不能以独而无对，故二者常相须也。盖总是独阳不生，独阴不成之理，此暌之所以未尝有不合者也。然非始暌而终合也，暌者其静，合者其动，暌者其别，合者其交也，何则一本，故也此可以观太极之全体矣，妙哉！②

太极可动化阴阳。天下万物都是有对，相伴而生，阴阳两者相互依存，独阳不生，独阴不长，即任何事物都是有两面的，这也正是太极之妙。太极作为万物之源，其本质包容万物，涵盖阴阳，太极本身也是包含着有对的概念。太极涵阴阳，非指的不动之阴阳，而是包含了阴阳变化之道理，阴阳动静之理蕴于其中。

　　又曰主太极而言，则太极在阴阳之先，主阴阳而言则太极在阴阳之内。盖自阴阳未生之时而言，则所谓太极者，其理已具。自阴阳既生之时而言，则所谓太极者，即在乎阴阳之中也。谓阴阳之上别有太极，常为阴阳之主者，固为蹈于列子不生不化之谬而独执。夫太极则

---

① 蔡清：《易经蒙引》卷九下，《文渊阁四库全书》第29册，台北：商务印书馆1986年版，第597页。

② 同上书，卷五下，第356页。

在阴阳之中之说者，则又失其根柢枢纽之所为，而大本有所不识，其
害有不可胜言者。①

太极只在阴阳之中，即是太极涵盖阴阳，太极可以是形而上之道，而
太极所含之阴阳二气，又作为形而下之器存在，这样可以说，道即是器，
太极可谓道，可谓器，太极为一。

> 一阴一阳之谓道，此句说太极道理最明尽。盖动只是阳，静只是
> 阴，皆是滞于器也。若夫不滞于动，不滞于静，非动非静而妙乎动静
> 者，则谓之道者，太极也。天之道，一阴了又一阳，一阳了又一阴，
> 阴阳只管循环不已，地道亦然，人道亦然。此即所谓至理，而三才各
> 一太极也。此即邵子所谓天地人之至妙。至妙者也，彼六爻之变化，
> 便是这个道理。故曰六爻之动，三极之道也，非指六爻为三极也，
> 《本义》云初二为地，为天者，亦指解贴出六爻象三才底模样耳。动
> 字极字意思却全未得见，动字最重，动即变化也。太极便有变化。②

太极涵阴阳，且涵阴阳之变化，动静变化之道是太极。太极也可以说
是妙乎动静之间的道。天地人三才，都体现着此道，所以说天地人三才各
具一太极。可见太极合而为一，又可散于万物而成万物之道。天地人三
才，具体到卦之六爻，各自有两爻为代表，所以说，太极之理无处不在。
太极作为道体，其本质在于阴阳及其变化。太极绝非一个滞于器的静止
体，而是处于阴阳循环的动静之化中。

> 何以兼阴阳而为太极耶？曰不然也。此则逐爻言之，如初二是为
> 地，初是刚化则柔矣，初是柔变则刚矣，是亦刚柔变化而为太极。又
> 如二是刚化则亦为柔矣，二是柔变则亦为刚矣，是亦刚柔变化而为太
> 极也。如三四为人，三是刚化则仁化义矣，三是柔变则义变仁矣，是

---

① 蔡清：《易经蒙引》卷九下，《文渊阁四库全书》第 29 册，台北：商务印书馆 1986 年
版，第 600 页。

② 同上书，卷九上，第 572—573 页。

固有个太极之理也。四是刚化则亦仁化义矣，四是柔变则亦义变仁矣，是亦见其有太极之道也。若拘于三为刚位四为柔位，则三主仁四主义三，若是柔则无变矣，四若是刚则无化矣，三四皆刚化则纯是义矣，三四皆柔变则纯是仁矣，而太极之用不其偏乎？大抵须是逐爻说变化，变则自柔而刚，化则自刚而柔，庶几阳根阴、阴根阳，二本则一之妙有以见太极之全体，无乎不在也。①

太极涵盖阴阳已经提过，此处继续将太极的内容详细化。太极作为万物之源，不仅仅局限于阴阳，阴阳二气化生万物，而太极在不同的领域，可以细化为不同的物质表现形式，如在地道范围，主要体现为刚与柔，刚柔变化而为太极；在人道，又转化为仁与义，仁义之变化也是太极的体现；天道则体现为阴阳之交替。换句话说，太极之全体，聚而为一，散而为万物。所谓道，非他，所以一阴而复一阳者之谓道也。道不离乎阴阳而又不杂乎阴阳，此乃太极之谓。太极动而生阳，静而生阴，动静无端，阴阳无始，是即一阴一阳之谓道也。

太极是一个非静止的状态，太极运动变化而生阳，阳极而复归静，静又生阴，如此阴阳循环不止，所以说，太极通过运动变化而成阴阳。太极的一个特性即表现为运动，正如蔡清在其论著中所提到的："太极动而生阳，静而生阴，故凡阳物其性类皆动也，阴物其性类皆静也。所以谓之有常者，盖唯其禀性于阳，故其动有常，唯其禀性于阴，故其静有常也。阴亦或有动者，然非阴之常阳，亦或有静者，然非阳之常也。"② 阴阳两物有着静与动的不同，阴者其性表现为静，阳者则表现为动，然而，这种静与动并非绝对的，阴静之物也有动之机，阳动之物也有静之时。这种对于阴阳的较为全面的认识，体现了一种朴素的辩证法精神。

朱子曰无极而太极，则无极之中，万象森列不可谓之无矣。太极本无极，则太极之体，冲漠无朕，不可谓之有矣。问五行之行也，各

---

① 蔡清：《易经蒙引》卷九上，《文渊阁四库全书》第29册，台北：商务印书馆1986年版，第574页。

② 同上书，第543页。

一其性，莫是木自是木，火自是火，而其理则一。且如一光也，有在冠盖上的也，有在墨上的，其光则一也。又曰动亦太极之动，静亦太极之静，但动静太极耳。又曰谓太极函有动静以本体而言，愚谓此谓浑沦未判而其理已具之称者也，谓太极有动静，以流行言，愚谓此是形器已。具而其理无朕之目者也。若谓太极便是动静，则是形而上下者，不可分而易有太极之言亦赘矣。问阴阳便是太极否，曰某解图云，然非有以离乎阴阳也，即阴阳而指其本体，不杂乎阴阳而为言耳，此句当子细看，今于某解说句尚未通，如何论太极？问如君之仁臣之敬便是极否，曰此是一事一物之极，总天地万物之理，便是太极。又曰周子所谓太极是天地人物万善至好的表德。又曰继善成性，分属阴阳，乃通书首章之意。盖天地变化不为无阴，然物之未形则属乎阳物，正其性不为无阳，然形器已定则属乎阴。张忠定公语云：公事未判时属阳，以后属阴，似亦窥其意。又曰太极动而生阳，静而生阴，然不是动而后有阳，静而后有阴，截然为两段，先有此而后有彼也。只太极之动便是阳，静便是阴，方其动时则不见静，方其静时则不见动。①

此段是针对太极、阴阳、动静间关系的论述。太极涵阴阳，太极如何化为阴阳？正是通过动静之化，太极动而生阳、静而生阴是也。而就太极与动静的关系来讲，蔡清明确指出，非太极就是动静，而是太极涵有动静之特征，太极不是一个静态的固定，而是在动静变化之中的存在。

太极作为本体的存在，可以通过动静之化而为阴阳，继而散于万物，使得物物各有一个太极。也就是说太极是无处无时不在的。"合而观之，大抵皆后天之易也，皆圣人之蕴因卦以发者也，未必伏羲始画卦时，全是一一要成象此。伏羲画卦，只是太极生两仪，两仪生四象，四象生八卦，一每生二，积而至于六十四卦耳。然自卦既成之后观之，则有为马为首之类，为父母为男女之属也……"② 太极作为本源，太极首先生化出阴阳二

---

① 蔡清：《易经蒙引》卷九下，《文渊阁四库全书》第 29 册，台北：商务印书馆 1986 年版，第 597—598 页。

② 同上书，卷十二上，第 755 页。

气，阴阳二气交化而生成太阳、少阳、太阴、少阴。继而又生成乾、坤、震、兑、坎、离、艮、巽八卦，八卦又成六十四卦，而六十四卦当中又有着万物之理，象征着万物。所以简而言之，太极化生万物，从这个生化过程的简述中，可以看出太极存在于万物之中的客观现象。

　　盖三才各一太极，太极则兼阴阳，阴阳则有变化，此至理之自然。所谓一阴一阳之谓道，阴阳不测之谓神者也。是故立天之道曰阴与阳，阴不一于阴，阴必变为阳，阳不一于阳，阳必化为阴，此则天道之所以为太极者然也。今五上二爻既当乎天，则五上之刚柔变化即天道之阴阳变化矣。其理有二乎？立地之道曰柔与刚，柔不一于柔，柔必变为刚，刚不一于刚，刚必化为柔，此即地道之所以为太极者然也。初二二爻既当乎地，则初二之刚柔变化即地道之刚柔变化矣。其理又有二乎？立人之道曰仁与义，仁人之阳德也，为慈惠为宽裕之类，义人之阴德也，为严毅为刚果之类，二者积中而时出，因物而赋形，此则人道之所以为太极者也。三四二爻既当乎人，则三四之刚柔变化即人道之仁义变化矣，其理又有二乎哉？[①]

　　天、地、人三才各具一太极，天道之阴阳变化，地道之刚柔相化，人道之仁义慈惠，质言之，天地之间，万物之中都有着太极的存在。太极无不在，以一年中四季为例，春夏发生之季为阳，秋冬收藏之季为阴，可谓一年中四季即是个太极也。单单就春夏两季而言，亦自有阴阳之分，春为阳之阳，夏为阳之阴，是说太极中又有太极，太极之理无限细分于事物的方方面面。同样的秋冬两季也有个阴阳之分。秋为阴之阴，冬为阴之阳。有此四季阴阳之不同即可见动静不同时，阴阳不同位，而太极无不在。如此年复一年而运转不停，积而至于十年、百年而犹未已也，可谓其大无外矣。这不恰恰是太极吗？太极的无处不在，从领域上讲，天、地、人都存在着太极。从时间上讲，一年四季，春夏秋冬，都有着太极。万物不停地运动变化，从古至今，宇宙间太极无不在。"此道字即一阴一阳之谓道。

　　① 蔡清：《易经蒙引》卷九上，《文渊阁四库全书》第 29 册，台北：商务印书馆 1986 年版，第 573 页。

故上道字该阴阳刚柔仁义一画当太极。三才各一太极，三画亦只当一画看，一之分也合阴阳而为道也。"① 三画只当一画看，而这一画又实可分为万画。这可以说，是太极一个合与散的过程。大到宇宙时空，小到周边事物，以一兔子为例，程子见卖兔，即谓此兔亦可作八卦，数便在其中起。兔子之身，也浑沦统体着一太极。其一身之血气，血为阴，气为阳，两仪之象。而其气又有嘘吸，其血又有消长，又可分为阴阳，又有着一太极。简单的一只兔子，也可以体现太极之妙，这正从一个侧面折射出太极无处不在之理。

2. 从宋代太极观流变看蔡清的创新

《周易》源远流长，对于太极的看法也经历了一个漫长的过程。本书现就宋以来义理派的太极观流变作简要梳理，以明确蔡清太极思想的前承及其创新。

周敦颐将道家中的无极、太极的思想引入儒家，图文并茂地解释了太极思想。周氏的太极观，简言之即将太极作为宇宙的根源，与阴阳五行构成了一个宇宙生成体系。首先，周敦颐吸取了道家的某些思想，认可了无极的概念，并认为无极是存在于太极之上的，且无极到太极是一个时间的演变过程。同时，周子认为，太极的本质是虚静的，所以圣人的最高准则也是虚静。这种观点明显的是儒道两家思想的杂糅。虚静的思想是周子对于道家的一种集成，而周子把这种继承纳入儒家的圣人思想中来，认为虚静乃是圣人的最终标准，成圣之道在于无欲。其次，周敦颐认为太极是不断运动发展的，虽然他认为这种运动不是永恒的，但是这种发展的眼光还是可以肯定的。在他看来，正是由于太极的动而生阳，阳静已而生阴，此即太极而生阴阳，阴阳也就构成了两仪，也是整个宇宙生成论中的一个重要的环节。最后，阴阳进而演变出五行。金、木、水、火、土五行乃是万物构成的元素，正是在五行的相互作用下，遂产生了天地万物生灵，自然包括最具灵气的人类。至此，宇宙的生化体系构成。换言之，周敦颐的太极观即他的宇宙观，也是某种程度的本体论。周敦颐认为太极是万物的本源，是构成世界的核心，这就是他的太极观。

---

① 蔡清：《易经蒙引》卷十一下，《文渊阁四库全书》第 29 册，台北：商务印书馆 1986 年版，第 727 页。

　　二程对于太极的看法，受到了周敦颐的影响，但却是在周氏的基础上，批判地继承。《二程遗书》中曾提到二人对于太极的看法："所以易有太极，是生两仪。太极者，道也。两仪者，阴阳也。阴阳一道也，太极无极也。万物之生，负阴而抱阳，莫不有太极，莫不有两仪，絪缊交感，变化不穷。"[①] 太极在程氏处，被等同于道。认为太极乃是"散之在理则有万殊，统之在道则无二致"[②]。从其语录中，可以得出这样的结论，所谓太极即是道，也就是一理，是万物都具有的一种根本的属性。这个一理，其实就是阴阳二气的本源。二程的太极观，与周敦颐的相比，都是以阴阳为根本，不同之处在于，周子认为太极是一种混合而未分明的气，而二程则认为太极是形而上的道，是阴阳的理。

　　发展到张载这里，太极观发生了质的变化。张载对于太极的界定，主要从两个方面说，一是认为一物两体，一是以太极为气。这种观点的提出，在整个易学哲学史乃至哲学发展史上，有着重要的意义。

　　　　一物而两体，其太极之谓欤！阴阳天道，象之成也。刚柔地道，法之效也。仁义之道，性之立也。三才两之，莫不有乾坤之道也。易一物而合三才，天人一，阴阳其气，刚柔其形，仁义其性。[③]

　　此段话说明，张载认为太极是有这两方面的对立面的一个整体，而非像二程所谓的一理。这种对立的两面，变现在天、地、人三方面都有所不同，分别是阴阳、刚柔、仁义。简单说来，太极并非单一的一个一，而是涵盖了两方面对立因素的二。正如其文中所谓"有两则有一"、"无两则安用一"。张载的这种观点，恰恰说明了其反对太极虚无说的立场。那么，在认清太极是一物两体后，明白了其两体的不同表现后，就要回答一物是何物的问题。对于太极为何物，张载的回答是：

---

　　① 朱熹：《周易本义》序，《文渊阁四库全书》第 12 册，台北：商务印书馆 1986 年版，第707 页。

　　② 同上。

　　③ 张载：《横渠易说》卷三，《文渊阁四库全书》第 8 册，台北：商务印书馆 1986 年版，第 755—756 页。

> 一物两体，气也。一故神，两故化，此天之所以参也。两不立则一不可见，一不可见则两之用息。两体者，虚实也，动静也，聚散也，清浊也，其究一而已，两在故不测，推行于一有两，则有一，是太极也。若一则有两，亦在无两亦一在。然无两则安用一？不以太极空虚而已，非天参也。①

可见，张载认为，太极就是气。这可以说是张载气本体论的直接表现。将宇宙的根源归结为太极，即气。并且进一步解释了太极作为气的本质，有着虚实、动静、聚散、清浊两个方面。这也是对之前一物两体的进一步补充。正因为这两个对立面的存在，两者间相互依存，相互转化，不断的运动，才有了气的变化，才有了万物的生成。

张载的太极观的进步，对于哲学的发展有着重大意义。首先，这种论点的提出，直接打击了以王弼为首的虚无论的观点，同时对于二程的以理为太极的唯心主义倾向作出了纠正。其次，以气来定位太极，这种思想有着明显的唯物主义萌芽，在推动整个哲学发展的过程中，有着不可忽略的里程碑的意义。可以说这是从唯心到唯物的一次质的飞跃。

杨万里的太极说，主要是对于周敦颐太极元气说的阐发，并无太多过人之处。其肯定了太极是气，但认为理先于太极而存在，所以仍未摆脱之前学者的影响，没有彻底跳出唯心的圈子。

> 盖太极者，一气之太初也。极之为言至也。两仪者，二气之有仪也。四象者，重两仪而有象也。何也？阴阳不测，至幽至神，无仪无象，太极是也。有仪则幽者著而有仪则矣，阴阳是也。有象则阴阳之著者形而有物象矣，五行是也。仪者极之著，象者仪之形。故一气者二气之祖也，二气者五行之母也。二气分而纯者为乾，为坤。二气散而杂者为震、为巽、为坎、为离、为艮、为兑。乾天也，坤地也，震巽木也，坎水也，离火也，艮土也，兑金也。故周子曰：五行一阴阳也，阴阳一太极也，太极本无极也。周子所谓无极者，非无极也，无

---

① 张载：《横渠易说》卷三，《文渊阁四库全书》第 8 册，台北：商务印书馆 1986 年版，第 754—755 页。

声无臭之至也。①

　　从这段宇宙生成论当中，我们可以看出，杨氏的思想很大程度上受到周敦颐的影响。对于太极的认识，也是认为阴阳未分之混沌之气为太极。易有太极即是说天地之初，元气浑沦，阴阳未分，而当是时，易之道已经存在于天地间。是易而有太极，非太极而有易。

　　太极观发展到朱熹这里，有了一个突破。由于朱熹的易学思想中，义理、象数兼而有之，所以其太极观就表现在筮法和哲学两个层面。这是朱熹对于太极观点的一种总结，同时也是其不同于他家的闪光点。

　　从哲学的层面来讲太极，即站在世界观的高度，从本体论的角度来剖析太极以及太极与阴阳的相互关系。具体说来，是朱熹易学哲学体系中的理气的关系。从哲学意义上看，朱熹认为，太极就是构成万物的根本，而这个根本就是一个"理"字。朱熹在《太极图说》中，解释太极时有云："圣人谓之太极者，所以指夫天地万物之根也。"② 也就是说，太极是宇宙生成的理，是天地之间的一个最高的准则。"盖所谓太极云者，合天地万物之理而一名之耳。以其无器与形而天地万物之理无不在，是故曰无极而太极。"③ 对于此理，朱熹继承了朱震的观点，认为这个理并非单一的理，还是涵盖了阴阳五行的理的总和。从整体上说，是一理，从细分上看，是万理，这是朱熹太极观的一大特色。太极作为宇宙之本，生化万物，"自太极至万物化生，只是一个道理包括。非是先有此而后有彼。但统是一个大源，由体而达用，从微而至著耳。"④ 太极作为本体，阴阳五行作为其用，如此生生不息。这就是宇宙的生成体系，又是哲学意义上的本体论，这种理论上的突破，是朱熹又一大贡献。

　　从筮法的角度看，朱熹的太极观认为太极是卦画的根源。在朱熹看来，"易有太极，是生两仪"，并非讲天地万物的形成，而是单纯指卦的

---

　　① 杨万里：《诚斋易传》卷十七，《文渊阁四库全书》第 14 册，台北：商务印书馆 1986 年版，第 738 页。

　　② 黎靖德：《朱子语类》第六册，中华书局 1986 年版，第 2366 页。

　　③ 朱熹：《晦庵集》卷七十八，《文渊阁四库全书》第 1145 册，台北：商务印书馆 1986 年版，第 629 页。

　　④ 黎靖德：《朱子语类》第六册，中华书局 1986 年版，第 2372 页。

形成过程。将这句话乃至《系辞》当中这一节看作画卦的一个程序，这是朱熹的独到见解，也是由于他本身的象数派思想造成的，这正是他的《易》乃卜筮之书观点的直接体现。"易有太极，是生两仪者，一理之判，始生一奇一偶，而为一画者二也。两仪生四象者，两仪之上各生一奇一偶，而为二画者四也。四象生八卦者，四象之上各生一奇一偶，而为三画者八也。爻之所以有奇有偶，卦之所以三画而成者，以此而已。是皆自然流出，不假安排。圣人又已分明说破，亦不待更着言语别立，议论而后明也，此乃易学纲领，开卷第一义。然古今未见有识之者，至康节先生始传先天之学，而得其说，且以此为伏羲氏之易也。"① 认为此理是象数的全体，分而为画卦奇偶，两仪四象八卦而成。

太极在这个层面上，成为象数变化之本和最高准则。太极之理分散于各个卦当中，正如朱子所讲的理一分殊，太极作为象数变化之本，其理体现于各个卦象之中。

　　盖既曰各具太极，则此处便又有阴阳五行许多道理，须要随处一一尽得。如先天之说，亦是太极散为六十四卦，三百八十四爻，而一卦之爻莫不具一太极。其各具一太极处，又便有许多道理须要随处尽得，皆不但为块然自守之计而已也。②

　　"易有太极，是生两仪"，则先从实理处说。若论其生则俱生，太极依旧在阴阳里。但言其次序，须有这实理，方始有阴阳也。其理则一。虽然，自见在事物而观之，则阴阳函太极；推其本，则太极生阴阳。③

由此段话可见，太极与阴阳同时而存在，太极不在阴阳之外，有太极之时即有阴阳之刻。但是在程序上，有了太极之本，方能推而有引用。这也就是朱熹所谓的，在理论逻辑上，太极先而后阴阳，在实际上，两者俱生，缺一不可。

————————————

　　① 朱熹：《晦庵集》卷四十五，《文渊阁四库全书》第1144册，台北：商务印书馆1986年版，第315页。

　　② 同上书，卷四十六，第380页。

　　③ 黎靖德：《朱子语类》第五册，中华书局1986年版，第1929页。

薛瑄作为一位承前启后的学者，其思想在很大程度上影响了蔡清的哲学思想。薛瑄的太极观，基本是对朱熹太极观的继承，无甚特色。薛瑄同样认为太极应从卦爻根源和天地万物根源两方面看。认为太极是理，太极此理的生成展开，是一种逻辑的顺序，无时间上的先后。"太极即理也，合天地万物之理言之，万物统体一太极也。就天地万物之理言之，一物各具一太极也。统体者所以涵夫各具者，似合矣，而未尝不分也。各具者所以分夫统体者，似分矣，而未尝不合也。"①薛瑄的太极观有明显的本体论色彩，这可以说是其对于朱熹太极观的进一步发扬，将朱熹太极说中的本体论意义更加放大。

万物各具一太极，而此太极又不会妨害万物有其不同的特色，此原因正在于理一分殊。

> 统天地万物言之，一理也。天地万物各有一理，分殊也。就天言之，天一理也，而天之风云雷雨之属各有一理，其分殊也。就地言之，地一理也，而地之山川草木之类各有一理，其分殊也。就人一家言之，一理也，而人之父子夫妇长幼之类各有一理，分殊也。就人一身言之，一理也，而四肢百骸各有一理，分殊也。就一国天下言之，莫不皆然。就一草一木言之，一理也，而枝干花叶之不同，分殊也。理一行乎分殊之中，分殊不在理一之外，一本万殊，万殊一本也。②

这是薛瑄对太极作为宇宙之本与万物之间关系的论述。在强调事物同有一太极的共性的同时，也承认事物有着不同的个性。太极是事物共性的基础，同时也是世界的本体。

通过上述太极观流变的梳理，不难发现，蔡清的太极观基本是秉承了前人的观念，对先儒进行了总结发挥。蔡清太极观的特点主要表现在，将太极视为本源，但因为在理气关系上的理气无先后的观点，导致蔡清将太极视为理又视为气，也就是太极这个本体有了理气两重性。对此，蔡清并

---

① 薛瑄：《读书录》卷二，《文渊阁四库全书》第 711 册，台北：商务印书馆 1986 年版，第 565 页。

② 同上书，卷十，第 695 页。

未作出最后的明确总结，但从前文的分析中可以看出其对太极的认识，是比前人更加丰富了。另一大特点则表现为，明确指出太极是不断运动的，将太极、阴阳、动静紧密联系起来。认为太极在动静之化的过程中而生成阴与阳。这种从整体上把握的思维方式，是蔡清的进步。将太极视为一个动态的流行，太极涵阴阳而化生万物，这也是蔡清的创新所在。

三　阴阳

1. 蔡清的阴阳观

阴阳是指事物普遍存在的相互对立的两种属性，阴阳相反相成是事物发生、发展、变化的规律和根源。阴阳的概念，源自上古时期的自然观。古人将自然界中各种对立又相连的大自然现象，如天地、日月、昼夜、寒暑、男女、上下等，以哲学的思想方式，归纳出"阴阳"的概念。《周易》以及老子的《道德经》都提到了阴阳。阴阳是中国传统文化的重要标签，宗教、哲学、历法、中医、书法、建筑、堪舆、占卜等方方面面都体现着阴阳理论。《周易·系辞上》："阴阳不测之谓神。"《新唐书·宦者传上·鱼朝恩》："阴阳不和，五谷踊贵。"[①] 此阴阳为天地间化生万物的二气。《礼记·郊特牲》："乐由阳来者也，礼由阴作者也，阴阳和而万物得。"[②] 此处则指天地。《国语·周语上》："阴阳分布，震雷出滞。"[③] 此处指昼夜。可见，阴阳含义很广，可泛指两气、天地、日夜、山与星辰之南北，等等。而本书所探讨的阴阳，主要是指的阴阳二气。

阴阳是太极动化的两仪，阴阳可以从整体上看作一个事物，也可以分开看作阴与阳。"朱子曰阴阳做一个看也。得做二个看也。得做两个看，只是分阴分阳，两仪立焉。做一个看，只是一个消长。若专指流行者言，如寒暑只是一气而分阴分阳，亦有两仪象也"[④]，"阴阳一气也，在天则成

---

①　欧阳修：《新唐书》卷二百七，《文渊阁四库全书》第 276 册，台北：商务印书馆 1986 年版，第 136 页。

②　胡广：《礼记大全》卷十一，《文渊阁四库全书》第 122 册，台北：商务印书馆 1986 年版，第 344 页。

③　吴韦昭：《国语》卷一，《文渊阁四库全书》第 406 册，台北：商务印书馆 1986 年版，第 9 页。

④　蔡清：《易经蒙引》卷一上，《文渊阁四库全书》第 29 册，台北：商务印书馆 1986 年版，第 4 页。

象，在地则成形，而成象成形各自有变化也，以成象之变化言之如日月之往来，寒暑之交代，雷霆雨露之或作或止之类皆是也。"①阴阳两气，从整体上看，是一物之两体，其根本都是一气，然此两体又可单独分为两仪而各自生化，万物皆源于此阴阳两气之生生不已。

> 奇者兼乎偶者也，偶者分奇之半者也。如举日则包夜，奇也。夜则得日之半，偶也。朱子谓天地间只是一个阳气下截，便是阴，阳全阴半。又曰阴阳只是一气，阳之退便是阴之生。盖以下截对前一截看，则有偶象矣。此以气言者也。若从此节节推去每一分为二，亦自生生之数。②

如义所言，奇偶相互兼容，正如阴阳相互蕴含，阴阳之间的关系，是一个互生互长、此消彼长的过程。阳气退而阴气生。对于阴阳两者的关系，要从整体和局部来共同把握，才能真正领会阳全阴办，阴阳之化。

阴阳之间是一个转变流动的过程，但是阴阳之间并非是一个对等的关系，而是阳全阴半，阳始终盛于阴，这是蔡清阴阳观的核心所在。

> 盖所以赞化育而参天地者，其旨深矣。若随造化则阴阳两端相为消长全不容得损益了，所以圣人扶阳抑阴要于人事上扶，气化使阳之长者艰其消，而阴之消者难为长也，分明是有此理，岂圣人莫如之何，而徒致抑扬进退之私愿而已哉。立天之道曰阴与阳，立地之道曰柔与刚，立人之道曰仁与义。盖天之所以与人者本自无欠缺处，自君臣父子之大以至于事物细微之间皆当以仁为主，至于仁之行不去处，便有义以裁之，不然仁亦有非其仁矣。是仁与义二者缺一不可，但阳必胜阴，刚必胜柔，仁必胜义，此又阳全阴半之理，学易者所当知。③

此处又从人事上说阳全阴半之理。天地万物之化育，全在阴阳消长

---

① 蔡清：《易经蒙引》卷九上，《文渊阁四库全书》第 29 册，台北：商务印书馆 1986 年版，第 544 页。

② 同上书，卷一上，第 8 页。

③ 同上书，卷一下，第 73—74 页。

之间。天、地、人三道之阴阳、刚柔、仁义，其本质都是阴阳的消长变化。然在阴阳的相关关系中，阳是一定胜阴，这也正是阳全阴半之要义。阳盛阴之说，在一定的情势下也有所区分，比如在阳极而衰之时，阴处于上升之时，此时阳很难制阴于其下，纵然如此，断然没有阴盛于阳之理。

> 　　阴本非阳敌也，然阴盛之极而阳已衰，则与阳敌矣。阴既敌阳，阳虽不能制阴而亦未能为之下也。如此则两败俱伤，载胥及溺而已，果能必胜乎哉？明其能为人之害而不能为己之益也。夫阳全阴半，阳统夫阴，阴制于阳，本无均敌之理，然阴阳互有消长，迭为盛衰，今也阴盛之极至与阳争，夫阳方甚微，固无胜阴之势，然阴虽盛亦无独克之理。①

　　阴阳两者关系一定程度上是既定的，虽然阴阳之间不断地消长反复，然而其根本的地位不可发生逆转。在阳气衰弱之时，阴气正值上升之期，其力量足以与阳匹敌，此时阳不能制阴，但也不为阴所制，这种势均力敌的时候，容易两败俱伤，在阴阳既定的模式之中，只有掌握阴阳之理，才能免其害，这正是圣人学易之所由。

　　太极化为阴阳，阴阳交感而万物成，阳全阴半之说，如何使然，阳如何胜阴？在蔡清看来，这有着天时与物力两方面的因素。"问阴阳交感之理，如何而阳胜阴？如何而阴胜阳？曰此非一言所能尽也。大概有以天时胜，有以物力胜者，亦有兼天时物力俱胜者，或俱是阳胜，或俱是阴胜，随其胜者为主，而男女所由分也。"② 阴阳的不同决定着事物性质的不同，当阳为主之时，其性即表现为阳，在人则为男；阴为主之时，则其性质为阴性，在人则为女。其他万物类推之当如是。阴阳交感，当其力量交替之时，将产生阴阳之分，这种区分的产生，有着或天时或物力因素的不同。"凡圣贤之论阴阳，先阳后阴者，生物之序也，如元亨利贞之类。先阴后

---

　　① 蔡清：《易经蒙引》卷一下，《文渊阁四库全书》第 29 册，台北：商务印书馆 1986 年版，第 82 页。
　　② 同上书，卷九上，第 554 页。

阳者，体立而用行也，如静专动直之类。且乾坤之动静而何易之广大从此
生。"①阴阳自不相同，必然有先后顺序之分，何者在先，也体现着不同的
体用关系。圣人所讲先阳后阴，乃体现生物之顺序，万物皆从阴阳始，阳
全阴半之理；又讲先阴后阳，是万物变化发展的另一种形式，也可以说体
现事物的另一种性质。正是由于阴阳交替为主，先后变化之不同，才形成
了宇宙间不同性质的万物，这也正是《易》之博大之处。以体而言，将
左认为阳而右为阴，如东西方位之阴阳、天干地支之序。以用而言，则认
为右为阳而左为阴，因日常之用，以右为主。可见阴阳之地位是互相交替
的，在不同的情况下有不同的侧重。

蔡清的阴阳观，除了论述阴阳之间的相互关系之外，还提到了阴阳与
道、与太极之间的关系。

　　盖道不离于阴阳，故当合看。而又不杂乎阴阳，故当离看。此正
犹所谓道之体用不外乎阴阳云云，倚于阴阳也。下文节节都有个一阴
一阳之道，则亦节节都有个阴阳不测之神，总注所以然，即指道不是
道之所以然。道便是阴阳之所以然。此外更何物为道之所以然乎？此
章阴阳正指动静言，静其体动其用也。道字便兼有动静，舍阴阳则道
无安泊处。故曰一阴一阳之谓道。②

阴阳又是表现道的一种方式。道与阴阳的关系十分密切，道通过阴阳
而表现，但又不是阴阳本身。所谓道正是在于一阴一阳之变化中。阴阳交
叠本身，是阴阳两气运行的结果，其物质的表现形式为气，而其所蕴含的
是理，而此理正是道。这正是阴阳的妙用所在，既为气之本体，又有理之
妙用。阴阳的不断往复是道，此阴阳为阴阳两气，是形而下之器；此道是
两气变化之根本，是蕴含其中的形而上之理。

　　天地间无他物，只是道而已；道无他，只是一阴一阳而已。是阴

---

①　蔡清：《易经蒙引》卷十上，《文渊阁四库全书》第 29 册，台北：商务印书馆 1986 年
版，第 611 页。
②　同上书，卷九下，第 594 页。

阳也，在天者此也，在地者此也，在人者此也，在物者此也，在此一物有是阴阳，在彼一物亦有是阴阳，皆道之所在也，而实有定在，所谓无在无不在也……朱子曰若只言阴阳之谓道，则阴阳是道。今日一阴一阳则是一阴了又一阳，往来循环不已，乃道也。便可见阴阳不测之谓神，不待外求矣。①

天地间流行者都脱离不了一个"道"字，而此道非他，正是在于这一阴一阳的不断往复循环之中。天、地、人，均在此循环中。蔡氏书中不断提到阴阳与道，对"一阴一阳之谓道"的解释随处可见，而这不外乎是一次次地强调了阴阳与道的关系。对于两者关系，需要指出的是，阴阳不是道，阴阳的变化才为道。阴阳也是器，而所以阴阳者才是道，正是因为阴阳变化，往来不息，圣人才以明道之全体，此乃"一阴一阳之谓道"之说也。对于"阴阳不测之谓神"一句，蔡清进而解释为阴自有其道而阳亦自有其道，阴阳只管迭运而道无不在。在一屈一伸、一往一来、一进一退之中，无不有道之存焉。在数百上千的事物中运行的不外是一个道，神即道也，故而说神无方，即是道无方之谓。无在而无不在，无为而无不为，故有"阴阳不测之谓神"之说。阴阳之所以可以造化万物，全在其神，即其阴阳不测之理；简单来讲，正是由于阴阳不停往复运动，变化成形，可为阴，可为阳，无处不在，无时不有，所以其道正是此理，故谓阴阳不测，万物成焉。

太极与阴阳的关系，正如道与阴阳的关系。太极生两仪而为阴阳，太极须臾不可离乎阴阳，太极正是在阴阳变化中，太极是形而上之道，阴阳正是形而下之用，两者的关系正是不离乎，不杂乎。阴阳为生之时，太极此理已经存在，阴阳成而太极之理寓于其中，阴阳与太极有着密不可分的关系。如其文：

又曰理不外乎气。若说截然在阴阳五行之先，及在阴阳五行之中，便成理与气为二物矣。节斋蔡氏曰前谓太极形而上之道也，阴阳

---

① 蔡清：《易经蒙引》卷九下，《文渊阁四库全书》第 29 册，台北：商务印书馆 1986 年版，第 595—596 页。

形而下之器也，此分道器而言也。后谓动静不同时，阴阳不同位，而
太极无不在焉。此乃所谓器即道也。又谓冲漠无朕而动静阴阳之理已
悉具于其中矣。此乃所谓道即器也。盖不分上下，则恐人惟以可见者
为始。不合道器，则恐人蹈老氏精粗之谬。故须着如此说耳。程子之
意恐亦不过如此。苟惟以为太极只在阴阳中而已，则器亦道也一句已
足，又何必重复耶？又曰主太极而言则太极在阴阳之先，主阴阳而言
则太极在阴阳之内。盖自阴阳未生之时而言，则所谓太极者，其理已
具，自阴阳既生之时而言，则所谓太极者，即在乎阴阳之中也。谓阴
阳之上别有太极，常为阴阳之主者，固为蹈于列子不生不化之谬，而
独执夫太极则在阴阳之中之说者，则又失其根柢枢纽之所为，而大本
有所不识其害有不可胜言者。①

　　天、地、人三才各具一太极，太极则兼阴阳，阴阳则有变化，此理之
自然。所谓一阴一阳之谓道，阴阳不测之谓神者也。立天之道曰阴与阳，
阴并非一直为阴，阴必然在不断变化中而又为阳，阳也并非一直为阳，阳
也必然化而为阴，这就是天道之所以为太极者。对于太极、道、阴阳三者
之间的关系，简单来说，太极涵阴阳。太极生两仪为阴与阳，阴阳的变化
谓之道。而阴与阳并非固定不变，而是在相互的调转变化之中，阴极而为
阳，阳又可变为阴，这正是太极之妙，天道之所在。

　　前文所述太极观，提到太极观无时无处而不在。阴阳而太极所生，太
极无不在，故阴阳无不在也。而且在不同的情况下，阴阳也并非固定的。
比如通常讲阳实阴虚，而有时却以虚为阳，何也？以质地而言，实者为
阳，虚者为阴，是以分薄厚。以气而言，则中虚者为阳，中实者为阴，是
以分轻清重浊。以一天之时间来说，午前半日为阳，午后半日为阴。以一
月中月亮变化来说，望以前一半为阳，望以后一半为阴。以山言之，则山
南为阳，山北为阴，山面为阳，山背为阴。如海之水，则潮为阳，汐为
阴。如江河之水，上流为阳，下流为阴。又凡奔流者为阳，停涵者为阴，
亦各有阴阳也。阴阳之分不仅仅在自然界，在人体亦然。如人之男女，男

---

①　蔡清：《易经蒙引》卷九下，《文渊阁四库全书》第29册，台北：商务印书馆1986年
版，第600页。

阳而女阴。而男女之身又各有血气，又分为血阴而气阳。正所谓一物原来
有一身，一身还有一乾坤。而人身之血气，不同的部位又各有不同。如医
家诊脉法，轻按诊心，重按诊小肠，左关轻按是肝，重按是胆，左右轻重
之不同，则效果不同。如目为火，而左耳为木、为水，而右耳为金，外体
之阴阳也。肝为木而心为火，肺为金而肾为水，内体之阴阳也。除身体器
官外，人之性情也有阴阳之体现。仁木而礼火，义金而智水，性之阴阳
也。喜木而乐火，怒金而哀水，情之阴阳也。仰观俯察、远求近取，近取
诸身如此，远取诸物亦同。一物之中，其形体、其性情，亦莫非阴阳消息
之所在也。以鸟兽言，如气火、血水、骨金、毛木、肉土之类，形体之阴
阳也；各有雌雄牝牡之情，各有喜怒哀乐之心，性情之阴阳也。以草木
言，则根干枝叶花实者其形体，荣悴开落者，其性情亦莫非阴阳之所在
也，无不体现着阴阳消长之理。以桂为例，桂味本辛热，然而用其枝则气
薄而开表，用其肉则生温而补肾。同一植物，不同的部分则主不同功效，
其原因正是阴阳之别也，此皆是一分为二之理，可见无物无对，不是阴，
便是阳，阳可变阴，阴可变阳，所谓一阴一阳又各生一阴一阳也。以上皆
言对待之阴阳也，以流行说，更是如此。以变易者言之如气序之流行，甲
年为阳，乙年为阴；一年中春夏又为阳，秋冬又为阴；自春夏言之，春为
阳，夏为阴；自春一令言之，自立春至春分以前为阳，自春分之后至立夏
之前为阴。其余皆可以此类推。细到一个时辰也有上下四刻之分，一个呼
吸也有一嘘一吸之分。

　　总而言之，阴阳无处不在，无时不在。自然万物，上至日月，下至山
海，都有阴阳之分，都体现着阴阳构成万物之理。除天地万物，最为其灵
长之人类，更是体现着阴阳之理。男阳女阴，男女之分本是阴阳之分的体
现。每个人的身体，也是一个小宇宙，也体现着阴阳之不同。从时间上来
看，一年四季之不同，也是阴阳之分。每季之中，又再分有阴阳。阴阳无
不在，体现在细微处。正所谓"在天有天之阴阳，在地有地之阴阳，在
人有人之阴阳，在物有物之阴阳"[1]，天之阴阳是说以天地而言，天行健，
为动，为阳；地则安，贞静巽顺，为阴。以人物而言，男性雄壮好动，故

---

　　① 蔡清：《易经蒙引》卷五上，《文渊阁四库全书》第 29 册，台北：商务印书馆 1986 年
版，第 321 页。

为阳，而女性则多柔顺娴静故皆静。以物言则又分为动物、植物，动物为动，植物为静，故而阴阳之分见矣。由此可见阴阳无处不在。故蔡清曰："无一事不有阴阳，则一阴一阳之道无所不有，可知此圣人立言之意乎。极数知来之谓占，都却在阴阳迭运者气也之内。盖极数通变是皆以气用事也。"①

> 天地元初只是一气，天气之重浊者，分凝而为地，即以阴阳相配耳。奇偶元只是一象，阳奇之后半节分出为偶，即以配奇耳。故曰天对地不过。又曰阳全阴半，阳得兼阴，阴不得兼阳。又曰天地之间本一气之流行，而有动静耳。以其流行之体统而言，则但谓之乾而无所不包耳。以其动静分之然后有阴阳刚柔之别也。②

天地之初始，乃是一气，这一气后而分轻重，重浊之气下沉凝结而成地。如此一分为二，便有阴阳配之其中。奇偶也是如此理。阴阳既分，阴阳关系也定，阳可包含兼得阴，但阴不可包含阳。阴阳自天地之初便已有之，阴阳二者地位已定，并伴随着动静而流行于天地间。天地之气的动静流行，蕴含着阴阳刚柔之差别。

从天地到人物，近取自身，远之万物生灵，从形体至性情，均可见阴阳之别。而单从理上说则"性命之理即一阴一阳之道，其理固未尝外于阴阳也。故自易而观之则三才各具一理，亦各具一阴阳也。盖两不立则一不可见，一不可见则两之用息，一者其理也"③。易之六爻分为天、地、人三才，而三才各具一理，又此理即是阴阳之道也，故可谓天、地、人三才各具一阴阳。是说阴阳寓于万物中，阴阳变化之道亦寓于万物之理中。此理正是通过一阴一阳的变化而显现，所以说阴阳不立则此理也难可见，此理不见，阴阳之变化息也。

> 盖有大动静焉，有小动静焉，小者之合，大者之分也。迎之不见

---

① 蔡清：《易经蒙引》卷九下，《文渊阁四库全书》第29册，台北：商务印书馆1986年版，第608页。
② 同上书，卷十上，第628页。
③ 同上书，卷十二上，第740页。

其始，引之不见其终，此阴阳之所以无物不有，无时不然。而太极之所以一贯而无不在，不离乎阴阳而亦不杂乎阴阳也。所谓大哉易也，斯其至矣。[1]

阴阳既然无时无处不在，一阴一阳又是道之所在，阴阳的作用是如何体现呢？"天地之所以造化万类，阴阳二者而已矣。"[2] 此句说的极明，天地之间的万物生化，皆是源于阴阳之变易。万物种类虽多，但无不出于阴阳之变，由于一阴一阳的相互变动，交替，万物交媾，遂有天地万物之不同。"是以易而至命，盖天地之化，阴阳之气也。万物之生阴阳之形也，昼夜之道阴阳之运也，而易书阴阳之变也，则此许多道理皆在了。故于此有得则所以至命者亦此也。"[3] 易有太极，易乃是一阴一阳之变，太极则是阴阳之所以变者。太极有动有静，故而阴阳有变。太极因有动静之变，故而能一生二、二生三、三生万物。一每生二即是太极之理也。自两仪以上以至于六十四卦皆是此理，即一神两化也。这正是易理所在。阴阳之变，正是易之奥妙所在，而此变化之本皆因于太极，太极乃是阴阳变化的缘由。太极有动静，故而有了阴阳两化。

夫阴阳者，造化之本，不能相无，此通天地人物，言所谓独阳不生，独阴不成之理也。或曰造化之本，如何兼人物？曰物物各有一造化。如云男女构精，万物化生之类可见矣。所谓一身还有一乾坤者也。此又可见乾本义所谓元者生物之始，天地之德，莫先于此等句。不专为乾而亦兼人物矣。阳主生，阴主杀，此阴阳即是不能相无之阴阳。但以所主有生杀之异，遂见其类有淑慝之分。如春夏主生，秋冬主杀，见得秋冬是恶气候耳。《本义》云圣人作易，其于不能相无者，既以健顺仁义之属明之健顺，以造化言也仁义，以人道言也健顺。盖兼天之阴阳，地之刚柔，但卦爻辞于淑慝之分都就人事上说。若泛论造化气运亦有淑慝，如天下将乱，地气自南而北，然圣人于此

---

[1]　蔡清：《易经蒙引》卷十上，《文渊阁四库全书》第 29 册，台北：商务印书馆 1986 年版，第 624 页。

[2]　同上书，卷四下，第 291 页。

[3]　同上书，卷九下，第 591 页。

所以赞化育者，亦须就人事上理会。①

阴阳为造化之本，此是说阴阳二者共同为之，不可单缺其一。阳主生，阴主杀，万物化生不可只有阳也不可只靠阴。阴阳相互作用，此方能造化万物。凡物都必阴阳交会，然后有此物也，所以说乾坤始交，则是物始生。从动物而言，分为雌雄不同，阴阳异形，只有雌雄相合，才能生生不已。至于植物，也有阴阳之不同，而这种阴阳是共存于一体中，均须阴阳二气之交媾，方能结子而延绵不绝。由此可见，世间动植物之繁衍也是阴阳互化的结果。至于万物之灵人类的繁衍之道，更是如此。有天地，然后气化流行而万物生，有万物则分阴分阳而后有男女，有男女则阴阳相合而后有夫妇，有夫妇则生育之功成，而子孙万代不绝。

"阴阳相合则膏泽下于民，德业辅其君，所谓为上为德，为下为民，并受其福者也，而向者失君长往之咎可亡矣。"② 正是出于阴阳和合之机，才使得天地间万物生长，一派欣欣向荣之象。天地间本一气，后分而为二，则为阴阳两气，又析而五之，是为五行。天之所以化生万物者，正是由于这五个元素。而这阴阳五行之理，又可以体现在人体之中。人体中的五脏器官也与五行相对应，可见天地乃吾种也。故有乾父坤母，民胞物与。

阴阳变化不仅仅生化有形之万物，同时也是理之所在。"正所谓天以阴阳五行化生万物，气以成形，理亦赋焉。不然人性何缘有是仁、义、礼、智四德，悬空而来也。"③ 阴阳变化而成万物，形之具时，理自赋于其中。正是人性之仁、义、礼、智之所来也。阴阳两气的变化，不仅仅是万物生成之所以，同时也很好地解释了鬼神之说。

盖程子之说未见鬼神，是阴阳之二气也。故用张子之说，继之张子之说，未见二气之良能，实一气之屈伸也。故朱子又以一气贯之，

---

① 蔡清：《易经蒙引》卷一下，《文渊阁四库全书》第 29 册，台北：商务印书馆 1986 年版，第 72—73 页。

② 同上书，卷七下，第 456 页。

③ 蔡清：《四书蒙引》卷一，《文渊阁四库全书》第 206 册，台北：商务印书馆 1986 年版，第 7 页。

然后鬼神之义尽矣。朱子之说重一气上二气则张子已说了。清尝合章句三说而一之曰鬼神者，天地之功用，二气之良能也。其至而伸者为神，反而归者为鬼，阴阳非鬼神，阴阳之能屈能伸，一往而一来者，乃鬼神也。盖即气机之动静而已。故曰二气之良能也。曰阴之灵也，曰阳之灵也，盖天地无心而成化者也。①

由此观之，鬼神无非是阴阳之往来聚散罢了。从具体事物上看，物之开始体现着阴阳之合，神之伸也；物之终结体现着阴阳之散，鬼之归也。所以说物的始终也就是鬼神之伸散。鬼神之说不外乎此理。具体看来，一年的春发秋来，一日的昼去夜来，都是鬼神之所为也。又如人物之始生，草木之方荣，阴阳气合，鬼神之所在也。又如耳目物也，少壮之时耳目精明是阴阳气合之所为也，至于老大耳聋目昏则是阴阳气散所为矣。可见鬼神之无物不体处。

2. 从阴阳观流变看蔡清阴阳观的创新

程颐对于阴阳的看法，在《二程遗书》卷十八中提道："盖天地间无一物无阴阳。"② 其兄程颢也同意此观点，认为："天地万物之理，无独必有对，皆自然而然，非有安排也。"③ 由此可见，二程均认为阴阳对立存在于天地间的任何事物之中，自然也包括卦爻象。质言之，二程认为事物间存在的对立面乃是万物存在的规律，世界上没有单一存在的东西。如在对《损》卦六三爻的解释中说：

损者损有余也，益者益不足也，三人谓下三阳、上三阴。三阳同行则损九三以益上，三阴同行则损上六以为三，三人行则损一人也。上以柔易刚而谓之损，但言其减一半上与三，虽本相应，由二爻升降而一卦皆成两相与也。初二二阳，四五二阴，同德相比，三与上应，皆两相与则其志专，皆为得其友也。三虽与四相比，然异体而应上，

---

① 蔡清：《四书蒙引》卷三，《文渊阁四库全书》第206册，台北：商务印书馆1986年版，第100页。

② 朱熹：《二程遗书》卷十八，《文渊阁四库全书》第698册，台北：商务印书馆1986年版，第192页

③ 同上书，卷十一，第97页。

非同行者也。三人则损一人，一人则得其友。盖天下无不二者，一与二相对待，生生之本也。三则余而当损矣。此损益之大义也。①

这是对于卦爻间有对的例证，其中提到天下无不二，即是说万物有对之理。

阴阳刚柔相文者，天之文也。止于文明者，人之文也。止谓处于文明也。质必有文，自然之理。理必有对，待生生之本也。有上则有下，有此则有彼，有质则有文，一不独立，二则为文，非知道者孰能识之？天文天之理也，人文人之道也。②

这段话是对于《贲》卦《彖》文中"文明以止人文也"一句的解释，这里继续强调了万物有对的思想，并进一步指出，阴阳的对立体现了对待之理，也就是说阴阳对立的这种现象乃是阴阳之理的具体表现。所谓阴阳之理，就是阴阳之物变化过程中所遵循的原则。这种原则，程氏将其称为"道"。这样，就将万物的变化发展规律归结于道，也就将其引向了哲学上的理本论，这可以说是二程阴阳观上的一大贡献。
对于道与阴阳之间的关系，二程也进行了具体的说明：

此极言常理。日月阴阳之精气耳，唯其顺天之道，往来盈缩故能久照而不已。得天，顺天理也。四时阴阳之气耳，往来变化生成，万物亦以得天，故常久不已。圣人以常久之道，行之有常，而天下化之以成美俗也。观其所恒，谓观日月之久照，四时之久成，圣人之道所以能常久之理，观此则天地万物之情理可见矣。天地常久之道，天下常久之理，非知道者孰能识之。③

阴阳之道是阴阳二气存在的根本，也是阴阳二气相互转化，发展变化

① 程颐：《伊川易传》卷三，《文渊阁四库全书》第9册，台北：商务印书馆1986年版，第314页。
② 同上书，卷二，第239页。
③ 同上书，卷三，第279页。

而成万物的法则。道不同于阴阳本身，道的实质是理，阴阳其实质是气，阴阳本身并不能成为道，为阴为阳的过程才是道。可以说，二程的阴阳观，主要的贡献在于将哲学引向了本体论的方向，继承了万物有对的思想并予以发挥，明确提出了"所以阴阳者是道"的观点。在阴阳观的发展过程中，是不可忽略的一环。

张载的阴阳观，主要表现在其在论述阴阳与道的关系中，以及阴阳二气互化与万物生成的过程中。首先，张载指出，道就是一阴一阳的相互推移。所谓一阴一阳不可以形器拘。在《正蒙·乾称》中，张载进一步说道："语其推行故曰道，语其不测故曰神，语其生生故曰易，其实一物，指事异名耳。"① 这句话实则在讨论气化的过程，从不同的角度，有不同的说法，但是其实质都是这"一物"即气的变化。而道所谓一阴一阳的推移就是其中的一个侧面。其次，张载认为，阴阳二气推移，不仅是道的内容，而且是天地万物形成的过程，是万物演化的法则。

　　　气块然太虚，升降飞扬，未尝止息，易所谓细缊，庄生所谓生物以息相吹，野马者欤！此虚实动静之机，阴阳刚柔之始，浮而上者阳之清，降而下者阴之浊，其感遇聚结，为风雨，为霜雪，万品之流形，山川之融结，糟粕煨烬，无非教也。心所以万殊者，感外物而不一也。天大无外其为感者，细缊二端而已焉。物之所以相感者，利用出入，莫知其乡一万物之妙者欤！②

　　　阴阳之精互藏其宅，则各得其所安，故日月之形，万古不变。若阴阳之气，则循环迭至，聚散相荡，升降相求，细缊相揉，盖相兼相制，欲一之而不能，此其所以屈伸无方，运行不息，莫或使之，不曰性命之理，谓之何哉？③

---

　　① 张载：《张子全书》卷三，《文渊阁四库全书》第697册，台北：商务印书馆1986年版，第145页。

　　② 张载：《横渠易说》卷三，《文渊阁四库全书》第8册，台北：商务印书馆1986年版，第750页。

　　③ 张载：《张子全书》卷二，《文渊阁四库全书》第697册，台北：商务印书馆1986年版，第105页。

以上两段引文，都说明一个问题，即阴阳二气相互推移而产生了清浊、动静，遂而有万物。阴阳二气处于一个永恒的变化系统中，形式和内容上都是两者相互牵制、相互影响的一个过程。因此，张载又提出了"兼体"之说，认为天下之物没有孤立的存在，即事物都是由对立的两个方面组成的，如太极正是包含了阴阳二气。"体不偏滞，乃可谓无方无体。偏滞于昼夜阴阳者物也，若道则兼体而无累也。以其兼体，故曰一阴一阳，又曰阴阳不测，又曰一阖一辟，又曰通乎昼夜。"① 正是由于事物当中存在着对立的两方面，而这两方面又和谐地统一于一个物体，所以两者其间可以互感，即所谓的"天地感而万物化生"。通过上述的说明，可以看出，张载的阴阳观与其太极观以及其哲学的本体论是分不开的。其对于阴阳的论述正是隐于其对太极以及天地之道的解释中。

阴阳观在朱熹这里，得到了一次小的汇总，朱熹将阴阳观分为两个层面，一是阴阳之理，一是阴阳之气。前者是在形而上的层面，以抽象的原则来解释《易》中的各种重要范畴，也就是说用一种抽象的思维来解释一切具体的事物，这可以说是朱熹阴阳观的一个特色。后者是从形而下的角度来具体地分析《易》中的卦爻象以及万事万物。

首先，从形而上的高度，来看朱熹是怎么以阴阳之理来解说《易》的。朱子所谓的阴阳之理，其实是指阴阳二气之所以然，而非具体的阴阳二气。换言之，阴阳之理乃是阴阳变化的规律，是一种抽象的东西。朱熹认为阴阳之理乃是《易》之精髓。《易》的本质就体现在这一阴一阳的相互推移的过程中。"圣人作易之初，盖是仰观俯察，见得盈乎天地之间，无非一阴一阳之理；有是理，则有是象；有是象，则其数便自在这里。"② 从圣人作易，仰观俯察，到卦爻象乃至万物之本，都体现了一个阴阳之理。圣人的易道，并非局限于阴阳之象，而是透过其象得到了其理。圣人观象玩辞都在于体会其中的阴阳之理，"圣人系许多辞，包尽天下之理。止缘万事不离乎阴阳，故因阴阳中而推说万事之理"③。

其次，从形而下的角度，来看朱熹所谓的阴阳之事。朱子的阴阳之

---

① 张载：《张子全书》卷三，《文渊阁四库全书》第697册，台北：商务印书馆1986年版，第145页。

② 黎靖德：《朱子语类》第五册，中华书局1986年版，第1646页。

③ 同上书，第四册，第1607页。

事，指的是一切具体的事物，包括卦爻象、阴阳二气、自然生灵等。在这个层面上，朱子认为一切事物的变易，始终还是归结于一阴一阳。"'阴阳'虽是两个字，然却只是一气之消息，一进一退，一消一长。进处便是阳，退处便是阴；长处便是阳，消处便是阴。只是这一气之消长，做出古今天地间无限事来。"① 可见，朱子认为宇宙间之事物变化皆由于阴阳这一气之消长。那么这种消长变易有何原则可循呢？朱熹对于这个问题也作出了回答："阴阳有个流行底，有个定位底。'一动一静，互为其根'，更（便）是流行底，寒暑往来是也；'分阴分阳，两仪立焉'，便是定位底，天地上下四方是也。'易'有两义：一是变易，便是流行底；一是交易，便是对待底。魂魄以二气言，阳是魂，阴是魄。以一气言，则伸为魂，屈为魄。"②如此观之，事物的变化过程，无非是交易与变易。

关于阴阳，朱熹还提出一个新的观点，即认为阴阳可以各生阴阳。"一物上又自各有阴阳，如人之男女，阴阳也。逐人身上，又各有这血气，血阴而气阳也。如昼夜之间，昼阳而夜阴也。而昼阳自午后又属阴，夜阴自子后又是阳，便是阴阳各生阴阳之象。"③ 是说，天地万物皆有对，万物皆有阴阳，而具体到任何一个事物，其中又各自分阴阳。阴中有阳，阳中有阴，阴阳交错，互为转化。在这个过程中，阴阳又各自可以生成阴阳。这个观点，是朱熹对于其阴阳法则的进一步解释，也是其在阴阳观上的一大创新。

通过对宋朝阴阳观的大致梳理、对比可以看出，蔡清的阴阳观有其独特之处。主要表现在：

一、蔡清的阴阳观是将阴阳看作一个统一的整体，认为阴阳可合二为一，将其看作是一气之流行，也可以分而看作阴与阳两仪。阴与阳之间的关系是互转流动的，但是阳全阴半之说不可弃，阳始终胜阴，是蔡清所坚持的，这点是对于朱熹阴阳观的继承。

二、蔡清将太极、阴阳、道放在一个整体中认识，这样有助于整体把握理解"太极"、"阴阳"、"道"这三个不同的范畴，有利于更加深入地

---

① 黎靖德：《朱子语类》第五册，中华书局1986年版，第1880页。
② 同上书，第四册，第1602页。
③ 同上书，第四册，第1604—1605页。

认识阴阳，明确地提出道不离乎阴阳而不杂乎阴阳，将阴阳与道的关系作了进一步的梳理。

三、明确指出阴阳的特征，即无处不在，无时不在。从形而上之理，到形而下之气。远到天地万物，近到吾之一身，阴阳无处不可见。从时间上讲，一年四季，每时每刻都有阴阳之分。

四、提出阴阳的主要功能，即在于生化万物。从人类到动植物，世间万物的生长繁荣都是阴阳之变化。阴阳是推动事物发展的根本动力。

四　动静

1. 蔡清的动静观

动静作为中国哲学中的一对重要范畴，比物理学上所讲的运动、静止的含义更广杂。动包含有变易、有欲、有为、刚健等意义，而常则、无欲、无为、柔顺等则被纳入静的范围。

动静是事物运动变化的形式，太极生阴阳两仪正是以动静变化之形式呈现。

> 《本义》谓天地之间本一气之流行而有动静耳。或疑既是一气流行，则秋冬景候，气亦未尝不流行也，而何以自为静？曰此以气候之出入言之。盖阳气流行其后半节却是敛其向，所出于外者以归于内也，故为静，只以鼻息之嘘吸验之，足见动静之分矣。元亨动也，刚也，利贞动者之静，刚之柔也，本一气之流行也。[①]

天地间气是本源，此气流行运动而有动静之不同。动静二者是相互的，互为依托，有动必有静，有春夏之万物萌动，就有秋冬之万物收敛，然而秋冬之收敛却也不是绝对的静，而是动者之静也。此处说明，动静皆是相对说，动静是天地间一气的流行方式，也是万物的运动方式。"盖天地之间本一气之流行而有动静耳。以其流行之统体而言，则但谓之乾而无

---

① 蔡清：《易经蒙引》卷一中，《文渊阁四库全书》第29册，台北：商务印书馆1986年版，第56页。

所不包矣。以其动静分之然后有阴阳刚柔之别也。"① 气之流行动静之后方分阴阳刚柔，阴阳才又分的五行，而后为万物之构成，可见，动静对于万物的构成，也是重要的一环。

今以天地万物观之，如天左旋一日一周而过一度，常动也。地则亘万古而常静也。其有震动者乃变异也。以日月言，日为阳，日则一日一周矣，可见其动。月虽亦逐日而运行，然其行不及日十二度有奇，其所以迟者，正以其不能如日之动而健，故也亦可见其皆为静矣。至于万物如人之男女，鸟兽之雌雄牝牡之类，其为性之动静亦概可验矣。故丈夫有四方志，妇人之得其正性者，自不轻出闺门。雄鸣而雌伏，牝鸡不司晨，牝马虽健必非空群之逸足，而触藩之壮者往往必羝羊也。斯亦可见阴阳之分，动静而刚柔所由判也。断是自然分判非人断之也。②

天地万物，无不有阴阳，无不见动静。天常动，地恒静，日常动而月常静。其中凡静中偶尔有动者，乃为变异，不改变其常静的状态。万物中人也好，鸟兽之类也罢，其动静性情亦是分明。男子或雄性为阳，司动，以动为常性，而女子或雌性者，而常静。女子不出闺门，牝鸡不司晨，自然界中种种现象均表明阴阳动静之分，动静乃是万物的一种形式，也是一种性情之属。

在前面讲阴阳时，提到过一年四季之阴阳不同，春夏为阳，但春夏也有阴阳之分，春为阳之阳，夏为阳之阴，这也是动静之理也。秋冬亦然。所谓动静不同时，阴阳不同位，而太极无乎不在者也。往上可推至年之变化，往下可推至时刻之交替，而其变化之本在于太极，太极之大而无不在也，动静无端阴阳无始也。又从人之呼吸到蚍蜉嘘吸之气，其一嘘一吸均为动静之机也。自一呼一吸之微，积而至于一元之十二万九千六百年之久，只是此一气之动静也。动静之机无处不在，寓于一切事物之中，以不

① 蔡清：《易经蒙引》卷一下，《文渊阁四库全书》第29册，台北：商务印书馆1986年版，第90页。
② 同上书，卷九上，第543页。

同的形式表现。春夏秋冬四季的交替运行是动静的体现，每个季节三个月，细分到每时每刻，此一嘘一吸间，均可见动静之机，太极作用于万物，散于天地间，而以一动静为载体，寓于其中也。"阖户谓之坤，统言之则为阴之静也，分阴阳而言之则为乾之静专，坤之静翕也。辟户谓之乾，统言之则为阳之动也，分阴阳而言之则为乾之动直，坤之动辟也。盖天地一气也，一阖一辟谓之变，动静相生也。"① 动静是天地的一种模式，将天地之生生不已演绎其中。

动静虽是相对，相互依存，然而静也非绝对，静也是动的另一种表现形式，因此说，动之端才是天地之心，动还是万物运动之本。"周子于坤上说静，专言静也。邵子以坤复两卦言动静，兼乎一动一静之间也。愚谓尚未敢，必邵子之说与程子不同处。程子曰先儒皆以静为见天地之心。盖不知动之端乃天地之心也。此盖不为周子发。盖周子以前从来有此说，然亦是一理。"② 此处一句，"盖不知动之端乃天地之心也"为要。周敦颐专言静，程颐以静为天地之心，都有失之偏颇之处。"三才一太极也，太极一动静也，而动又主于静者也，自天子至于庶人，未有不主静而能善其动者也。呜呼！静之时义大矣哉！松滋世子以此名菴，菴之取义大矣哉。然主静必由寡欲而入，此皆清所得于先贤绪论，而众之所以袭闻者也。然卒无以易于此也。"③ 在动静两者之间，动主于静，然后没有静，也不能善动，动也就失去其意义。"或曰动静相生，若子之说，将遂无动矣乎？曰非也。以静而动，动而主于静焉。夫主于静，而动则动，而无动矣，是说也。"④

动静是一个循环往复的过程，生生不已，动与静须臾不可离也。有动静的交替往复，有善恶的交替往复，然而善恶之往复，存在于众人之间，动静之往复，是天地间圣人与众人所共有的，静极而动，是因为动静不可无，故而必然相互转化。动静两者之间的关系可见。

---

① 蔡清：《易经蒙引》卷十下，《文渊阁四库全书》第 29 册，台北：商务印书馆 1986 年版，第 656 页。

② 同上书，卷四上，第 254 页。

③ 蔡清：《蔡文庄公集》卷四，《四库全书存目丛书》集部第 42 册，齐鲁书社 1997 年版，第 696 页。

④ 同上书，第 699 页。

以其静之极而言则曰终，以其动之端而言则曰始，其守不坚则其用不利。亦如所谓不专一则不能直遂之意。故曰终则有始也。盖动静不可正训终始，而一静一动实为终始也。在此则静为终动为始。①

动静有始有终，动静两者间不可只说动为终或动为始，此需视具体情况而定，不可一概而论，限定始终，一静一动才是始终。动静间相互交替的过程是一个有始有终的过程，但不可单就动静上独说。静之终而为动之始，静前又有动，动前又有静，推之于前而不见其始，引之于后而不见其终，所谓动静无端。动静之间的循环往复，始终并非简单的始终，正是静前有动，动前又有静。不可简单断说。故称之为动静无端。

动静二者实相循环，动之前元有静，静之前亦有动，二者齐手交做，岂容一先一后？若论工夫次第，则先戒惧而后谨，独体立而后用有以行，必存心而后可以致知，喜怒哀乐之未发，分明在发皆中节之前，论工夫疏密则先谨独而后存养。②

静可以说是另一种的动，而动却不可说为静，这就是两者间一种绝妙的互化关系。

苟为不然而理欲交战于其中，而以己之利害为利害，以人之是非为是非，如是者，静亦动矣，而动又安能静乎？动静皆失，则不能主夫静矣。又安能止其所当止乎？《象》辞四句，以其对而言之，则有止而止，有行而止。所谓动静各止其所，而皆主夫静也。以轻重言之，人能止其所当止，则不见有己，不见有人，皆其自然矣。故《象传》以艮其背一句为纲领，而下文三句又对言者，乃其效验也。《本义》既曰动静各止其所，又曰皆主夫静者，何也？曰：正为上句

_____

① 蔡清：《易经蒙引》卷五上，《文渊阁四库全书》第29册，台北：商务印书馆1986年版，第315页。

② 蔡清：《四书蒙引》卷四，《文渊阁四库全书》第206册，台北：商务印书馆1986年版，第155页。

云，动静各止其所，似更添入一个动而非只就艮言理者。故下面须结断，其本旨曰皆主夫静也，皆主夫静者，皆得其理之所当止而不随身而动，亦不随人而动也。①

此段可见蔡清的主静思想。在动静的关系中，蔡清认为应以静为主，静是动的主导。一旦陷入利益是非当中，则不能保持心的静，这时，静也成了动。不能主静，又何以修身修性？如失于静，在行为规范上不能当止则止，在具体的处事过程中就会有所偏差。可见，蔡清的主静之说，也是其修身的一种方法，动静之说中仍可见其静极至于虚明的观点。

"盖动静不失其时，是能笃笃实实于事事物物，各止其所则自然有光明之效，光明者或验于己，或验于人，验于己者，畅于四肢发于事业。所谓充实而有光辉也。"②动静循环不已，其中有一定的规律。动静都因时而起，这样才能于事物中见动静，适时而动，方可真显动静之功。蔡清引程氏之言，强调动静相因，动则有静，静则有动，指出物无常动之理，以卦言，《震》卦后而《艮》，《艮》又以《渐》，可见其不止于静之意，此动静相生之理也。动静是互为依存的，有动则必有静。任何事物都没有一直处于动态的，必有静态与之相辅。

正心者静亦静，动亦静，所谓密察此心之存否也。心统性情，如何不兼动静，朱子小注谓：心兼动静。或谓动即意也，以意对心似专指静。然考之后注曰：敬以直之，然后此心常存。又曰心有不存则无以检其身。或问又引孟子曰：操则存。曰：求其放心，可见只是指所存主处言，非专指静时也。③

动静不单单是自然界的万物行动轨迹上的变化，同时还包括心念上的变化。心者亦有动静。此动即是意念之动。意念未发动前，心是平静的，

① 蔡清：《易经蒙引》卷七下，《文渊阁四库全书》第29册，台北：商务印书馆1986年版，第469页。

② 同上书，第470页。

③ 蔡清：《四书蒙引》卷四，《文渊阁四库全书》第206册，台北：商务印书馆1986年版，第37页。

意念发动之后，仍应该保持心的平静。然而心兼动静，有时心静而未应物，有时心动而应物，皆当敬以存之。心是相对于意而言，正心只是主静之法，静亦静，动亦静也，故有言敬以直内。诚意者，致谨于动之端也。心念的动静需要通过正心来规范，以敬之道体正心之本。"存心兼动静，养性亦兼动静，但养性于动上工夫居多，故曰事事顺理。若喜怒哀乐之未发时，固亦须有养也，故曰息有养瞬有存，存其心，养其性，存养二字本该动静。"①

动静并不是一个孤立的存在，不仅动与静之间相互联系，动静与阴阳也关系甚密。

> 盖天地所在即乾坤所在也。观夫天地万物之有卑高，则易之贵贱位矣。盖卑高所在即贵贱所在也。观夫阳物之常动，阴物之常静，则易之刚柔断于此矣。是动静所在即刚柔所在也。观夫事之以类而聚，物之以群而分，则易之吉凶生于此矣。是事物善恶所在即吉凶之所在也。②

> 乾道成男坤道成女者，其别也。乾知大始，坤作成物者，其交也。盖别者之交，既交而又别也。阴阳动静之相循环者如此。故动前元有静，静前又有动。③

动静与阴阳是相联系的，阳物表现为常动之态，阴物则是常静。虽然动静相生而无端，但两者也流行于天地间，所谓体在天地后，用起天地先。流行亦有对待者，所谓太极动而生阳，阳极而静，静而生阴，阴极复动也。阴阳动静四者，处于一个循环链中，阳极而静，静又是阴的表现，阴极又是阳，又表现为动。可见阴阳与动静之间是交织的，动静寓于阴阳之中，阴阳体现着动静之理。

动静阴阳关系密切，动多是阳物之性，静多是阴物之性，但不能仅仅

---

① 蔡清：《四书蒙引》卷十五，《文渊阁四库全书》第206册，台北：商务印书馆1986年版，第671页。

② 蔡清：《易经蒙引》卷九上，《文渊阁四库全书》第29册，台北：商务印书馆1986年版，第545页。

③ 同上书，第558页。

局限于此，"盖动只是阳，静只是阴，皆是滞于器也。若夫不滞于动，不滞于静，非动非静而妙乎动静者，则谓之道者，太极也"①。如此一来，便是片面地看待阴阳动静。阴阳交替，动静变化，此过程中，妙乎动静之间的这种规律，便是道，便是太极。

> 又曰动亦太极之动，静亦太极之静，但动静太极耳。又曰谓太极含动静，以本体而言。愚谓此谓浑沦未判而其理已具之，称者也。谓太极有动静，以流行言，愚谓此是形器已具，而其理无朕之目者也。若谓太极便是动静，则是形而上下者不可分，而易有太极之言亦赘矣。②

太极此理中涵有动静之妙，这是从本体上说，动静之中可以看出太极之妙，太极之理寓于动静变化之中，但是不可说太极等同于动静，这是将形而上之太极与形而下之动静相混淆了。"太极随阴阳而为动静，阴阳则于动静而见其生，不是太极在这边动，阳在那边生。譬如蚁在磨盘上一般，磨动则蚁随他动，磨止则蚁随他止，蚁随磨转而因蚁之动静可以见磨之动静。"③ 太极、阴阳、动静之间，都是相互作用渗透的。太极寓于阴阳的变化之中，这种过程便可见动静之妙。而阴阳也正是在动静的过程中不断交替。太极与阴阳不是孤立的，而是通过动静这种运动形式紧密相连的，这正如蚂蚁与磨盘的关系，磨盘动静则蚂蚁动静，而正是看蚂蚁的动静又可以看出磨盘的动静。一必有两，体必有用，动必有静，动静迭兴而分阴阳变化之所由生也。正是动静的不断变化促使了阴阳的不断变化，而太极之理又蕴在其中，这种关系的交错，更可见太极之无处不在，阴阳之生化万物，而动静则是这一切变化的一种运动形式。

2. 宋明动静观的流变

关于动静，程颐是这样说的："道者，一阴一阳也。动静无端，阴阳

---

① 蔡清：《易经蒙引》卷九上，《文渊阁四库全书》第 29 册，台北：商务印书馆 1986 年版，第 573 页。

② 同上书，卷九下，第 597 页。

③ 同上书，第 599 页。

无始，非知道者，孰能识之。动静相因而成变化。"① 程颐所谓的一阴一阳，指的是阴阳二者之间相互依存、相互转化的关系，这里，二者的关系是主要的，而非强调阴阳二气之本身。阴阳之间的关系，表现在具体事物上，是阴阳变易的整个过程，具体从《易经》上说，就体现在卦爻象的变化上，这是从广义和狭义两方面说阴阳的变化。程颐的阴阳观，总体说来，不外乎"动静无端，阴阳无始"八个字。这个观点，是从以下几个方面展开来说的。提出动静相因说，认为卦爻象的变易法则同样适用于天地万物。将动静相因看作物质世界运动变化的规律。"盈虚谓盛衰，消息谓进退，天地之运亦随时进退也。鬼神谓造化之迹，于万物盛衰可见其消息。"② 程氏认为，万事万物均逃不过一个盈虚消息，此乃自然界运动变化之本然。程氏将盛衰消息的过程看作气化的过程，这种气化包括了阴阳二气相互推移转化而孕育万物的过程。"其道反复往来，迭消迭息。七日而来复者，天地之运行如是也。消长相因，天之理也。阳刚君子之道长，故利有攸往。一阳复于下，乃天地生物之心也。先儒皆以静为见天地之心，盖不知动之端乃天地之心也。非知道者，孰能识之。"③ 程氏认为，动乃是天地之始，一阳生于下，阳气初萌，阳刚主动，动而生万物。这种观点不同于之前王弼等人的以静为天地之心的论断。程氏以动为天地心，天地间无绝对静之时的观点，是对前人的一种批判，也是动静观上的一个转折点。

　　　动静相因，动则有静，静则有动。物无常动之理，艮所以次震也。艮者止也，不曰止者艮。山之象，有安重坚实之意，非止义可尽也。乾坤之交，三索而成艮。一阳居二阴之上，阳动而上进之，物既至于上则止矣。阴者静也，上止而下静，故为艮也。④

----

① 《程氏经说》卷一，《文渊阁四库全书》第 183 册，台北：商务印书馆 1986 年版，第 47—48 页。

② 程颐：《伊川易传》卷四，《文渊阁四库全书》第 9 册，台北：商务印书馆 1986 年版，第 370 页。

③ 同上书，卷二，第 247 页。

④ 同上书，卷四，第 358 页。

程氏认为，阴阳二气的运动，主要体现了一个动静相因的过程，并非阳生而阴灭，而是二气的一个消长过程。动静相因，有动则有静，动静不可相离。这段话，是二程对于《艮》卦的解释，认为《艮》虽然有静止之卦义，但非静止而不动，《艮》卦中一阳居二阴之上，阳主动，仍有动之义，止的卦义只是止其所当止，可见，动静相互联系，静中有动。二者是相互渗透相互包含的，这也正是二气而能生化万物的根本。

在动静的关系上，程颐指出动静无端，阴阳无始，还有一层含义，即阴和阳在时间上不分先后，没有开端。"阴阳开阖，本无先后，不可道今日有阴，明日有阳。如人有形影，盖形影一时，不可言今日有形，明日有影，有便齐有。"① 此句说得明白，阴阳乃是同时存在的，不可以说先有阴后有阳，或阳在先阴在后，这点之后，程氏的"动静无端，阴阳无始"的动静观，方才完备。

朱熹的动静观与其太极学说是密切相连的，其对动静的阐述，主要见于朱子对于太极动静说的解释中，除此之外，其伦理学、人性论中也有动静之说的体现。

朱熹对于动静的说明主要始于其回答太极是否运动的问题。关于这个问题，朱熹的观点是很明确的：

> 太极之有动静，是天命之流行也。所谓一阴一阳之谓道。诚者圣人之本，物之始终，而命之道也。其动也，诚之通也，继之者善，万物之所资以始也。其静也，诚之复也，成之者性，万物各正其性命也。动极而静，静极复动，一动一静互为其根，命之所以流行而不已也。动而生阳，静而生阴，分阴分阳，两仪立焉。分之所以一定而不移也。盖太极者，本然之妙也，动静者所乘之机也。②

其中提到太极之有动静，是说太极有动静之理，有此理方有阴阳二气之动静流变。需要指出的是，朱子所谓有动静之理，非指太极自身可以动

① 朱熹：《二程遗书》卷十五，《文渊阁四库全书》第 698 册，台北：商务印书馆 1986 年版，第 127 页

② 胡广：《性理大全书》卷一，《文渊阁四库全书》第 710 册，台北：商务印书馆 1986 年版，第 22—23 页。

静。"太极理也，动静气也。气行则理亦行，二者常相依而未尝相离也。太极犹人，动静犹马；马所以载人，人所以乘马，马之一出一入，人亦与之一出一入。盖一动一静，而太极之妙未尝不在焉。"[1] 通过人与马关系的比喻，朱熹再次将太极有动静之理的观点表明，有是理不等同于可以成动静之事。朱子提出，切不可将太极有动静当作太极兼动静看，一字之差，谬之千里。正如朱子说到的，理有动静与气有动静的不同，同样的互文，意义相去甚远。前者是说理有动静之理，后者乃指气可以自己动静流转，截然不同。那么，为什么太极中有动静之理却不能自身有动静呢？对于这个问题，朱熹这样解释：

> 盖天地之间，只有动静两端，循环不已，更无余事，此之谓易。而其动其静则必有所以动静之理焉，是则所谓太极者也……盖谓太极含动静则可，谓太极有动静则可，若谓太极便是动静，则是形而上下者不可分，而易有太极之言，亦赘矣。[2]

太极不能自身动静的根本就在于形而上与形而下的区别。有动静之理是就本体上说，气可以动静流变是就流行上说，如果简单地将此理等同于此流行，则是将形而上与形而下相互混淆。对于形而上之理，朱熹认为，无所谓动静之分：

> "动而无静，静而无动者，物也"。此言形而下之器也。形而下者，则不能通，故方其动时，则无了那静；方其静时，则无了那动。如水只是水，火只是火。就人言之，语则不默，默则不语；以物言之，飞则不植，植则不飞是也。"动而无动，静而无静"，非不动不静，此言形而上之理也。理则神而莫测，方其动时，未尝不静，故曰"无动"。方其静时，未尝不动，故曰"无静"。静中有动，动中有静，静而能动，动而能静，阳中有阴，阴中有阳，错综无穷是也。[3]

---

① 黎靖德：《朱子语类》第六册，中华书局 1986 年版，第 2376 页。

② 朱熹：《晦庵集》卷四十五，《文渊阁四库全书》第 1144 册，台北：商务印书馆 1986 年版，第 324—325 页。

③ 黎靖德：《朱子语类》第六册，中华书局 1986 年版，第 2403 页。

在朱子看来，在理之中，动静是相互交错不分彼此的，动中有静，静中有动。二者不断地相互转化，所以无所谓动静之分。在形而上的理中，只有动静之理，而无动静之事。质言之，即太极自身不动，动静本无开端，无先后。

朱熹承认"动静无端，阴阳无始"之说，但是，他认为，具体到某件事物发展的某个特定的阶段，动静还是有别，还是从静开始，静而后动。

> 动静无端，阴阳无始，本不可以先后言，然就中间截断言之，则亦不害其有先后也。观周子所言太极动而生阳，则其未动之前固已尝静矣。又言静极复动，则已静之后固必有动矣。如春秋冬夏，元亨利贞，固不能无先后，然不冬则何以为春，而不贞又何以为元。就此看之，又自有先后也。又如克己复礼，然后可以为仁，固不可谓前此无仁，然必由静而后动也。①

从此段话可见，朱熹认为，必然是先有静而后才有动，阴静乃是气化流行的基点。无论气化还是人的道德修养，以静为主乃是其共通的规律。静之理为体，动之理为用，所以在动静变化中，以静为本。

朱熹的这种动静观还表现在其人性论当中。从伦理的角度看，朱子认为，人性中的仁义礼智之本，乃是形而上之理，是不动的，而心之性情，是变动的，是形而下之事。未发为性，已发为情，心动而有性情之不同，仁义礼智之理乃是心之动静的本原。

> 若以未发时言之，未发却只是静。动静阴阳，皆只是形而下者。然动亦太极之动，静亦太极之静，但动静非太极耳，故周子只以"无极"言之。未发固不可谓之太极，然中含喜怒哀乐，喜乐属阳，怒哀属阴，四者初未著，而其理已具。若对已发言之，容或可谓之太

---

① 朱熹：《晦庵集》卷四十九，《文渊阁四库全书》第 1144 册，台北：商务印书馆 1986 年版，第 443 页。

极，然终是难说。①

　　其动静观具体到人性论中，即讲究道德修养以静为主，在情之未发之前，修仁义之理，将此作为自省的方法。

　　朱熹的动静观，从形而上说，乃是动静无端，相互作用；形而下说，具体到某个过程，仍认为主静。体现在人性论上，主要是在修持方法上的主静，亦即主敬。朱子的这种观点，还是受到了周敦颐以及华严宗的影响，同时其动静说当中也存在着一些无法调和的矛盾，但从发展的眼光看，朱熹的动静观，对于整个哲学的发展有一定的贡献，有着辩证法的光辉，这是应该肯定的。

　　相比较而言，蔡清的动静观并没有太多的创新，主要是在吸收前人的基础上，有所发展。总结而言，蔡清的动静观主要在于主静之说，同时看到了动静的须臾不可离，将动静与太极、阴阳联系起来，将单独的概念放在整体的体系中研究，是蔡清的独特之处。

---

① 黎靖德：《朱子语类》第六册，中华书局1986年版，第2369页。

第四章　蔡清易学的诠释特点及其与佛、道的关系

从古至今，历朝历代研究《周易》的大家不胜枚举，对于《周易》的注释作品也屡见不鲜。从孟喜的《周易章句》、京房的《京氏易传》、郑玄的《易纬》、王弼的《周易注》，到孔颖达的《周易正义》、李鼎祚的《周易集解》、邵雍的《皇极经世》，再到张载的《易说》、朱熹的《周易本义》，对于《周易》的注释解读之书多如牛毛，而蔡清的《易经蒙引》能在众多的作品中凸显出来，就在于其独特的风格、与众不同的诠释特点。本章将从蔡清易学的诠释特点以及其诠释特点与佛教、道教的关系两节入手，来进一步解读蔡清易学思想。

第一节　蔡清易学的诠释特点

蔡清的《易经蒙引》虽然是基于朱子《周易本义》的体例，但其思想并未一味因循朱子，同样，在其诠释的风格上，蔡清也有着不同于他家的诠释特点。本节主要从以易理明治国和以史解易两大方面来研究蔡清易学的诠释特点。

一　以易理明治国

蔡清解《易》特点之以易理明治国与其对《周易》一书性质的界定有密切的联系。蔡清不同意朱子的观点，他认为《周易》不是一部卜筮之书，而是对天地之理的一种摹写，是教人穷理尽性之法。正是基于此，其对《周易》的注释，字里行间可见修身治国之道。蔡清认为治理国家主要在于顺应天命，遵从自然规律才是正道。同时在具体的措施法规上，蔡清也作出了详细的说明。另一方面，蔡清提出治国还重在任用贤臣、顺

应民心。此外，君主自己的德行也很重要。蔡清将这些治国观点与易之卦爻辞相联系，以易理明治国。对于其以易理明治国的特色，下文将从顺天应民、治国法规、君主修身三个方面来论述。

1. 治国在于顺天应民

"应天而时行，此人事之时也，当其可之谓时也。承天而时行，此造物之时也，不先不后之谓时也，有小不同。应天时行与君子而时中，溥博渊泉而时出之同义。盖天叙有典而我惇之以时也，天秩有礼而我庸之以时也，天命有德而我章之以时也，天讨有罪而我刑之以时也。"① 顺应天命，依时而动，君子应顺天应时，治国同此理。治国之道，也应依据天时而采取不同的政策。如农事应依据天时，土木建设如能依据天时，则更可事半功倍。此处天时，不单指自然界四季之序，还包括顺应事物之理及其本来的发展规律，只有依据规律行事，才能保证其顺利正常。如孟子所言，顺应农时，谷不可胜食，鱼鳖不可胜食。

因时而动是顺天的表现之一。变易这一根本原则同样是天理的表现之一。"凡其变之所在，皆道之所在也。君子于此要，当随时变易以从道。故曰其为书也，不可远。而朱子亦云惟变所适。"② 变易以从道。变易是《易》的精髓之一，变乃根本之道。万事万物都在变中。根据不同的国情，不同的地域，不同的人情风俗，要采用不同的治理办法，切不可一法而通行天下，不可教条化，否则，对于国家的治理十分不利。须具体情况具体分析，以变易的精神为指导，采取不同的法规，才能真正达到治国治家之目的。

顺天，指的是顺应天地运行的自然规律，同时，顺天还包括在度的把握上。凡事过犹不及，万物的生长如此，治国也如此。"所以宜日中而不至过盛者，正以盛极则衰，日中则昃也。故为发明卦辞外意而同归于言，不可过中也。"③ 此是治国处事之法度，其原则就是不偏离中，即要掌握度。

先甲三日，是蛊之将然也，而预治之后甲三日，是蛊之既治也，

---

① 蔡清：《易经蒙引》卷二下，《文渊阁四库全书》第 29 册，台北：商务印书馆 1986 年版，第 174 页。

② 同上书，卷十一下，第 720 页。

③ 同上书，卷八上，第 491 页。

而维持之圣人于治蛊不于方蛊之时而必于将蛊之先，与其既治之后，亦异乎世之随事补塞而偷安目前之为者矣。先甲三日，欲其及时而新之于先，占中之勉也。后甲三日，欲其既新而保之于后，占中之戒也。先甲、后甲，此治蛊万全之策。又不必拘于坏极而有事者矣。甲日之始，事之端也，甲本是日之始，今借以为事之端。前事过中而将坏，中非中正之中，以时候而言。如云已过乎中，泰将极而否欲来之时也。又云否过中矣，将济之时也。后事方始而尚新，此后事即前面所谓后事之端者也。可见后事方始，亦是治蛊之事也。其曰以监其前事之失，此前事亦是前面所谓过中而将坏者也。前事过中而将坏者，时也运也，其可自新以为后事之端而不使至于大坏者，人力也。以此见人力之所助亦多矣。①

这段话是对"先甲三日，后甲三日"的解释。蔡清从时机与度的角度对此句作出了详尽的解释。在事物发展之初要善于把握先机，而事成之时又要有确保的手段随之而后，这才是治世的万全之策。无论是好事还是坏事，都应遵循事物发展的规律，认清其所处的状态，有预见性地采取适当的措施。由此可见，蔡清强调时机的重要性。

顺天之外，应民也非常重要。水能载舟，亦能覆舟，一国之君虽管制天下万民，但也依赖于万民的拥戴。一旦失去民心，则将失天下也。

圣人以顺动，则事事皆合天理当民心，不用刑罚而民自服矣。刑罚清就见是民服，此正是人心和乐以应其上意。刑罚清而民服，言不待峻刑罚而民自服也。汉武帝立见知故纵之法，而盗贼愈多；光武悉除去之，而盗贼自清：则圣人顺动而民服者，于此可推矣。豫之时义大矣哉。六十四卦皆是时也，有其时则有其时之义，豫之时义在天地则顺动，而日月不过，四时不忒，在圣人则顺动，而刑清民服其时义顾不大哉。②

---

① 蔡清：《易经蒙引》卷三上，《文渊阁四库全书》第 29 册，台北：商务印书馆 1986 年版，第 204 页。

② 同上书，第 189 页。

圣人以顺天理得民心为行动之旨要。顺天应民，则民心自服，不必动用严刑峻法。相反的，失去民心，即使刑法再严厉，也达不到完美的效果。由此可知顺动而民服的重要性。此理用于治国，有汉武帝与光武帝之例可循。可见治国之道，民心之重。

"损下益上，损内益外，剥民奉君之象，皆所以为损也。盖民贫则君不能独富，民固损矣，君亦安得益乎？是上下俱损也，故以损名。卦剥民奉君之义，只可用之卦名，其卦辞：有孚，元吉，无咎，可贞，利有攸往，只承损字而泛说，言损所当损，人人皆可用，不专指上之损下也。益卦利有攸往，利涉大川，亦然岂专为益下之事乎？"① 民贫而君不能独富，是强调以民为本，与人民的利益一致，民疾苦而君不可独自享乐，人民的利益受到侵害，作为君主自不可独自安逸。这就是为君之道，在于体恤下民，有保民之心，与民共进退。

　　君子以辨上下定民志，辨上下所以定民志也。使庶士至于公卿大夫各安其位，而不日志于尊荣，农工商贾各安其分，而不日志于富侈，此便是定民志。民犹人也，兼上下，不专谓庶民。观程传，此由上下无定志也。尤可见辨上下要说得，使各当其分意方妙辨上下定民志，则以诸侯而请隧与繁缨者无有也；以大夫而僭八佾者无有也；以市井而僭称公者无有也；如后世之庶人帝服娼优后饰者，益无有也。②

为君之道，在于士农工商，百姓大夫各安其命，各司其职。治国之道，以民为本，国家之安定在于民心安定，人人各得其所。组成国家的家庭小细胞安定团结，国家自然安定团结，有利于治国治家。

顺应民心，民当中还包括了臣民，如何任用贤臣，如何处理好君臣关系，也是治国的重要一环。"以贵下贱皆是主德言，非以位言也。故曰是能以贤下人，得民而可君之象，本只是贤其能下人，故得民。以其得民

　　① 蔡清：《易经蒙引》卷六上，《文渊阁四库全书》第29册，台北：商务印书馆1986年版，第374页。
　　② 同上书，卷二中，第150页。

也，故可君。非谓其居上而能下人也。"① 以贵下贱，能够礼贤下士，贵为人君而能以贤下人，方能成就其君之位。治国之道，重在以民为本。能够得民心者得天下、居君位，而得民心的手段之一就在于有贤德而重视人才。此处环环相扣，阐明为君之道方面礼贤下士的重要性。治国之道，非君主一人之力，需要贤臣良将的辅佐。为了得到更多贤良之士，收获天下民心就至关重要，天下归心，何愁敌军不破？何愁外敌入侵？何愁国之咸宁不得？

2. 治国之策略、法度

对于具体的治国策略，蔡清在书中提到不少，而其中最为突出的则是未雨绸缪，防患于未然，强调忧患意识。其书中有多处文字论述此观点，如：

> 此条大意谓余庆余殃，本于善不善。然善不善亦由积而成。积则自微而至著者也。此自人家兴衰常理而言也。又以其变故之大者言之，臣弑其君，子弑其父，元亦非一朝一夕之故。盖其所自来者有渐，亦莫非由积而成也。若为君父者能于其渐时而辨之，则不至有今日弑逆之祸矣。由辨之不早辨也，直到事势既成，然后从而裁之，则其祸立至矣。易曰云云。盖言人当于其渐者而慎之也。②

福祸皆由善或不善而起，而从善或不善单说，又是从细微处积累起。无论是家常之理，还是君臣之大义，有其果必有其因，有此果正是日日累积之因所致。如果能辨于形成大势之前，就不会形成大祸。《易》所言之理就在于防微杜渐，于事物的萌芽状态就及时采取措施，明辨是非，谨慎从事，方能防大祸、有大福。防患于未然之理，在治国方面有着积极的意义。对于治国当中出现的种种问题，如朋党之争、官员贿赂等问题，在其有端倪之时就加以控制、制止，就不会成为害国害民之情势，能够将危害降至最低，对于国家的长治久安是有关键作用的。

---

① 蔡清：《易经蒙引》卷二上，《文渊阁四库全书》第 29 册，台北：商务印书馆 1986 年版，第 94 页。

② 同上书，卷一下，第 85 页。

"有争是非者，有争利害者，只是此两端作事谋始。盖工夫不在讼之时而在未讼之时也。上医医于未病之先则无病矣。"① 工夫要做在未讼之时，医生之高明在于医病于未成大患之时，此理正是如此，简而言之，都在于防微杜渐。"容民畜众皆以无事之时言。畜众以今日言，得众以后日言。然畜者将以有用也，便有预为后日计之意。"② 防微杜渐重要，关键在于其预见性，为了防止以后出现危机情况而先做一些储备工作也十分重要。于危难未发之前，于平安之际而有所思虑，未雨绸缪，也是一种治国的重要策略。

"古人所以制治于未乱，保邦于未危，上医医于未病之先。"③ 又"曰吉无不利尽足矣，而必曰自天佑之吉，无不利者，诚以当大有之，世民殷物，阜内恬外熙，四海举无虞矣，万国皆来王矣。正是满之时也，处此鲜，不以泰宁自负，而怠敖纵恣，简贤轻士之病作矣。今乃能履信思顺而尚贤，满而不溢，如此诚人主之盛德，帝王之高致也，故独尽善其占"④。此处就帝王治国之方略言，帝王君主之德行对于治国颇为重要。当处于天下太平，万国咸宁之际，要有危机意识，处于满时应防缺时，不能因泰宁而自负，傲慢放纵，这样会滋生不利于国家继续发展的因素。处于满盈之时，仍然以诚待贤士，有盛德，这才是帝王的高妙之处，是治国安邦的至高境界。

"无事而其实有不测之忧，坐观其变而不为之所则恐，至于不可救起而强为之，则天下忽于治平之安而不吾信，是亦处之为难意。司马温公曰圣人之虑远，故能谋其微而治之。众人之识近，故必待其著而后救之。治其微则用力寡而功多，谋其著则竭力而不能及也，亦颇是处之为难意。"⑤ 所谓人无远虑，必有近忧，当下无所虑之事，或者将会有不能预期的忧虑之事。遇事从容镇定，不为不可预期之事所扰，无事之时，早作筹划，从

① 蔡清：《易经蒙引》卷二中，《文渊阁四库全书》第 29 册，台北：商务印书馆 1986 年版，第 124 页。
② 同上书，卷二中，第 129 页。
③ 蔡清：《易经蒙引》卷七下，《文渊阁四库全书》第 29 册，台北：商务印书馆 1986 年版，第 465 页。
④ 同上书，卷二中，第 180 页。
⑤ 同上书，卷五上，第 324 页。

微小处着手，正是治国治世之法，积小力而谋大事。

治国之道，除防患于未然之外，还要懂得在细小处着力，以积累而谋大功。同时也要注意，以大局为重，不可因在小处储力，而万事都计较细微，瑕不掩瑜，不可因为小处的细瑕而不顾大局。凡事要从大处着眼，小处着力。从总体上把握，不能因为小处的不妥而妨碍大体。正如蔡清所言：

> 此亦举大概而不计细瑕，如人已有六七分正处便是正人了，岂必都要正到十分尽头处方唤做是正邪？孟子"可欲之谓善"《论语》"苟志于仁，无恶也"，权度审矣。胡致堂教人读史先看统体，如一代统体在宽，虽有一二君稍严，不害其为宽。一君统体在严，虽有一二事稍宽不害其为严，然则此所谓自二至五位皆得正而初上又自不正者，当依此例论断矣。①

同时，要有长远的目光，"系小子失丈夫于人事交际之间，固易见，若推而言之，如见小利则大事不成，或小不忍而乱大谋，或贪近功而忘远图之类，皆是也"②。治国之法，重在以大局为重，从长远考虑，不可因眼前小利而不顾长远。

此外，蔡清作为哲学家，也看到了内因与外因对事物的影响。虽然其书中并无明确地归纳和总结出内因与外因的相互关系，但在行文中可见其理："盖人必自轻而后人轻之，人必自侮而后人侮之，不徒曰灾而曰取灾，不徒曰取灾而曰斯其所取灾，明其琐琐之所致而非自外来者也。"③人自己轻视自己，那么也将得不到他人的尊重。如此推之，事物之成因，皆处于己，即源于事物之内部，即谓内因。内因是主导，内因变化才导致外部的变化，外因只是辅助之功。此理扩延至一国，自古及今，王朝的兴替，皆因内部已经腐烂不堪，加之外部因素，遂而土崩瓦解。由此观之，治国之道必须自强，国家本身体制健全，民富国泰，则外敌不可入。"又

---

① 蔡清：《易经蒙引》卷七下，《文渊阁四库全书》第 29 册，台北：商务印书馆 1986 年版，第 475 页。
② 同上书，卷三上，第 200 页。
③ 同上书，卷八上，第 499 页。

曰敬则内欲不萌，外诱不入，自其内欲不萌而言，则曰虚。自其外诱不入而言，则曰实。只是一时事，不可做两截看。"①

没有规矩不成方圆，一国之大者，需有健全的法规制度。万物有节有序方能生长，国家也需有节有度方能长期兴旺。

> 圣人立制度以为节，故能不伤财害民。人欲之无穷也，苟非节以制度，则侈肆至于伤财害民矣。建安丘氏曰圣人立为制度，量入为出，无过取，无泛用，有损己益人之实，而无剥下奉上之事，故不伤财不害民矣。节以制度，节是节制，度是法度，度本分寸尺丈广狭长短之数，此则所该自广当取其意也。节以制度，凡君子皆可能，不必着圣人字。如道千乘之国，节用而爱民，岂必皆圣人而后可能。②

强调制度之重要。治国如无制度，则国之无法，一切事物将无从料理。必须设置法度，制定节度，以限定民众行为，保证一切有条不紊。同时，儒家的教育也尤为重要，从道德的层面规范人心，限定私欲，可以说是从内因入手，解决根本问题。"盖卦爻所说者，皆利用出入之事，其出入也，皆必以其法。法者，事理当然之则也。使人入而在内，出而在外，皆知有法而不敢妄为，是使知有惧也。知惧者必以度也。"③制度法律在治军上更为重要。军队最为国家安全的保证，其重要性不言而喻。"以律者，坐作进退之有节，攻杀击刺之有则……三军之命系于一将，一将之权在于律，律之得失，兵之胜败系焉，国之安危关焉，可无慎哉?"④律乃是规定、纪律，是战场上进退有节，攻杀有则的保证。军纪对于军队而言，关乎生命，三军将士奋勇疆场，其命均系于一将之手，而一将之威严重要正在于其拥有主宰军队的权利，通过律而调控军队，纪律严明与否关乎主将之威仪，关乎战争之成败，更关乎千万人之性命、国家之命脉，必须谨慎之。对于治国来说，军队是捍卫国家权利的保障，其重自不待言。

---

①　蔡清：《易经蒙引》卷八下，《文渊阁四库全书》第 29 册，台北：商务印书馆 1986 年版，第 518 页。

②　同上书，第 515 页。

③　同上书，卷十一下，第 721 页。

④　同上书，卷二中，第 130 页。

而军队的威力和战斗力关键在于军纪，没有律法的军队，形同虚设。所以"律"字尤重。扩而言之，不单是军队，治国治家，方方面面，"律"都十分重要。

3. 君主修身以治国

谦和、宽厚、仁德、至诚至信这些都是君主所必须具备的美德，只有国君有德，才能化育万民，使得上下一心，国家方可长治久安——即使遇到险阻，也可以化解。

"居尊能谦，则从之者众矣。故为不富以其邻，设有未服从者，不可但已也，利用侵伐。此亦君道贵刚，不可一于柔之意。然居上能谦，何事不可为者，故无不利。"① 居尊位而有谦和之态，为富而众人从之，此乃为君之道。不因自己的位高权重而对民众有轻视之意，反而珍之重之，如此，则无事不成，无往不利。这才是帝王之道，治国之方。

"又如人家一主翁，以大刚治家，得一内人，时导之以宽厚，则家众亦不至离心而利矣。在官亦然。一长官用法大严，得一佐贰，辅之以宽厚，则在下无怨叛者矣，其不利乎？"② 宽厚仁德是作为君主的必要条件之一。以宽厚治家，治国同理，宽厚治国，以刑法辅之，方能得到最好的效果。

"夫惟诚可以动物，惟德可以感人，甘临诡道何益之有哉？然制行在我，若知其无益忧而改之则何咎"③，又 "诚之主也，此主字对别爻言，谓正是无妄者也。如是而往。诚能动物，以上则得君，以下则得民，以内则顺亲，以外则信友，事无不利，功无不成矣，何往不利？"④ 精诚所至，金石为开，诚能动天下万物，德能感天下万民。君主有诚，则上顺天命下得人心，何愁国运不昌隆？诚而有信，不但可以安身立命，还可以化解危机，救国于危难之中。

　　　　有孚，维心亨乃行有尚，何也？人之处险，若无孚信，而有侥幸

---

① 蔡清：《易经蒙引》卷三上，《文渊阁四库全书》第 29 册，台北：商务印书馆 1986 年版，第 187 页。

② 同上书，卷四下，第 287 页。

③ 同上书，卷三下，第 216 页。

④ 同上书，卷四上，第 269 页。

苟免之心，则心不胜其忧恼，是徒足以重其困耳。惟能内有孚信而其心亨通，身虽处险而心不为险所怵，如此则理有能为之机而势有可乘之便，险中获济而行有尚矣。不然则虽有可出之便，而亦自不知所为，目见此类最多也。①

有孚是处于险境时有效应对的一种心态。处理危机，在困境中解脱，也是关乎治国的一大问题。此处可以说是处理危机问题的一剂良方。

"山本峻阻上复有水，难以进步，蹇之象也。反身修德，济蹇之道也，反身行有不得者皆反求诸己，修德是有则改之，无则加勉。如是将见在邦必达，在家必达，蹇其有不济乎？盖行有不得处，便是蹇反身修德义相连。"② 为君之道，要注重修身修己之德。上行下效，君贵乎修己德，则臣民从之。如此一来，家、国无不达之理。可见，君主的德行对于国家十分重要。

二　以史解易

蔡清解易的另一大特色即以史解易。其《易经蒙引》一书中，引用了大量的历史事件来注释卦爻辞，以明其中蕴含之理。这种以历史事件注释经传的方法，是蔡清对朱熹的一大超越。以下将以历史时间为序，以先秦、汉到两晋、唐宋三个时期为划分来探讨蔡清是如何用史料来注释《周易》的。

1. 先秦

> 如伊尹之放太甲，直做前古所不敢做的事，冒然以身当天下万世不韪之名，而不辞伯夷、叔齐。咈然非责武王之伐商，虽八百诸侯皆以为当伐，吾亦全不管他，直说周武王之不是，至不食其粟而死，此皆是不见人处。后世如申屠嘉之困邓通，虽文帝之宠臣不顾也。又如太子亲王一不下司马门，则六百石之公车得以劾奏而遮留。郎中令小

---

① 蔡清：《易经蒙引》卷四下，《文渊阁四库全书》第 29 册，台北：商务印书馆 1986 年版，第 290 页。

② 同上书，卷六上，第 365 页。

臣也，得以妃妾之分而撤夫人之坐席，此等亦有不见其人意，余可以类推。①

　　此处用伯夷、叔齐不食周粟的典故以及申屠嘉等人的例子来解释《艮》卦的"行其庭，不见其人"。蔡清对于"不见其人"有独特的理解，其所认为的"不见其人"是不畏权贵之人，对于当权之人视而不见，坚守气节。接二连三的历史典故形象地说明了蔡清对于《艮》卦卦辞"行其庭，不见其人"的理解。

　　"壬午三十六年，秦赵会于渑池，秦王请赵王鼓瑟，赵王鼓之。相如请秦王击缶，秦王不肯，相如劫之云云。缶，盛酒瓦器也，盖瓯碗之类，或曰按盈缶之义，则是瓶罐之属似长。相如请秦王击缶，亦以抑之缶不如瑟，盖不知音者小可能也。盖自占有鼓缶之事，故相如以请之。"②用秦赵两国渑池之会一事来说明《离》卦九三爻辞"日昃之离，不鼓缶而歌，则大耋之嗟，凶"中为何提到鼓缶，从相如请秦王击缶之事可以看出，鼓缶乃是自古有之，到春秋战国时期仍然不衰。用史实来作证卦爻辞，正是蔡清以史解易之所在。

　　在对《夬》卦卦辞"孚号：有厉"一句进行注解时，蔡清以齐桓公结盟之事来说明何为"孚号：有厉"之道：

　　　　《春秋·僖公二年》书秋九月，齐侯、宋公、江人、黄人盟于贯。胡氏传曰：按左氏盟于贯，服江黄也。荆楚，天下莫强焉。江黄者，其东方之与国也。二国来定盟，则楚人失其右臂矣。乐毅破齐先结韩、赵，孔明伐魏申好江东，武王牧野之师亦誓友邦，远及庸、蜀、彭、濮八国之人共为掎角之势也，桓公此盟，其服荆楚之虑周矣。其攘夷狄免民于左衽之义著矣。盟虽春秋所恶，然诸侯皆在，独言远国者许是盟也，愚谓桓公亦得"孚号：有厉"之道。③

　　　　《春秋·桓十四年》，宋人以齐人、蔡人、卫人、陈人伐郑。胡

────────────

　　① 蔡清：《易经蒙引》卷七下，《文渊阁四库全书》第29册，台北：商务印书馆1986年版，第467页。
　　② 同上书，卷四下，第301页。
　　③ 同上书，卷六下，第390页。

传曰：师，而曰以者，能左右之以行己意也。宋怨郑突之背己，故以四国伐郑。鲁怨齐人之侵己，故以楚师伐齐。宋怨囊瓦之拘己，故以吴子伐楚。蔡弱于鲁，鲁弱于楚，宋与蔡、卫、陈敌而弱于齐，乃用其师以行己意。故特书曰。以列国之兵有制，皆统乎天子，而敢私用之与？私为之用以伐人国，大乱之道。故穀梁子曰：以者不以者也。①

此段是对《小畜》卦九五爻辞"有孚挛如，富以其邻"的解释。有孚在道，与邻邦友好相处是易之道理所在，而宋以四国伐郑之事而引起天下大乱，蔡清据此从反面论说不可因一己私利而伐人国，睦邻友好才是正道。

对于《系辞》上传第二章中"是故君子所居而安者，易之序也"一句，蔡清引用了大量的历史事件来说明君子是如何根据易之序来安身立命的。

颜子箪瓢陋巷而不改其乐，禹稷之三过其门而不入，是即随其所处而安乎，易之序也，此乃终身所安之序也。又若孟子之受于宋、薛而不受于齐，由邹之任见季子由平陆之齐不见储子，皆是善用易而安其序处，此则所谓今日与昨日所应，又各有其序者也。以古君子言之，如舜之耕稼陶渔安乎乾之潜也，及其膺举而敷治以至摄帝位，膺历数安乎乾之见惕跃飞也。八元八恺之汇进，泰之拔茅连茹也。孔子之色不在而去，安乎豫之不终日也。文王之囚羑里而不怨，安乎明夷之艰贞也。汤武之放伐，又安乎明夷九三之南狩也。龙逢比干之死，安乎习坎之过涉灭顶而无咎也。颜子之箪瓢不改其乐，安乎贲之舍车而徒也。如此之类不可悉举，或终身所历非一途，或终身所处非一节。不但出处去就之际，虽一言动一起居之间要皆不外乎易之所著，而易之所著自皆足以周终身之所用也。君子所居而安者，易之序也，

①　蔡清：《易经蒙引》卷二中，《文渊阁四库全书》第 29 册，台北：商务印书馆 1986 年版，第 145 页。

于此可见。①

从上古之舜、禹、周文王、比干到先秦之孔子、孟子、颜子，这一位位圣贤修身之则都体现了《易经》当中的精神。舜之稼体现了《乾》卦的潜、惕、跃、飞的变化顺序，是为《易》之序。文王、比干之事体现了《明夷》卦的艰贞之理和《坎》卦"过涉灭顶而无咎"一句。孔、颜乐处之说正是对于《贲》卦"舍车而徒也"的最好诠释。

《参义》曰：以往事观之，如楚庄王听伍举之谏而罢淫乐，齐威因淳于髡之讽而行诛赏，其皆成有渝之义欤。汉武帝晚年乃言：朕自即位以来，所为多狂悖，使天下愁苦，不可追悔。今事有伤害百姓，靡费天下者，悉罢之。因田千秋言，凡方士皆斥遣之务，在禁苛暴、止擅赋、力本务农、修马复令以补缺、毋乏武备而已。封田千秋为富民侯以明休息养民也。胡致堂先生曰：武帝既往之愆，与化俱徂，而自新之善照映，方来使人反复味之，叹慕而兴起，可为帝王处仁迁义之法，秦穆公不得专美于前矣。秦穆公悔过事见书传曰：《左传》杞子自郑使告于秦，曰郑人使我掌其北门之管，若潜师以来，国可得也。穆公访诸蹇叔，叔曰不可。公辞焉。使孟明、西乞、白乙伐郑，晋襄公帅师败秦师于殽，囚其三帅，穆公悔过誓告群臣。秦誓曰：民讫自若是多盘，责人斯无难，惟受责俾如流，是惟艰哉……《史记》云楚世家庄王即位，三年不出号令，日夜为乐，令国中有敢谏者，死无赦。伍举入谏，庄王左抱郑姬，右抱越女，坐钟鼓之间，伍举曰："愿有进。"曰："有鸟在阜，三年不飞不鸣，是何鸟也？"王曰："三年不飞，飞将冲天。三年不鸣，鸣将惊人。举退矣。"继而苏从又谏，乃罢淫乐听政，所诛者数百人，所进者数百人，任伍举、苏从以国政，国遂大治而益强。此亦成有渝者也。《田敬仲完世家》曰：威王初即位以来，不治，委政卿大夫，九年之间，诸侯并伐。于是封、

---

① 蔡清：《易经蒙引》卷九上，《文渊阁四库全书》第29册，台北：商务印书馆1986年版，第578页。

即墨大夫，烹阿大夫，而齐遂大治，此亦成有渝者也。①

此段是对《豫》卦上六爻辞"冥豫成，有渝，无咎"的解释。这段的解释中，事实的密度更高，浓缩了楚庄王善于纳谏而罢黜淫乐以自强；汉武帝广纳天下言论，减少赋税，禁止苛政，与民休息；秦穆公礼贤下士，勇于悔己之过；楚庄王不鸣则已，一鸣惊人等例子，以帝王明君之事例明《易》之理：有过错而能改之，则有渝而无咎。渝本身有变污之意，即意味有错，然后君子能正身则可获得无咎之结果。

对《系辞》上传第十一章中"是故蓍之德圆而神"一句，蔡清引用孙膑、子贡占卜奇准之事来说明"蓍之德圆而神"："孙膑料庞涓死于树下，子贡料鲁、邾之二君有死亡。往往奇中，岂必皆圣人而后能知来藏往哉？但各得其一二而不能如圣人之全且至耳。故曰：圣人，人伦之至也，非谓他人皆不得与于人伦之事也。"②圣贤之人占卜能料定事情的发展趋势，是由于圣人知道人伦之至，能洞悉事物发展的规律，这也正是《易经》占卜的原理所在，非是有鬼神，而是"德圆而神"，仍然是在于人事之功。

2. 汉到两晋

汉高帝为沛公，初入关，为项羽所怒，破函谷，遂攻沛公。有项伯者，与沛公初无半面之识，独与张良善。夜驰见良，欲与俱去。良邀项伯入见沛公。沛公奉卮酒为寿，约为婚姻，遂因以谢项羽而得解于难。不然项庄之舞剑谁与蔽，而樊哙之入卫亦难为功矣。此亦不速之客来敬之，终吉者也。③

沛公能成为高帝，有很多因素，其中之一就是有贤良之士相助。此处项伯助沛公之事，正好与爻辞不速之客来敬相符，世间事多如此，往往于危难之际，有不可预知之力量相助，终得以脱险。于险地得外力以出险

①　蔡清：《易经蒙引》卷三上，《文渊阁四库全书》第 29 册，台北：商务印书馆 1986 年版，第 196—197 页。

②　同上书，卷十下，第 654 页。

③　同上书，卷二上，第 119 页。

境，正如死中觅生路。此段出自《易经蒙引》卷二上，是对《需》卦上六爻"有不速之客三人来，敬之终吉"的解释。项伯之与沛公，可谓不速之客，而正是因为刘邦对其敬之如上宾，才得到了项伯的帮助，对于其称帝起到了积极的推动作用。正如爻辞所谓"敬之终吉"。

对于《系辞》上传中"是故吉凶者失得之象也，悔吝者忧虞之象也"一句，蔡清的解释提到了汉高帝之事。

> 汉高帝初听郦生之说，刻印立六国。后及张子房借箸为筹之曰：如此则游士各归事其主，大王谁与取天下乎？此是事势可忧虞处矣。于是高帝大悔，骂郦生曰："竖儒，几败乃翁事。"此可见忧虞之致悔也，向无此一悔则事成而悔，无及决至于凶矣。惟得此一悔故后功遂成，而凶反为吉。其袭项羽于彭城也，羽尚握数万兵在外，帝骄于一胜，遂置酒大会，羽返旗一击，汉兵败，睢水为之不流，围汉王数匝，至太公吕氏亦为楚兵所得，此其所得矣，其取羞为何如？仅幸本身未为楚获，可以因败为功，亦未至于凶耳。然此实因胜而骄所致，亦可见吝之自吉而向凶也。①

此处用汉高祖刘邦初采纳郦生之说立六国，而后为张子房所劝，大悔之前决定，正是这忧虞之象至于悔吝而不至于凶矣。继而又引用楚汉之争，刘邦因骄奢而为楚军大败，由吉而凶。用刘邦的两件事说明了"是故吉凶者失得之象也，悔吝者忧虞之象也"其中之理。

> 汉光武能用此义，自定天下之后，一例论功行封，其所以用之在左右者，则邓禹、耿弇数人，他不与焉。因论古之论功行封，真个是裂土地与之守，非如后世虚带爵邑。若使小人参其间则诚有弊病，曰势不容不封他得。如舜封象则使吏治其国，若是小人亦自有以处之也。②

① 蔡清：《易经蒙引》卷九上，《文渊阁四库全书》第29册，台北：商务印书馆1986年版，第571页。

② 同上书，卷二中，第133页。

这是对《师》卦上六"大君有命，开国承家，小人勿用"一句的解释。以汉光武帝封赏开国功勋的实例说明"小人勿用"的道理。一旦封地裂土予小人，则封地之统治不可保安宁，如此一来给国家带来诟病，所以对于小人，应用适当的方式处理，不能委小人以重任。

《夬》卦九三爻辞为"壮于頄，有凶。君子夬夬，独行遇雨，若濡有愠，无咎"，对于此句，蔡清用王允诛杀董卓的事例来说明"若濡有愠，无咎"：

> 如王允之于董卓，按《通鉴纲目》董卓以何进召入朝，诛宦官遂废弑弘农王立献帝，益谣刑以逞。又奏免瑜太尉杨彪司徒，而以王允为司徒，卓且劫帝迁都长安，时卓未至，朝政大小皆委之王允。允外相弥缝内谋王室，甚有大臣之度，自天子及朝中皆倚允，允屈意承卓，卓亦推信焉……中郎将吕布便弓马膂力过人，卓信爱之誓为父子。然卓性刚褊，尝小失卓意，卓拔手戟掷布，布拳捷避之，卓意亦解。允素善待布，布见允言状，允因以诛卓之谋告之，使为内应。布曰：如父子何？允乃曰：君自姓吕，本非骨肉，掷戟之时，岂有父子情耶？布遂许之。因帝疾新愈大会，卓朝服乘车入屯卫，周匝令布等捍卫前后。王允使士孙瑞自书诏以授布，布令勇士十余人，伪着卫士服，守北掖门，卓入，以戟刺之……布曰：有诏诛贼臣，应声持矛刺卓，趣兵斩之。即出怀中诏板以令，吏士百姓歌舞于道，士女卖衣装，市酒肉相庆，暴卓尸于市，守吏为大炷置脐中然之，光明达曙。如是积日，观允之曲意承卓之时，是亦独行遇雨，若濡而有愠也。终能用吕布以诛之，无咎矣。向非始者有曲意之承，则亦无以行其后日诏板之诛，此所以不贵于壮于頄也。孙武子论兵曰：微乎微乎，至于无形。又曰：藏于九地之下，动于九天之上，故能自保而全胜也。温峤、王允以之矣。然王允为卓所擢用，始者夬夬之志，或未如夬之力，后以卓萃天下之怨，竟谋诛之。是已然灭纪废典。马日磾既知其不终。刚棱自傲，卓党李催、郭汜，又得以戕之，则于夬夬之道有未尽焉。[①]

---

① 蔡清：《易经蒙引》卷六下，《文渊阁四库全书》第 29 册，台北：商务印书馆 1986 年版，第 393—394 页。

对于王允如何忍辱负重，假意奉承董卓，以及如何规劝吕布，蔡清都作了详尽的描述。此处对于细节如此下墨，主要在于说明适其时，王允之于董卓，正是"独行遇雨，若濡而有愠也"，而之后王允能收吕布为己用，终究诛杀董卓而无咎。用详尽的历史事件来说明《易》中卦爻辞的寓意，正是蔡清的最大特色。

《咸》卦九三爻的象传辞曰："咸其股，亦不处也，志在随人，所执下也。"此句是说君子不应盲目从众同俗，而应独树一帜，有自己的见解。对于这句的解释，蔡清以扬雄、杨师厚、张文蔚等人因贪图私利而效力于逆臣贼子的例子，从反面入手，有力地说明了《咸》卦九三爻所蕴含的至理。"如王莽图篡汉当时，贡符献瑞成群者固不足怪。扬雄以当时名儒，乃亦剧秦美新，甘为莽大夫。朱全忠灭唐，群下杨师厚、刘知俊辈为之效力，苟图富贵固不足言，其张文蔚、薛贻矩辈素以文行著称，乃亦甘为逆贼佐命。卒就唐六臣之诛，高季迪鹤媒诗云：嗟尔高洁非凡鸟，胡为狗食移此心。"①

　　　　所随不贞，如严尤之于王莽，荀彧之于曹操，其得为无咎乎？愚谓非惟有咎，终亦不免于凶耳。始虽元亨，竟何有哉？如马援之对光武曰：当今之世，非但君择臣，臣亦择君耳。邓禹杖策追光武于邺而曰：愿明公威德加于四海，禹得效其尺寸垂功名于竹帛耳，此知所随者也。又如管仲之于桓公，乐毅之于燕昭王，孔明不从魏吴而从汉昭烈。百里奚知秦穆公之可与有为也而相之，皆知所随者也。但卦以物随为义，彼此亦相依。如光武、昭烈、燕昭、秦穆，便为物随而得其正者。②

此是对《随》卦卦义的解释。君臣之道，君选择能臣辅佐，贤臣良将也应择圣主而栖。选对圣主而衷心跟随才是正道。如严尤、荀彧，追随王莽、曹操，其主不在正道，那如此衷心只不过助纣为虐，这样当然不能免于凶。而像管仲追随齐桓公，乐毅之于燕昭王，诸葛亮辅佐刘备，都是得道之举，自然正固。为人臣者，更要做到有道而正固，有信则道明。

──────────

① 蔡清：《易经蒙引》卷五上，《文渊阁四库全书》第 29 册，台北：商务印书馆 1986 年版，第310 页。

② 同上书，卷三上，第 198 页。

昔晋何晏闻管辂明易数，请与论易。邓扬在坐，请作一卦，当至三公不。又问连梦青蝇数十来，集鼻上，辂告之曰：元凯辅舜周公，佐周皆以和惠谦恭，享有多福。今君侯位尊势重而怀德者鲜，畏威者众，殆非小心永福之道，愿君侯哀多益寡，非礼弗履，则三公可至，青蝇可驱也。后二人皆坐事诛。①

此处蔡清引管辂之事，以说明《易》之书是以道义配祸福的。《易经》虽然是卜筮之书，但卜筮的吉凶并非单纯的吉凶，往往与预测之人的道德相关，正如孔子所谓易与君子谋，如果是有德望的君子，即便卜的卦是凶，也能逢凶化吉。如是无道之小人，纵然是上吉，这吉也要打折扣。这正是易不同于其他术数书之处。可见其道德主张。基于此特点，《易经》才能成为五经之首。

《豫》卦六二爻辞曰："介于石，不终日，贞吉"。对此蔡清解释道："大抵有守之人，其心自静，静则生明矣。如蜀山人不起念，十年亦能前知。董五经知程子欲来之信息，亦只是静穆生以醴酒，不设而去楚，曰不去楚人将钳我于市。盖是不可荣以禄者。晋张翰、顾荣见晋室将乱，或托思莼鲈而归故乡，或率妻子先逃于林虑山中甚者。如杨元琰请为僧，以免武三思之害。金日磾不肯纳女，后宫不肯受稅侯之封，以全其宗，胜于霍光远矣。此皆介于石，不终日而见凡事之几微也。"② 介于石即寓意不为凡尘俗世所牵绊，君子独守其心之静则可贞吉。以董五经、张翰、杨元琰等人为例，使得爻辞之寓意更加明确。

对《随》卦九四爻辞"随有获，贞凶，有孚在道，以明何咎"一句，蔡清认为有孚在道是免除灾祸的根本方法。如其所言：

如霍光专权，故其骖乘于帝也，帝如芒刺在背，此便是光之不能在道，亦其孚诚之不至也。故曰霍氏之祸萌骖乘。故张安世代之骖乘则上甚安之矣，安世固素以忠谨闻也。如萧何者，最能善处功名，以

---

① 蔡清：《易经蒙引》卷一上，《文渊阁四库全书》第 29 册，台北：商务印书馆 1986 年版，第 10 页。

② 同上书，卷三上，第 194 页。

消上心之疑贰。郭子仪权倾天下而朝不忌功，盖一世而上不疑，有孚
而在道也。故强贼未平则慷慨流涕。或单骑见虏以纾国难，其有孚为
何如？握重兵居外，又有百战之功，朝廷所以处之又屡失其宜而无纤
芥顾，望意朝闻命夕就道，其在道为何如，此真万世人臣之法也。①

一旦为人臣者，不顾主上之心思，盲目专权，必定遭杀身之祸，正如霍
光之祸。相比之下，郭子仪同样的权倾朝野，而朝廷并无猜忌之心，何也？
有孚在道也。同理，萧何善于观察圣意，能够消除帝王之戒心，自然获吉。
这两者的差别，一切的根本就在于为臣之道要有孚。蔡清继而又说道：

汉之萧何、韩信皆受君之重任者也，信恃其功，既求封齐，复求
王楚，汉高祖惟所欲则与之，可见随有获者也。然高祖疑信之心，固
积之久矣，此其所以及于祸也。夫自人君言之，则有功必赏，固其正
也。然于人臣之义，则挟功求赏能无凶乎。萧何素知高帝之心者，而
又得鲍生召平之徒，以此意晓之，故得免于祸。高帝在军中数遣使劳
何，何听鲍生之言，悉遣子弟从军，而帝大悦。帝击陈豨，遣使拜何
相国，因封五千户。又从召平之言，而让其封不受，悉以家财佐军
用，而帝又大悦。何之使帝不疑而勤于其职以保其身，其于有孚在道
以明亦庶几乎，以是观之，圣人之戒深矣。②

此处韩信的不免于祸与萧何的全身而退对比如此明显，而圣人所教导
的至理现也。

3. 唐宋

"当唐之兴也，有房玄龄之善谋，杜如晦之善断之类。又如汉之方兴
也，有子房之运筹于内，有韩信之制胜于外。唐之方兴也，有房、杜之善
谋于内，有英、卫之善武于外。"③　在对《丰》卦初九爻辞"遇其配主，
虽旬无咎，往有尚"一句注释时，蔡清认为《丰》卦在于明动相资，即

---

① 蔡清：《易经蒙引》卷三上，《文渊阁四库全书》第29册，台北：商务印书馆1986年
版，第201—202页。

② 同上书，第202页。

③ 同上书，卷八上，第493页。

如其所引之历史人物，唐太宗之时，房谋杜断正是一种相资，而房、杜之文臣与英、卫之武将又是一种相资。通过历史上的人物，蔡清将明动相资解释的生动形象。

"狄梁公为地官侍郎，为来俊臣诬构下狱，狱吏抑公诬引杨执柔，公曰：天乎！吾何能为？以首触柱血流被面，彼惧而谢焉。范文正公曰：嗟乎！陷阱之中不义不为，况在庙堂乎？见范文正公、狄梁公碑况此，所谓忧患亦不必皆是遭横逆，堕陷阱乃为忧患，只是与世龃龉，所谓掾心危虑患深者皆是矣。岂可谓全不容有及物之功耶？"① 以狄梁公为来俊臣诬陷下狱而撞柱，如此举动反而使小人生惧怕之心，以此例明"忧患中亦有能为人利害处"之理。

> 如唐之玄宗其始也，励精为治，非不元善也，而不能善其终。开元之末，遂恣情极欲以稔无涯之祸，此是元善而不能长永者。又如汉之文帝恭嘿德化二十余年如一日，宋之仁宗勤俭正身四十余年如一日，亦可谓元善而长永矣。然一则黄老之杂而不能力追三代之治化，一则刚毅不足时为小人所迁惑，则是能元善长永而未能正固者也。是皆未免有咎也。有咎者，德皆未能称人之比也。②

爻辞之旨要在于善始善终，仅仅元善然而不能长久者，仍不能获得终吉。如唐玄宗，早年雄姿英发，有开元之盛世，然晚年昏庸，不能励精图治至终，导致李林甫等奸臣当道，甚至安史之乱，唐代从此一蹶不振，此正是不善终之典型。又如汉文帝、宋仁宗，虽然恭俭正身二十年、四十年之久，然而却被小人所惑，不能正固，最终也不能正道。

"小人剥庐终不可用也，地若无天且不能为地，况天下可无君子乎？故曰不有君子其何能国？故李林甫得志于天宝而四海鼎沸，林甫已剖棺断尸矣。蔡京得志于崇宣，而二帝北狩，京等亦家无处所矣。"③ 以李林甫、蔡京此等小人佞臣之落魄下场明"小人剥庐终不可用"之理。可见小人

---

① 蔡清：《易经蒙引》卷十一下，《文渊阁四库全书》第 29 册，台北：商务印书馆 1986 年版，第 717—718 页。

② 同上书，卷二中，第 134 页。

③ 同上书，卷三下，第 248 页。

终不得善终，不能久于遮天，君子才是辅国之栋梁。所谓小人勿用之理。

　　久于卜筮之际，似乎实有神司之者。尝闻宋高宗微行，遇善卜者谢石，以杖于土上画一字，令相之。石思曰："土上加一成王字，殆非凡人耶？"疑信间令再出一字，高宗乃作问字，笔势两直飞开。石曰："左看是君字，右看是君字，非主上莫此术矣。"遂拜伏。帝归，召而官之。一日写春字，命相之，其上半体墨重。石曰："春头太重，压日无光。"时秦桧专权，秦字春头也，日君象也。桧闻其言，以为为己发，恨之，求其罪，窜远州。道遇一女子，名能拆字卜。石书"谢"字令相，曰："不过一术士耳。是寸言中立身也。"更令相"石"字，曰："逢皮则破，逢卒则碎。"盖押石之卒即皮姓。石竟终毙所如此者，岂非神运其笔动，中肯綮乎？断非偶然也。凡今卜筮每每有奇中者，实皆神之所运也，有其诚则有其神矣。①

　　此段话出自《乾》卦的释文。看似称道占卜之事，实则明确阴阳两气之神化。占卜之所以灵验，在蔡清看来，是因为占卜之人用心之诚，此诚意使得天人相合为一，人能感受到天之运动规律，这就是所谓的神，正因为此，占卜之事往往奇中。

　　对于《临》卦的卦辞，蔡清在注释中提道：

　　韩、范、富、杜等皆在两府，欧阳修、蔡襄等在言路，而范雍、夏竦之徒自不得于其位。又如司马光、吕公著等入朝，而章惇、蔡卞之徒亦自然消阻而不得挺，是皆君子道长，其势有以逼使远去之意。以国家之寇敌言之，如唐宪宗既平，刘辟、李锜便有次及河北、淮西诸镇之势。嬴秦既灭，韩、赵便有次及燕、魏、齐、楚之势矣。以中国之于夷狄言之，如唐太宗既定帝业，灭突利而四夷君长莫不来王，或遣子入侍，亦其势有以威之也。宋仁宗只用韩、范措置边务，而赵元昊知其非敌，即纳谏事大，亦其势有以逼之也，则所谓二阳浸长以

　　① 蔡清：《易经蒙引》卷一上，《文渊阁四库全书》第29册，台北：商务印书馆1986年版，第13页。

逼于阴者，固不害其为君子也。①

此处用欧阳修等君子与范雍等小人对比，君子临于小人，可以君子道长，小人道消。又引用司马光、章惇之君子小人的对比，使得君子临小人之意更明。君子临小人，迫使小人远去，这正是《临》卦之本义，也是君子道长的深刻寓意所在。天下之理，自古正邪不两立，君子之职责在于除尽天下之小人，故君子也有不得不用凌逼作为手段的时候。"不但君子之于小人，国家之于寇敌，中国之于夷虏皆此理也。"②

第二节　蔡清易学诠释与佛教道教

儒、释、道三教合流端倪始见于汉唐佛教，儒家与佛教、道家历来都是在相互影响中发展壮大。陈抟、周敦颐、朱熹等大家的思想中，均有三教合流的表现。蔡清亦然。在蔡清的《易经蒙引》中，从多个细微处均可窥见其易学思想与佛教、与道教有着千丝万缕的联系。本节将研究蔡清易学诠释与佛教、道教的关系，从不同的侧面进一步解读蔡清易学思想的形成因素以及窥探其思想的时代烙印。

一　蔡清易学与佛教思想的关系

佛教自汉传入中国之后（传入时间有先秦、西汉、东汉之说，本书不作详细讨论），经历隋唐的鼎盛发展，到宋代佛教已经十分兴盛。研究佛教成为当时一般士子的风尚，包括程朱在内的大儒，对于佛教都有很深的造诣。受这种社会大环境的影响，当时的学者在思想上或多或少受到了佛教思想的影响，有的则是有意吸取了佛教中某些哲学思想来补充完善自己的学说，正如朱熹，其"理一分殊"的观点，与佛教华严宗、禅宗都有密切关系。华严宗在四法界中讲理法界和事法界时，指出理是全遍，不是分遍。"能遍之理，性无分限。所遍之事，分位差别。一一事中，理皆全遍，非是

① 蔡清：《易经蒙引》卷三下，《文渊阁四库全书》第 29 册，台北：商务印书馆 1986 年版，第 212 页。

② 同上。

分遍。"① 正如延寿禅师在《宗镜录》中说："一性圆通一切性，一法遍合一切法，一月普现一切水，一切水月一月摄。"② 水月之喻，被后世简称为"月印万川"，即是说太空一月映现在众多江海湖泊中，可以看到无数月，无数月终归来源于一月。同一本体显现为形形色色的事物，千差万殊的事物的本质又同一。这正是朱子"理一分殊"思想的来源与本意。朱熹受到佛教思想的影响，作为朱子后学在明朝著名代表的蔡清，其思想必然也会受到佛教思想的影响。除了师承朱子外，也与明朝的大环境有关。

明代政权建立之初，政局鉴于元代崇奉喇嘛教的流弊，开始支持汉地传统的佛教各宗派，正是在这种因素的影响下，禅、净、律、天台、贤首诸宗逐渐恢复发展。又加之明太祖朱元璋早年曾为僧侣，当局对佛教的发展给予了政治关注，对于佛教有意加以整顿。南京天界寺设立善世院，划分僧众专业，点校藏经，官制化全国名山大刹住持并按级给俸，这些举措足以证明明朝政府对佛教的重视，从侧面反映出佛教在明朝的兴旺发展。正是由于这种大的背景以及朱子思想的影响，我们可以窥见蔡清易学思想中的佛教思想端倪。下文将从对理的观点以及虚静方面说明。

1. 理一分殊

在理的问题上，蔡清如是说："天理流行随处充满者，近自一身之间，目视而耳听，手持而足行，以至于身之所接，如君臣父子之属，皆是道理。如此一动静、一衣服、一饮食，以至鸢飞鱼跃，都是此理。"③ 天理流行，无处不在。近观吾一身之体，远到君臣父子之间，鱼虫鸟兽之中，都不外是此理。无论动还是静，衣食住行的各个方面，都可以看到理所依存处，此可真谓理无处不在，无时不在。"大抵天下惟道理最大。理之所在即天之所在也。人苟逆理而得罪于天，再无所祷而能免者，言媚奥固不能免媚灶，亦不能免也。然则人惟当顺理而已。"④ 认为理是天地间的最高法则，人类的行为应以理为准则。

_____

① 释延寿：《宗镜录》卷一二，《续修四库全书》1283 册，上海古籍出版社 1995 年版，第507 页。

② 同上书，卷一四，第530 页。

③ 蔡清：《四书蒙引》卷七，《文渊阁四库全书》第 206 册，台北：商务印书馆 1986 年版，第 284 页。

④ 同上书，卷五，第186 页。

上天之载，无声无臭，是即大本大原所在，又万事之所自出者
也……以一理复终之一理也，由一理而散为万事，放之则弥六合也。
由万事而合为一理，卷之则退藏于密也。放之则弥六合，卷之则退藏
于密，亦姑以形容其极于至大，而无外入于至小，而无内耳。①

理散于万事万物之中，天地六合皆备于一理，极大之处、至微之地均
有理藏于其中，可见理之无处不在。

言天下万理同出一原，我只是一个道理，以该贯他何至于多学而
识也。子贡只就外面探讨得许多，孔子则只把他一心来照外面许多而
见其无一理之或外也。②

万理一原而一以贯乎万矣。盖非一无以贯乎万，然非万则亦不见
夫一之所贯。功有先后，理则一串。孟子意为徒博而不知约者居多。
天下之理自一而万，万复合为一。③

万理乃一理也，殊途同归，世间万物都出于一理，朱子所谓理一分殊
是也。理是一个理，然理又化分散于天地间，一与万之间相辅相成，没有
此一，则无万物之理，没有万物来体现，也不得见此理之广博。天下理只
是一个依存且循环的过程。

华严宗认为全宇宙统一于一心，若由现象与本体观察之，则可分为四
种，即事法界、理法界、理事无碍法界、事事无碍法界。所谓理法界，即
是无尽事法，同一理性。即世间、出世间的一切诸法，是最根本的法则，
本体皆为真如，平等无别。华严宗的这种认识与蔡清对于理的认知，其本
质是一样的，都将理视为宇宙最根本的法则。对于理事无碍法界，华严宗
是这样解释的："理"即理体，"事"即事法。宇宙的差别事相与如如不
动的本体界之间有相即相入的关系。"理"之与"事"，本体与现象，诸

---

①　蔡清：《四书蒙引》卷三，《文渊阁四库全书》第 206 册，台北：商务印书馆 1986 年版，
第 80 页。

②　同上书，卷八，第 341—342 页。

③　同上书，卷十二，第 580 页。

法与实相是一而非二，如波即水，水即波，相互交彻，圆融无碍。本体无自性，须借事显发；而一切万象，皆为真如理体的随缘变现。事无理不成，理无事不显。故理即是事，事即是理，理事圆融交涉。华严宗认为理是没有形象的，但是理存在于万物形象当中。这正是理与事的奥妙关系。正如蔡清所言，天地之理虽然难以描述，但其赋予万物中，在人身为一理，在君臣为一理，在花草鱼虫又为一理，此理散于万物而易为人所明。蔡清的这种认识与"理无形相，全在相中"的观点十分相似。对于事事无碍法界，华严宗认为"事事"指各个具体事物。世间万事万物虽各具差别，都是同一理体的随缘显现，故在本体上相同。世间出世间的一切诸法都相入相即，圆融无碍。也即虽然分散于万物，而其理是同一理。正如上文提到的蔡清之言："以一理复终之一理也，由一理而散为万事，放之则弥六合也。"华严宗指出，宇宙万象皆由理所显现，其所显现的诸法也是融通无碍的。譬如离波无水，离水无波，水波无碍，水和水、波和波也无碍。每一事物都是理的显现。

2. 虚静之说

> 定而后能静。大抵外物所以能动其心者，只是见理不真，而胸中无定力耳。定则惟理是主，是非眩他不得，故静而不妄动。定以理言，故曰有静。以心言，故曰能，静而后能安。人之一身以心为主，心苟静而不妄动，则此身随其所在，而无不得其所安矣。或谓静与安皆以心言，非也。安谓所处而安处居也，非处事也。处事则能虑，时矣。①

蔡清认为静才是认识事物的根本，在动静关系上，认为应以静为主。只有做到心中有定，而后才能静，心方能不为外物所动，如此还能明理见性。心为一身之主，心能静能安，则身随心而静而安。蔡清所强调的入静的这种状态，与禅宗的禅定有着相同之处。禅宗的这个"禅"字，本是由梵文"禅那"音译而来，其意为"静虑"、"思维修"、"定慧均等"。它是指集中精神以进入有层次冥想的过程。它是佛教很重要而且基本的修

---

① 蔡清：《四书蒙引》卷一，《文渊阁四库全书》第 206 册，台北：商务印书馆 1986 年版，第 32 页。

行方法。禅定讲求的是进入一种完全的静的状态，不受外界的任何干扰，这与蔡清所说的定而后能静是一样的。禅宗所谓的禅并不是指某一种特定的修行方法，而是指证悟到本性的一种状态。蔡清的虚静之说，也是在达到认识本性这个目的的过程中的一种状态。"心惟虚则灵。故心有所忿懥不虚也，则忿懥不得其正，而视不见、听不闻、食而不知其味矣……又当知此是以心言，而理在其中。心所以能涵万理者，以其虚也。虚则有以具众理，灵则有以应万事。能具众理而应万事，此所以为明德也。"① 以虚而能受万物，只有虚心才能感受天地万物之化育。虚是明白众理的前提。

"虚静"是蔡清易学思想中一个重要的范畴，单就"虚静"本身而言，其本意为排除主观之成见、杂念、嗜欲以保持内心平静清澈、精神专注，心智专一。虚静并非首创于蔡清，其说最早出现于先秦时期。蔡清所强调的虚静，可以理解为一种认识论范畴。虚静是以一种神秘的感受性的原则和方法来感知世界，通过主体的一种特殊的精神状态来感受、体验客体。佛教思想讲求排除杂念，聚精会神。慧远大师曾在《庐山出修竹方便禅经统序》中提到："夫三业之兴，以禅智为宗，虽精粗异分，而阶藉有方。是故发轸分逵，途无乱辙；革俗成务，功不待积。静复所由，则幽绪告微，渊博难究。然理不云昧，庶旨统可寻。"② 在慧远看来，禅与智是相互依存的，定能发慧，智由禅起，禅定没有智慧就不能穷尽寂灭，智慧没有禅定就不能深入观照。虚静在蔡清思想中是一个认识论的范畴，同样的，在佛教当中，虚静的状态与禅宗的禅定类似，而禅定本身也是一种方法，是帮助世人观照本心的法门。从这个意义上讲，也是一种认识论的范畴。这样看来。蔡清的虚静思想与佛教的禅定有着密切的联系。

蔡清的思想虽然在一定程度上受到了佛教思想的影响，但是对于佛教蔡清仍是持批判的基本态度。

　　　　吾儒之道不外乎致知、力行二者而已。致知者，尽心知性也。力
　　行者，存心养性也。佛氏曰明心见性，甚有似吾儒之所谓尽心知性。

---

① 蔡清：《四书蒙引》卷一，《文渊阁四库全书》第206册，台北：商务印书馆1986年版，第30页。

② 释僧祐：《出三藏记集》卷九，《续修四库全书》第1288册，上海古籍出版社1995年版，第223页。

老氏曰修心炼性，甚有似吾儒之所谓存心养性。此可谓弥近理矣。然而吾儒之尽心知性者，所以择善以明乎道，即尧舜以来，所谓惟精者也。彼之明心见性，则以觉为妙，其归至于绝圣弃智，空诸所有。所谓语小则梦幻人世，语大则尘芥六合者也。其于吾道果同乎？吾之存心养性者，所以固执以守夫道，即尧舜所谓惟一之旨也。彼之修心炼性，则以退为长算，其归在于贪生冒利，独立物表。所谓将欲取之，必固与之。弱其志，强其骨，使人无知无欲者也。其于吾道又果可同乎？此其大乱。真可见吾儒格物以致知，佛氏外物以为知吾儒，成己以经世。老氏利己而遗世。佛老之弥近理而大乱真者不止一二件。且如中庸之道，一平常不易之理也。佛氏云世间万事不如常。又不惊人又久长。何其近也？又如云：有物先天地，无形本寂寥，能为万象主，不逐四时雕。又何其类吾儒之所谓太极也？吾儒曰：动静无端，阴阳无始；老氏曰：虚而不屈；动而愈出，迎之不见其首，随之不见其后。又何其类也？吾儒曰：不言而信，无为而成。老氏曰：圣人处无为之地，行不言之教。又何其类也？然究其归，则皆不免于外物以为智。利己而遗世，佛老之病一也。盖吾儒之虚，虚而实。老氏之虚，虚而虚。吾儒之寂，寂而感。佛氏之寂，寂而寂。①

　　蔡清认为儒学与佛教虽然在一些观点上有相似之处，而其本质是不同的。如佛教所谓明心见性与儒家的尽心知性就有着本质的不同，前者最终是归于空无，后者则是为了明乎道，为了治世。一个空无，一个实用，截然不同。又如儒家所讲的寂是为了寂然不动感而遂通天下，是以寂然不动为手段而认知世界，佛教所谓的寂则是真的寂了。这些都体现了儒家与佛教的一个最根本的区别——出世与入世。

　　由上述可知，蔡清对于佛教思想，有着很深的认识。在认知的过程中，难免或多或少地受到佛教思想的一些影响，具体表现正如上文所示。然而这种影响，并未改变蔡清对佛教的基本态度。当然，从蔡清对于佛教的批判，也正从侧面说明了蔡清的思想与佛教思想有着密切的联系，正因

---

① 蔡清：《四书蒙引》卷三，《文渊阁四库全书》第 206 册，台北：商务印书馆 1986 年版，第 75—76 页。

为关注与了解，才有了批判的态度。

二　蔡清易学思想与道教的关系

道教与儒学的关系历来密切，两者同尊《周易》为经典，即从思想本源来讲，有着一定程度的一致性。虽然道教注重修身成仙而儒家则讲求经世致用，两者看似有着不可调和的矛盾，但在长期的发展过程中，道教与儒家的思想不断地交融，相互吸收，并不是完全独立的两个体系。周敦颐《太极图》的建立，就是援道入儒的最好证明。朱熹作为理学大家，其思想也在很大程度上受到道家道教的影响。朱子专门著有《周易参同契考异》，可见其对道教思想的关注。蔡清作为明代闽南地区朱子学派的代表人物，其思想受到道家的影响，不足为奇。下文将从河图洛书、太极、阴阳五行三大方面论述蔡清易学思想与道教思想的关系。

1. 河图洛书

河图、洛书是《周易》当中的两个重要范畴，尤其宋明时期，多数思想家以河图、洛书来阐释《周易》的原理、八卦起源、天地之数、大衍之数、太极、两仪、四象等易学重要问题。通过对河洛之学的讨论，宋明的思想家对当时一些重要的理论问题，如世界的结构与形成，形上之道与形下之器，理、象、数三者的关系，元气论等都作了充分的阐发。河图洛书对宋明哲学的发展有着重要的促进作用。对于河图、洛书，蔡清在其《易经蒙引》中有专门的论述，如：

> 愚斋翁氏曰：河图运行之序，自北而东，左旋相生固也。然对待之位，则北方一六水克南方二七火，西方四九金克东方二八木，而相克者已寓于相生之中。洛书运行之序，自北而西，右旋相克固也。然对待之位，东南方四九金生西方一六水，东北方三八木生西南方二七火，其相生者已寓于相克之中。盖造化之理，生而不克，则生者无从而裁制，克而不生则克者有时而间断，此图生克之妙，未尝不各自全备也。河图主于阳，故以阳统阴，而极于十全数也。洛书主于阴，故以阴会阳，而少不足焉，阴道也。又河图主五行相生之序，洛书主五行相克之序，亦有义焉。惟主于阳也，故畀之龙马，龙马至健者也；惟主于阴也，故畀之龟，龟至静者也。此皆主于自然之理而非有所安

排者也。①

　　盖人知河图而不知河图之为数，知河图之为数而不知其为天地之数，知河图之为天地之数而不知其何者为天，何者为地。故夫子历历指点，区别出以示人，曰：自此至下条便是孔子为河图作个图说如此也。是数也，默运于亭毒之中，所谓上天之载，无声无臭不可得而见也。今却显之于河图而为龙马一身之所载，皆天地之数之影迹也。是数也，惟伏羲知之以作易，伏羲而后世之知者寡矣。孔子于是发之以垂万世，而必置之大衍之前者，明易数之所祖也。万世文字之祖起于易，易祖于河图，河图者天之文也。天以是文寄于河图以示圣人，圣人遂则之以作易。②

　　河图之虚，五与十者，太极也，洛书而虚其中五，则亦太极也。非以洛书之中五，河图之中五，与十为太极也。是去其五与十者不用，而使中空以为太极也。盖太极无象，故虚之。河图洛书之奇偶各居二十者，盖河图既虚其中五与十，洛书亦虚其中五，则阳数只有一三七九，合之为二十，阴数只有二四六八，合之亦二十，两仪之象也。河图以一二三四为六七八九者，盖六七八九实因中宫之五而得。故一者六之所因，二者七之所因，三者八之所因，四者九之所因，一二三四即在内之六七八九也。故可以一二三四为六七八九，初间看似涉于牵强，细求其故乃知一出于自然之理也。③

　　洛书四方之正以为乾坤坎离，四方之偏以为兑震巽艮，分明乾兑生于老阳之四九，今则乾居九兑居四也。离震生于少阴之三八，今则离居三震居八也。巽坎生于少阳之二七，今则巽居二坎居七也。艮坤生于老阴之一六，今则艮居六而坤居一也。所谓其卦未尝不与洛书之位数合也。④

　　对于河图、洛书，蔡清主要是将其看作易之本源，也即是天地之本

----

① 蔡清：《易经蒙引》卷十上，《文渊阁四库全书》第 29 册，台北：商务印书馆 1986 年版，第 620 页。

② 同上书，第 619—620 页。

③ 同上书，卷十下，第 662 页。

④ 同上书，第 663—664 页。

源，圣人观图以作《易》，河图、洛书之数，虚其中之五、十不用也象征太极，又用剩余的阳数与阴数象征阴阳两仪，河图、洛书本来亦有阴阳之分。从总体看，蔡清将河图洛书视为哲学范畴，对其论述主要是发挥其哲学意义。与道教炼丹的目的相比，虽南辕北辙，然而其认知过程中，对于河图洛书的观点，仍有相通之处。

道教最重要的经典之一——《周易参同契》被喻为"万古丹经之王"，其书以隐语的方式解释说明了道教内外丹修炼的原理。如"九还七返，八归六居"①、"七八数十五，九六亦相应。四者合三十，阳气索灭藏"②。宋代张伯端的《悟真篇》中也有类似隐语，如"三五一都三个字，古今明者实然稀；东三南二同成五，北一西方四共之，戊己自归生数五，三家相见结婴儿；是知太一含真炁，十月胎圆入圣基"③ 等。这些隐语都与河图、洛书有关。河图洛书与北宋高道陈抟也有着极深的渊源关系。《宋史·艺文志》易类有陈抟《易龙图》一卷，此龙图即为河图洛书。由上述可见，河图洛书在道教中的重要地位。

道教将河图、洛书中的一、二、三、四、五看作五行之生数，代表人和万物的先天状态；六、七、八、九、十代表五行之成数，代表人和万物的后天状态。《周易参同契》所谓"九还七返，八归六居"正是以河洛之数为喻，表达了道教修道由后天返还先天。在修炼中，道教根据河图、洛书中五行方位之说，来指导其具体的修行。南二代表火、东三代表木，东三南二表示求取"火中木"，此主要是喻指内丹涵养性情、追求清静无为的性功；北一西方四共之，北一代表水，西方代表金，其生数为四，表示求取"水中金"，这是喻指内丹保精惜炁、炼精化炁的命功。道教虽将河洛之数应用于炼丹修仙，但其运用的过程，正是将河洛之数与五行相联系，这才是应用可行性的关键所在。而将河洛之数予以阴阳五行之深意，与上文提到蔡清引文"则北方一六水克南方二七火，西方四九金克东方二八木"、"东南方四九金生西方一六水，东北方三八木生西南方二七火"

---

① 陈显微：《周易参同契解》卷中，《文渊阁四库全书》第 1058 册，台北：商务印书馆1986 年版，第 608 页。

② 同上书，卷上，第 591 页。

③ 张伯端：《易经蒙引悟真篇注疏》卷上，《文渊阁四库全书》第 1061 册，台北：商务印书馆 1986 年版，第 458 页。

相比，可见在这点上，蔡清与道教在思想上有着共通之处。

2. 太极

道教阴阳太极思想源于《周易》，追本溯源，早在先秦道家时期，其经典中就出现过太极、阴阳等概念。如老子《道德经》说，"道生一，一生二，二生三，三生万物。万物负阴而抱阳，冲气以为和"①；《庄子·大宗师》说，"在太极之先而不为高，在六极之下而不为深"②，等等。对于重视炼丹的道教方士来说，对太极并未有过过多的理论性描述，其对太极的认知可体现在太极图中。阴阳鱼太极图正确地表达了太极与阴阳、八卦的关系。太极并不是孤立存在的一物，太极即是阴阳、即是四象、即是八卦，八卦虽个个不同，但却为太极所统摄。引申开来，万物各不同，但却都可以归到太极中来。如以太极喻"道"，则万物一道。道教以阴阳太极图作为自己的标志也取了这层含义。由此可见，道教的太极观，同蔡清一样，认为太极是万物之根本，统摄万物，太极并非一个孤立的存在，而是散而为万物。蔡清认为："合天地万物之理谓之太极，此太极二字之本指也。若谓一物各具一太极者，则指散殊者之全体而言，天地间无他物，只是道而已，道无他，只是一阴一阳而已。"③可见太极无论之于道教还是之于蔡清，都处于本体的地位，而又都可散为万物，使得物物各具一太极。

蔡清认为太极是宇宙的本体。"易有太极易者，阴阳之变；太极者，阴阳之所以变者也；阴阳之所以变者，太极有动有静也。太极有动有静，即是一每生二也。一每生二，即是太极之理也。自两仪以上，以至于六十四卦，皆是此理，即一神两化也。此处主易而言。盖易是影此理者也。"④太极即是理，无时无处不在，无形无嗅，"圣人以其无穷无尽而无以名状之，故强而加之以太极之名。盖太极只是此理之尊号而已……语道体之

---

① 河上公：《老子道德经》卷下，《文渊阁四库全书》第1055册，台北：商务印书馆1986年版，第63页。

② 郭象：《庄子注》卷三，《文渊阁四库全书》第1056册，台北：商务印书馆1986年版，第38页。

③ 蔡清：《易经蒙引》卷九下，《文渊阁四库全书》第29册，台北：商务印书馆1986年版，第595页。

④ 同上书，卷十下，第657页。

全，则谓之太极，语太极之流行则谓之道，语道之妙则谓之神。"① 不离乎器而又不杂乎器，即谓可散于万物之中各具其形，但太极并不囿于万物具体之形器。正如其所言 "举太极而言，而二气五行万物诸形器之属，即在其中，见太极非有离乎形器也。又曰形器已具而其理无朕之目，谓自二气五行万物而言，而太极亦即在其中。亦见太极非有离乎形器也，但亦不杂乎形器耳"②。

3. 阴阳、五行

阴阳、五行是道教生命伦理中最为重要的范畴。道教的阴阳之说主要继承于先秦道家的道论及阴阳理论，同时又吸收《周易》以及中国古代阴阳五行学说的精华。老子认为阴阳是推动道运动变化的力量。道生一，一生二，二生三，三生万物。二即阴阳，由道产生；阴阳相交，产生冲气以为和，天地万物遂于阴阳相反相成中化生。庄子进一步将阴阳的观念具体化。在他看来，道之所以能化成万物就在于道蕴含着阴阳两个相反的方面，宇宙万物亦都包含着阴阳正负两个方面，阴阳的互相交通，互相作用，而形成了和，和为万物生成的基础。战国时，以邹衍为代表的阴阳五行说广为流行，被后世道教所吸取，调阴阳、顺四时、序五行、以政令配月令的思想，成为汉以来的主流看法。早期道教经典中也充满了阴阳五行思想。《太平经》中以阴阳五行为家，以奉天地、顺五行为本，认为天地之性是由阴阳所构成的。《老子想尔注》讲阴阳之道，主张和五行，令各安其位。《参同契》以《周易》卦爻配阴阳五行，用以说明修仙炼丹。《黄庭经》以五脏配五行，用阴阳之气炼形养身。阴阳五行学说成为道教内外丹学的重要理论依据。道教教义也吸收了阴阳五行学说的义理并大量采用阴阳五行学的名词术语。可见阴阳、五行在道教中的地位。总而言之，在道教思想中，认为天地由阴阳所构成，五脏应与五行相匹配，将阴阳、五行作为一种准则来奉行，以顺天道，以炼身心。

在蔡清的易学思想体系中，阴阳同样被认为是构成世界的主要元素，同时也是推动事物发展和化育万物的根本。

---

① 蔡清：《易经蒙引》卷九下，《文渊阁四库全书》第 29 册，台北：商务印书馆 1986 年版，第 596 页。

② 同上书，第 597 页。

　　天地间无他物，只是道而已，道无他，只是一阴一阳而已。是阴阳也，在天者此也，在地者此也，在人者此也，在物者此也，在此一物有是阴阳，在彼一物亦有是阴阳，皆道之所在也，而实有定在，所谓无在无不在也……朱子曰：若只言阴阳之谓道，则阴阳是道。今曰一阴一阳，则是一阴了又一阳，往来循环不已，乃道也。便可见阴阳不测之谓神，不待外求矣。[1]

　　天地间只是道，而道不外乎阴阳，一阴一阳之谓道，即是说道的运动是靠阴阳的力量来实现的。"阴阳不测之谓神者，即阴而道亦在阴，即阳而道亦在阳，阴阳只管迭运而道无不在焉。凡一屈一伸，一往一来，一进一退，行乎十百千万之中，无非这一个物事，其莫测如此，此其所以谓之神也，故曰神无方，神即道也。两在故不测言，忽然为阴，又忽然为阳也。忽然为阴，则道在阴矣。忽然为阳，则道又在阳矣。是谓无在而无不在，无为而无不为，故曰阴阳不测之谓神。"[2] 阴阳之所以可以造化万物，全在其神，即其阴阳不测之理，简单来讲，正是由于阴阳不停地往复运动，变化成形，可为阴，可为阳，无处不在，无时不有，所以其道正是此理，故谓阴阳不测，万物成焉。

　　关于五行，蔡清如是说：

　　凡言五行有二，有以造化气序之流行言者，木而火，火而土，土而金，金而水。如春夏秋冬是也。有以万物之生成言者，则水而火，火而木，木而金，金而土，此章所云是也。此五行物物有个五行也。凡物资始时属水，流形时属火，向于实则木矣，实之成则金矣。分明是个元亨利贞四者，则总归于土。五行之生，以微着为渐，水质微，故居先。火渐着，故次水。木则着而实矣，故次火。金则实而固矣，故次木。土则以全体而言，故居中。非所谓生成之序而何？苏东坡读养生论曰：阴阳之始交，天一为水。凡人之始造形皆水也。故五行一

① 蔡清：《易经蒙引》卷九下，《文渊阁四库全书》第29册，台北：商务印书馆1986年版，第595—596页。

② 同上书，第608—609页。

曰水，得暖气而后生。故二曰火生，而后有骨。故三曰木，骨生而日坚。凡物之坚壮者，皆金气也，故四曰金。骨坚而后肉生焉，土为肉，故五曰土。①

　　蔡清认为五行是万物组成的基本元素，也是气化流行之序。五行之间相生相克，互为流转，木生火、火生土、土生金、金生水，万物如此，四季也是如此。五行者，各有不同的特性，故有着不同的先后顺序。水微而火渐，木实而金固，土则是就总体上说，故居于中。正是基于此理，才有了道教的炼丹之术。道教的炼丹术吸取《周易》中阴阳消长及五行生克的原理，同时借用《周易》术语以表明复杂的火候景象，如：《参同契》上篇云："推类结字，原理为证，坎戊月精，离己日光，日月为易，刚柔相当，土旺四季，罗络始终，青赤白黑，各居一方，皆禀中宫，戊己之功。"② 其中"坎戊月精"乃阴中有阳，象水中生金；"离己日光"乃阳中有阴，象铅中生汞；"青赤白黑"乃木火金水，土居中央。讲的阴阳消长变化及五行的演化。"知白守黑，神明自来，白者金精，黑者水基，水者道枢，其数名一。阴阳之始、玄含黄牙，五金之主，北方河车……金为水母，母隐子胎，水者金子，子藏母胞。"③ 借用五行思想，演说炼丹火候景象。《诸真圣胎神用诀》："阳炁出，水盛木。阴炁出，火盛金。金阳生于子出乎卯，阴生于午入乎酉，此四仲之辰，皆是天地之门户也。"《崔公入药镜》："盗天地，夺造化，攒五行，会八卦。水真水，火真火，水火交，永不老。水能流，火能焰，在身中，自可验。"像上面这样的例子，在道书中随处可见。由此可见，道教炼丹所依据的阴阳五行原理来自于《周易》，正与蔡清在对《周易》进行注解时所表达的阴阳、五行思想相符合，即可见蔡清易学与道教思想有着密切的关系。

　　① 蔡清：《易经蒙引》卷十上，《文渊阁四库全书》第 29 册，台北：商务印书馆 1986 年版，第 622 页。
　　② 陈显微：《周易参同契解》卷上，《文渊阁四库全书》第 1058 册，台北：商务印书馆 1986 年版，第 588 页。
　　③ 同上书，第 594 页。

第五章　蔡清易学的历史影响

　　蔡清作为朱子学的传人，在明代朱子学派中颇有名气，尤其是在闽南地区，影响甚远。蔡氏著书立说，开设学堂，对于朱子学在闽南地区的传播，起到了很大的推动作用。在易学方面，其《易经蒙引》一书对于后人更是影响深远。如其门人陈琛、李希元等人，均对其易学思想有不同程度的继承和发展。在蔡清的倡导和影响下，李廷机、张岳、林希元、陈琛、苏浚、郭惟贤等 28 人在开元寺结社，研究《易》学，人称"清源治《易》二十八宿"。出版论著达 90 多部，一时泉州研《易》蔚然成风。这对之后的闽学大家也造成了一定程度的影响，如李光地、蓝鼎元等。从整个易学发展史来看，蔡清易学也是不可或缺的一环。对于明末清初易学的继续发展，蔡清可谓起到了承上启下的作用，这在罗钦顺、王夫之等易学大家的思想中，可见一斑。下面一章，将从蔡清门人入手，看蔡清易学的后继发展，并通过蔡清易学对明末清初易学家的影响揭示其易学的历史地位与影响。

第一节　蔡清门人对蔡清易学的继承和发展

　　蔡清作为明初著名理学家，一生致力于理学研究，且能力行所学，汲汲于求道而疏略于求官。他精研六经、子史及各理学名家著作，对《易经》尤为重视。同时蔡清对教育十分热衷。其门人甚多，如陈琛、林希元、王宣、易时中、林同、赵逮、蔡烈等，而这其中以陈琛、林希元最为著名。其二人对于虚斋先生之易学思想的继承尤为突出，分别有《易经浅说》《易经存疑》专著问世。黄宗羲《明儒学案》有云："传其学者有同邑陈琛，同安林希元。其释经书至今人奉之如金科玉律，此犹无与于学问之事者也。"① 本节主要从陈琛、林希元两人看蔡清门人对其易学的继承和传播。

一　陈琛

陈琛，字思献，号紫峰，世人尊称其为紫峰先生。福建晋江人，生于明宪宗成化十三年（1477），卒于明世宗嘉靖二十四年（1545）。武宗正德十二年（1517）举进士，"授刑部主事，改南京户部，就擢考功主事，乞终养归。嘉靖七年，有荐其恬退者，诏征之，琛辞。居一年。即家起贵州佥事，旋改江西，皆督学校，并辞不赴。居家扫却一室，偃卧其中，长吏莫得见其面"②。陈琛为官清廉，提倡革除私弊，但遭到当时官僚反对，后辞官不做，之后同样辞贵州、江西提学而不受，晚年远离官场。对于陈琛的晚年生活，在《泉州府志·陈琛传》中描述为：时而由然发笑，时而喟然叹息，不为他人道，人亦莫能测。兴趣所至时，纵行田野间，与农夫野叟，谈叙风俗旧故，桑麻节侯为乐。发为诗歌，往往自在脱洒。如此，陈琛晚年徜徉于田野间的画面跃然纸上。可见陈琛对于政治态度淡泊，更求返璞归真之生活本质。这也正是一个哲学家的本色，能够静观天地之变，纵横古今兴衰，看透世态炎凉。

陈琛是蔡清的亲传弟子，蔡清之于陈琛，如朱熹之于蔡元定。《泉州府志》中有载："初受学于故长史李聪。一日，文庄得其文于聪所，嗟异之久。聪引琛禀学于文庄。文庄瞿然曰：'吾不然为之师，得为友是矣！'屈行辈与为礼。琛固辞，乃师事焉。"③ 由此观之，蔡清十分欣赏陈琛的文采学识，两人关系亦师亦友。陈琛乃蔡清得意门生，蔡清在督学江右时请陈琛随行，陈琛尽得蔡清所传，以至清曰："吾所发愤沉潜辛苦而仅得

① 黄宗羲：《明儒学案》卷四十六，《文渊阁四库全书》第 457 册，台北：商务印书馆 1986 年版，第 771 页。

② 张廷玉：《明史》卷二百八十二，《文渊阁四库全书》第 301 册，台北：商务印书馆 1986 年版，第 759 页。

③ 高令印、陈其芳：《福建朱子学》，福州：福建人民出版社 1986 年版，第 297 页。

者，以语人常不解。子已尽得之，今且尽以付子矣。"① 陈琛所在的时代，是商品经济初步萌芽的时期，受经济因素的影响，思想思潮上有所解放，此时的朱子学官方意识形态的地位已经受到来自王阳明心学的强大的攻势。在这种大局势下，陈琛仍然坚持朱子学，大力发展蔡清之学说，并进一步深入，在与心学辩论的过程中，推进了朱子学的发展。通过全面深入的分析研究，综合各家思想之所长从而形成了自己的特色，成为当时最具代表性的学者之一。明人毋德纯说："蔡元定、九峰、真西山、杨龟山、熊勿轩及陈紫峰、林次崖、张净峰诸贤，或以道学或以气节事功著名。然皆闽产也。而晋江尤为豪俊之薮……公一其人，允若虚斋所称道。"② 这段评论可见，陈琛与蔡元定、蔡沈、真德秀、杨时等人齐名，而蔡清独对陈琛赞许有加，更见陈琛之学术造诣颇深。陈琛注重理学的同时，也注重社会政治问题，卓乎成一家言，且其行文文辞优美，为时人所认同。林希元这样评价道："紫峰少以才名望乡，国学子出其门往往掇巍科登显仕。礼部再试，名动缙绅，公卿皆欲虚位以让。使工于进取，不数年公辅可立致，而紫峰乃恬然自守，足不及公卿之门……无所入于其心，其光明卓伟孰敢望而及。是故紫峰道德之士也。"③

明人陈敦履、陈敦豫在《紫峰先生年谱》中有过详细说明，"先生二十岁……卓有志于圣贤之学……《程子遗书》《朱子文集》皆摘抄成卷，朝夕潜玩……先生二十五岁，受业于虚斋先生之门。《易经通典》《四书浅说》出，学者评论：虚斋《蒙引》得圣学之精深，间有意到而言或未到，及其所独到可以发晦翁之所未发。先生《浅说》得圣学之光大，意到则言无不到，及其所独到又可以发虚斋之所未发。《蒙引》可以易笺注，《浅说》可以备讲读……学《易》不可一日无《易传》《本义》，亦不可一日无《蒙引》《通典》。《通典》之有功于《蒙引》也，犹《本义》之有功于《易传》也。盖《易传》言乎其体也，《本义》则推其体而致之用也；《蒙引》言乎其详也，《通典》则约其详而反之要也，均之羽翼

① 张廷玉：《明史》卷二百八十二，《文渊阁四库全书》第 301 册，台北：商务印书馆 1986 年版，第 759 页。

② 高令印、陈其芳：《福建朱子学》，福建人民出版社 1986 年版，第 298 页。

③ 林希元：《林次崖先生文集》卷九，《四库全书存目丛书》第 75 册，齐鲁书社 1997 年版，第 605 页。

圣经，有功来世……先生四十一岁，会试礼部……尹公襄得先生卷，以为
造诣精深，出举业蹊径之外……四书、易义说理精详，论雄深雅健，变态
自然，已超时文一格。"① 陈琛受业于蔡清，毋庸置疑，其《易经通典》
（又称《易经浅说》）正是在《易经蒙引》基础之上又有进一步的发挥，
蔡清有意到而言未到之处，陈琛为之补充，同时也发蔡清之未发。后人对
陈琛《易经通典》评价很高，认为是学《易》必备之书。陈琛学贯古今，
在易理方面更是有所造诣，其书对于易学的发展，有着重要的推动作用。
加之文辞上面的深厚功力，可以说，陈琛是继蔡清之后推动朱子学在闽南
发展又一个重要人物。

　　陈琛作为蔡清的得意门生，其易学上继承了蔡清的思想并有所发挥，
其易学著作有《易经浅说》，但由于此书兼用科举，故流传不广，从陈琛
其他作品中，尤其是《陈紫峰文集》中，仍可见其易学思想精髓。下面
我们具体从易学哲学的基本概念入手，探究陈琛的易学思想以及其对蔡清
易学思想是如何继承和传播的。

　　陈琛的太极观，是与其理学思想密不可分的。可以说，理与太极、
虚、道、天等范畴，都是作为其本体论的一部分存在，这些本体的概念在
陈琛这里有着类似的含义，简单概括，即都是世界的本源。对于太极，陈
琛的认识自有其独特之处："不一之中有至一焉。至一者默，寓于不一之
内，而不一者斯一矣……至一者理也，物皆有二，惟理则无二，故谓理为
一。以其至一不二物莫与对，故又谓之太极也。"② 万物有对，任何事物
都有着对立面，任何事物的内部也都是对立的统一，而唯独太极是作为高
于万物的一个终极存在，是全体，是无对的。这就是陈琛对于太极的独特
定义，他强调的是太极的至高无上以及其唯一性，在这种层面上，陈琛将
理与太极等同起来，其文章中提到的"不一"正是指的万物的个性，"至
一"是万物的共性。共性虽存在于个性之中，但是这个共性却也统辖此
个性。这里，共性即陈琛的"至一"就是指的理，也就是太极。"太极一
物也，而有两体焉……理非有万也，以事物有万而此理无乎不在。故既曰

---

　　① 高令印、陈其芳：《福建朱子学》，福建人民出版社1986年版，第298页。
　　② 陈琛：《紫峰陈先生文集》卷十二，《四库全书存目丛书》第73册，齐鲁书社1997年
版，第637页。

一理而又曰万理，其实则一以贯之而无余矣。"① 此处进一步将"至一"与"不一"区分开来，理散而为万物之中，而万物之理又同是一理，"一以贯之则无余"此理可见于万物，将万物涵盖。又因为陈琛在前文中有过表述，其将理与太极等同，这也就是陈琛对太极的进一步诠释。从这些描述我们不难发现，陈琛对于太极的定义，在言辞说法上虽有别于蔡清，然而究其本质，与蔡清相同，均是一脉相承于朱子。质言之，在尊朱子的问题上，两者是一致的。具体到太极观上，则都认为太极是最高的存在，是万物之本原。陈琛所讲的"至一"，正如朱子之"空底事物"，也正如蔡清之太极无实体。

谈到太极，自然离不开道、理、气这些范畴。陈琛的道，并不同于老子的道，不是一个独立的存在。道，在陈琛这里，成为一种主宰力量，与大地万物共存，体现在宇宙万物的生成变化的过程当中。此道为一，却又体现于万之中，"中者虚体也，天地惟大中，故能生万物；人心惟大中，故能应万受。冲漠无朕，万象森然，其中之蕴乎。故曰：大中无动无静，万感毕应；无始无终，一真冲融；是之谓中虚。中虚者，道之体也；中实者，道之质也。"② 大中，是陈琛认为的道作用于万物的法则。天地只有遵循大中的法则，才能孕育万物；人遵循大中才能感受天地之灵气，演绎生命之神奇。大中是一种准则，也是一种状态，无始无终，无动无静，无形无象，正基于此，才有了衍生万物的无限可能，这种品性正是道的真谛。细细体会，不难发现，在地位上，陈琛将太极等同于道，而为何不直呼道，在于陈琛赋予道以具体的功能，将其力量化，认为它是天地的一种主宰力量。同时也是万物的法则。可以说道与太极相比，更加细化了。

> 天地之大德曰生，生之谓易。人与物一也，人之所以异于禽兽者几希。何也？得其正而常者，人也；得其异而变者，物也。故中正之道存乎人者，所以自别于禽兽者也。可不思乎？《易》曰："乾道变化，各正性命。"其道之大定乎。万物之生有变者焉，有不变者焉。

---

① 陈琛：《紫峰陈先生文集》卷十二，《四库全书存目丛书》第73册，齐鲁书社1997年版，第637—638页。

② 同上书，卷十三，第645页。

变者器也，不变者道也。①

道虽无形无象，却是永恒不变的，中正之道作为永恒的道，也正是区别人和动物的准则。

道者，天人之理也。在陈琛的哲学体系中，道、理、太极作为本体，在一定程度是相通的，在其对于理的论述中，简要可以看出几个方面的特质，例如，他认为理是天下之理，是自然的规律，并继承蔡清的观点，认为究其理而极其所以然，理是所以然，进一步发挥为"经纬天地"，且认为此理是唯一的，是气之所以存在变化的道理，"理尊于气而为气之主，理惟一而不二，则气当听命于理"②。在讨论理的同时，不得不提到气。众所周知，理气是理学家们不可回避的一组范畴。由于陈琛的万物有对思想，其在理气的问题上，也认为理和气是相对应的。理是永恒的一种必然性，而气是一种可以分限节度的"气数"，是偶然性的一种体现，这样，理气的相对就体现于必然与偶然的相对中。然而，需要指出的是，这种偶然也是存在于必然之中，即气是由理控制的，必须依附于必然的规律。在理气的关系问题上，陈琛显然没有继承蔡清的理气无先后之说，而且追本溯源于朱熹。在这点上，陈琛的理气观是一种历史的倒退。

阴阳思想在陈琛的哲学思想中占有重要的地位。陈琛将天理看作万物的主宰，世界的本体，而天理正是由于作用于阴阳二气才达到主宰世界的最终目的。"天者其阴阳之宰乎！地者其质也，人物者其化也。是故阴阳阖辟动静相因而变化无穷焉。"③ 天理是阴阳的主宰，此处阴阳即指阴阳二气。地是阴阳二气的资料，人和万物乃是阴阳二气交互变化的结果。质言之，气乃是天理作用于万物的首要媒介，天理通过主宰气而后才能真正作用于万物。气的一切变化，进而导致万物的发展变化，离开理，或者说太极的主宰，那么这种变化将无从谈起。阴阳五行的相互转化，变动，是世界万物构成的过程。陈琛认为这是一个复杂的过程，但是又体现了世界的一种普遍规律，也就是说，陈琛看到了对立统一是世界发展过程当中的

---

① 陈琛：《紫峰陈先生文集》卷十三，《四库全书存目丛书》第 73 册，齐鲁书社 1997 年版，第 643 页。

② 同上书，卷十二，第 638 页。

③ 同上书，卷十三，第 641 页。

一个普遍现象，这是陈琛独特的朴素辩证思想之所在，而这也正是陈琛对于蔡清易学思想的又一重要继承。

蔡清易学哲学思想中，朴素的辩证法思想是其闪光之处。蔡清认为，作为本体的理、太极、道本身都可以一分为二，体现辩证的统一。在蔡清看来，不是一生二，而是一中本来有二，太极本来蕴含有阴阳二体，才可分为阴阳。蔡清的这种对立面贯穿事物发展过程的思想是深刻的，而陈琛对此的继承更将这种思想发扬光大。

> 天下无无对之物，盖皆阴阳五行为之也。阴阳有交易、有变易。交易则其对待之体而显然有对者也。变易则其流行之用一动一静、一阖一辟而互为其根，亦未尝不以两而相也。若五行则五其数而不对矣。然以质而语，其生之序，则水木阳也，火金阴也；以气而语，其行之序，则木火阳也，金水阴也；土则寄寓于四者之间。故时有春夏秋冬，位有东西南北，要皆一阴一阳，彼此互换，谁谓五行之数而非阴阳之对乎？故以言乎天地之造化，则阴阳尽之矣。以言乎民生之气质，则刚柔尽之矣……有反斯有对，对必反其为！有对斯有仇，仇必和而解。盖亦纷纷然其不一矣。然不一之中有至一焉，至一者默寓于不一之内，而不一者斯一矣。①

陈琛对于这种辩证思想的分析，实际上是更精准地解释了蔡清的思想。陈琛将五行之土抽离出来，将其余四者分为两对，除此之外，一年四季，天地间四方位，都统一于有对之中，无论是时间还是空间，事物均被统一于万物有对的概念之中。对立统一存在于一切事物之中，事物的对立面不断相互转化，是一个不断往复的过程。在阴阳观方面，陈琛最突出的主张便是"阴阳互主"，即阴阳主次、尊卑可以相互转化，这种转化的提出，在当时具有进步的意义，相比较之前理学家认为阴阳两者地位不可逆转的观点，陈琛的这种观点对于当时的封建社会，可以说是一种冲击，有着积极的意义。

---

① 陈琛：《紫峰陈先生文集》卷十二，《四库全书存目丛书》第 73 册，齐鲁书社 1997 年版，第 637 页。

此外，在这段话中，还可以看出陈琛在五行方面的新观点。陈琛将五行与阴阳联系起来，认为五行也是体现了阴阳相对，这与以往的五行生克的观点有所不同。这种不同的产生，其主要原因归结于陈琛积极的人生观，在陈琛看来，人的一生虽然有命定的成分，但是个人主观的选择占很大比重，人的主观能动性的发挥是可以在很大程度上起到决定作用从而改变命运的。基于这种积极的态度，陈琛很反对当时将五行生克与人的吉凶祸福相结合，将这种思想神秘化。正如其在《赠黄汝为序》中讲道："术家以人生之年月日时，五行之生克制化逆定夫人之吉凶祸福。余不以为然。谓其不自夫有生之初论也，然间有甚验不爽者，岂其亦以气之所值者言欤！"①"盈天地间有阴阳而已矣。阴阳者天中正之道也。是故无阴阳则非天地矣。"②"有阴阳而后有五行，而后有万物。五行者质之始也；三皇者人之始也。"③陈琛认为天地间万物产生主要始于阴阳两气，阴阳之后遂有五行，接而产生万物与人类。可见，阴阳和五行是紧密相连且为天地间主要的构成材料。这可以看出陈琛唯物的本体论，同时可以看出在宇宙生成论上，陈琛与之前的理学家以及其师蔡清的观点是基本一致的，都认为天地万物生成是源于气，后经阴阳、五行而为天地。

陈琛不主张之前学者对于天地之性和气质之性的划分，认为应该通过对人的才能和本质的讨论来界定人性的善恶。陈琛认为性即气、气即性，赞同孟子以仁为本，倾向于性善论。陈琛的这种性善的主张，与蔡清有着相似之处，蔡清同样赞同孟子的性善论，并认为性本是仁义：

性即仁义也。今日性犹杞柳，义犹桮棬，则是认气为性，而性与仁义分矣。岂所以论性哉？义犹桮棬也。依新安陈说义字上脱一仁字，以人性为仁义，犹以杞柳为桮棬。病在为字上。子思曰率性之谓道。未闻以人性为仁义也。有是人即有是性，仁义即性也。……性者

① 陈琛：《紫峰陈先生文集》卷六，《四库全书存目丛书》第73册，齐鲁书社1997年版，第586页。
② 同上书，卷十三，第641页。
③ 同上书，第645页。

人生所禀之天理也，明非人生所禀之气也。①

　　性就是仁义，这种观点是陈琛对于蔡清的继承。这种天赋的善性，是符合"中正之道"的，这正是人性的基本，是人类的共性，不可改变，但是却会受到外来环境因素的影响，为了保证这种本性不被侵蚀，就必须通过学习等手段来保持这种"性之定"。"人物之定也，故曰'大定'。正则者，性也，言乎其人也。是故，中正贯而成性立矣。"② 无论人或物，都有着自身的"大定"即本性，将这种本性贯穿于一生始终，保持不变，即"成性"。"阴阳者天地之道也，成性者人之道也。阴阳毁，则天地之道息矣；成性毁，则人之道息矣。"③ 可见，此性是人之为人的根本。除了人本身的"大定"之外，人的品性的形成还受到地理环境的影响，这是陈琛在人性论上的一大突破，可以说是中国式的"地理环境决定论"。他认为：

　　　　天地四方之气，合而两之仁义而已矣。仁气盛于东南，故东南之
　　人多温厚；义气盛于西北，故西北之人多严厉。阴阳刚柔彼此对立，
　　非谓西北尽无柔仁而东南尽无刚义也。东夷西夷固有豪杰挺生而不限
　　于风气者。但大概言之，则彼此分数不无轻重多寡之偏耳。夫唯仁义
　　之禀有偏，则仁义之用或过。仁义固皆美德，过则各有其弊焉。此所
　　以又有变化气质之说也。然亦难矣，吾观四方士夫能不为气质所使而
　　以刚柔仁义斟酌其中而施之政者几人哉……君其能变化气质而不囿于
　　山川风气之偏者与！余曰：君固不囿于山川风气也，而实于山川风气
　　有得焉。君光人也。光属河南，于天下为中土，盖东南西北之极而刚
　　柔仁义之会也，谓君之美无得于天与之秀，而尽归诸学问人事之力，
　　则先儒气质用事之说为不然乎！虽然亦不可专主气质也。④

──────────

　　① 蔡清：《四书蒙引》卷十四，《文渊阁四库全书》第 206 册，台北：商务印书馆 1986 年版，第 632 页。
　　② 陈琛：《紫峰陈先生文集》卷十三，《四库全书存目丛书》第 73 册，齐鲁书社 1997 年版，第 640 页。
　　③ 同上书，第 643 页。
　　④ 同上书，卷六，第 582—583 页。

　　山区之民质朴，水乡聪慧，南方人温柔，北方人强悍，这些不同的地域因素造就了人的不同性格。陈琛的这种论断自然有失之偏颇之处，但将地域影响考虑到人性论之中，是有着积极意义的。

　　在人心与道心的问题上，首先，陈琛将心的本体定义为道心，将心的功能定义为人心，也就是说道心为体，人心为用。"心亦生于气也，但气之精爽者耳，精爽则虚，虚则灵。既虚且灵，故众理具焉。"① 在陈琛看来，人心在本质上是虚灵的，是由"气之精爽者"构成，是高于其他的。又"心者，通之会也。通诸天地而承乎道命者也，故无所不通，曰'大通'"②。心有着无所不通的功能，并可以支配全体四肢发挥功能。心是作为一个沟通外界与人体的媒介存在，正是通过心的思维活动，人完成了对外部世界的认知活动。然而，人心的一大重要功能就是情感，基于此，也产生了陈琛学术上的矛盾。在陈琛看来，性情与心性是对立的，这种情感当中存在着与天理相悖的部分。如何疏通这种矛盾，也是陈琛学术上面临的困境。由于对精神作用的推崇，陈琛认为天下万物都可以通过人心的感知而被认知。所以"心大则百物皆通"③。

　　陈琛作为朱子学派的后人，尊朱是必然的，这也是对蔡清的一种继承。这种尊崇表现在知行关系上，主要为正学。所谓正学，即朱子学说。在这点上，陈琛极具朱子学家的特征，将朱子学之外的思想视为异端。在知行上，陈琛将仁视为其本体，"仁者，心也，知行之本体也。学而至于仁焉，则无之道贯矣。"④ 仁是知行的最高目标，所谓仁，主要体现在道德修养的层面。

　　　一善足以该天下之理曰仁，一物足以统天下之善曰心。盖心活物也，仁生理也。心之与仁合而为一可也，分而为二亦可也……人之生也，无极太极吾其性，二气五行吾其体。心亦生于气也，但气之精爽者耳。精爽则虚，虚则灵，既灵且虚，故众理具焉。众理在心为性，而性则有仁

---

　　① 陈琛：《紫峰陈先生文集》卷十二，《四库全书存目丛书》第 73 册，齐鲁书社 1997 年版，第 636 页。

　　② 同上书，卷十三，第 640 页。

　　③ 陈琛：《紫峰陈先生文集》卷八，《四库全书存目丛书》第 73 册，齐鲁书社 1997 年版，第 610 页。

　　④ 同上书，卷十三，第 641 页。

义礼智信，而专言之则仁也。夫仁无知觉而心则有知觉，仁无出入而心则有出入，仁无善恶而心则有善恶。盖仁即理也，心则合理与气也。①

由此可见，陈琛把仁看得十分重要，所谓的理，就是求仁。而求仁的方法不外乎主敬，注重对人的精神世界的熏陶。而陈琛更倾向于将敬当作警，时时刻刻警醒，摒除杂念，警惕外界的滋扰。其次，陈琛认为虚也是认识论当中的重要一环。只有开阔心胸，使心处于虚灵的状态，才能够感通万物，认知世界，这样才能真正做到一心而具万理。最后，他主张主静。由静方能至于虚，虚静是紧密联系着的。"天下之至静者莫如山，而方之北则为时之冬，盖阴之极而静之至也。夫学须静也，能静则能功矣。静之所造有浅深，则动之所中有多寡，而全无得乎静者，一步不可行也。"② 可见，静在学习当中的重要性。这种静，倾向于佛道的无语，主要讲究的是心静的状态。所以由此观之，陈琛在认识论当中，将治心看作重中之重。陈琛还提到，学习是一个不断积累的过程，而知行并进，则能更好地促进学识上的累积。陈琛主张的知行并进，有别于知行合一，强调的是知行相互促进，"知行并进，其学之两轮乎！偏之则颇，阙之则颓，合之则窒。世有略于知而专于行者矣，然而晦昧于偏执，僻泥于不达，是故吾以知其颇也。世有冥于知行任意恣情者矣，然而踰轨败度触机而陷阱焉，是故吾以知其颓也。世有谓知即行、行即知而合之者矣，然而推之不应，动而愈滞，是故吾以知其窒也。"③ 陈琛认为，知行两者的关系犹如车的两个轮子，偏、阙、合都不可，只有两者相互促进，将知识应用于实践，才是真正的有为。在知行关系以及主静之说上，不仅体现了陈琛对于朱子的尊崇，更是对于蔡清思想的继承。

陈琛十分重视实用性，赞同事在人为，重视人的主观能动性。虽然陈琛认为天道的力量是一种不能改变的力量，但是人可以通过主观努力去掌握这种力量。简单来讲，命运虽然是一种客观的存在，但是人却可以自主选择自己的命运。人的命运问题在陈琛这里归结为个人选择的问题。如何

---

① 陈琛：《紫峰陈先生文集》卷十二，《四库全书存目丛书》第 73 册，齐鲁书社 1997 年版第 636 页。

② 同上书，卷八，第 609 页。

③ 同上书，卷十三，第 648 页。

在这种权衡的过程中把握好尺度，是一个能力的问题。这种能力可以通过学习来达到。对人才的态度上，陈琛强调人的全面发展，德行与智慧同等重要。同时认为人才的主要标准是实用与否，关键是对于社会发展有用，而不是普通意义上的专长或者全才。

总而言之，陈琛对于蔡清的继承，是多方面的，然而陈琛并未一味因循，而是有所创新的。如在太极思想上，较之蔡清，主要体现在陈琛明确提出了太极无对，将太极置于一个绝对的高度。在阴阳思想方面，陈琛主要的特色是阴阳可以互转，并且阴阳相对，其阴阳思想中的辩证思想区别于蔡清，也有别于其他理学家。在本体论上，陈琛倾向于理本论，但又不同于蔡清，其认为的理就是一种伴随万物而存在的共存，而非一个独立的存在。在人性论上，陈琛认为天地之性和气质之性不应作为区分人性的一个分水岭。其认为应该通过人本质上的才能来判断人性，人应该追求"大定"的状态，真正做到不被后天、外界因素影响。在知行关系上，陈琛也有着独到的见解，主要是针对王阳明的知行合一说，陈琛提出知行应该并进，如一车之两轮，不能有所偏废也不能将其视为一。同时，在对于政治问题上，陈琛可以说受到了蔡清的影响，蔡清其书中，尤其是《易经蒙引》行文间可见其对治国平天下的关注，这种精神表现在陈琛这里，就是其积极的人生态度，体现了儒家入世的精神。陈琛对于命，基本观点是天命是存在的，是一种不可改变的客观存在，但是选择何种命的主动权在于个人，也就是说人的主观能动性是很主要的。强调人的主观作用，看到人为力量的影响力，可以说是陈琛的一大特色，同时，可以说，这种特色与其师蔡清有着一定的关系。

二　林希元

林希元，字茂（或懋）贞，号次崖，学者尊称次崖先生，福建同安人。生于明宪宗成化十八年（1482 年，卒于明世宗嘉靖四十五年（1567），年八十五岁。武宗正德十二年（1517）进士，与同乡陈琛为同年进士，"历官云南金事，坐考察不谨，罢归"[1]。林希元为蔡清门人，通

---

　　① 　张廷玉：《明史》卷二百八十二，《文渊阁四库全书》第 301 册，台北：商务印书馆 1986 年版，第 759—760 页。

经，尤擅《易》，所著易学书籍有《易经存疑》十二卷、《太极图解》一卷。此外还有《四书存疑》《林次崖先生集》十八卷、《荒政丛言》十二卷等多部作品。当其时，先生享有盛誉，对于朱子学的发展做出了重要的贡献，对后世影响深远。明人蔡献臣在《林次崖先生文集序》中评价："先生学而大儒，入而名卿，出而良吏。"① 林希元为学严谨，学问有体有用，为人耿直，鄙视假道学和无耻官僚，对于官场的一些现象，深恶痛绝，不耻与之为伍，后罢官归乡里，长年从事教育、著书。

学术方面，林希元在坚持以程朱理学为宗的前提下，提出当有所发明，即主张对前人之说有所扬弃，反对一味地将前说视为不可改动之绝对真理。在这点上，林希元的思想有着积极的意义："朱熹命世大儒，万世所宗，所定之书似无容更改。臣窃谓不然。夫义理无穷，非一人之言所能尽，亦天地所秘未肯一时尽泄于人也……执朱子之说而不欲更改者，固非学者求是当仁之诚，亦岂朱子所望于后学之意哉！"② 在林希元看来，一个人的学问不可能达到万世所宗的地步，所以必须对前人的著书抱着怀疑的态度，一旦将其视为不变的真理，也就失去了学术的价值，自己的学说被视为教条，这同样也不是一个真正的思想家所希望的。林希元虽然主张学术上的创新，但也是限定于以朱子为宗的前提下，所以其极力反对当时的心学，认为心学是标新立异，扰乱视听。他认为王阳明的心学："此惑世诬民之巨奸，圣门之大盗，反不如志富贵声利者之任情靡他质实，靡伪也。"③ 需指出，林希元反对王学，并非出于门户之见，而是认为其说有毁正学。正是由于其摒除门户之见，所以其对于心学的看法是较为客观的，认识到了理学与心学的共同点，认为两者本质一致。

《林次崖文集》中，多次提到虚斋之名，可见林希元对于蔡清的尊崇。在其文集中，有《南京国子祭酒虚斋蔡先生行状》一篇，提道：

---

① 蔡献臣：《清白堂稿》卷四，《四库未收书辑刊》陆辑 22 册，北京出版社 2000 年，第 82 页。

② 高令印、陈其芳：《福建朱子学》，福建人民出版社 1986 年版，第 338 页。

③ 林希元：《林次崖先生文集》卷八，《四库全书存目丛书》第 75 册，齐鲁书社 1997 年版，第 583—584 页。

此可见天地之神在我，善用之则穷天地之秘，搜圣贤之蕴达，古今之变而无所不知也。故其为学必定此心于静密以立之本，运此心于思索以致之用。庸能剖析义理入于毫厘，折衷群言归于一致……盖语孟学庸之书各自以所见示人，途辙少异而其归则同。士囿于东西南北之风气，各以其性之相近为学，而皆可以入道。圣贤垂世立教微旨各有攸存，然非先生之真知允蹈，未能发以示人也。然则先生之学于道深矣。世之支离博杂者，固不敢望其下风，自谓简易高明而中实暗昧者，又不足涉其藩篱也。为文章尚理致皆溢中肆外之语，不待雕琢而成，淳雅平实如良金美玉，无瑕可指。如布帛菽粟，民生日用之不厌也。所著有《四书蒙引》《易经新续蒙引》《河图太极图说》《纲目随笔》《密箴文集》，皆足以发挥经言，折衷众论，羽翼四书六经，有大功于朱子之门，以开后之学者。仕必欲行其所学，一言一行不合于时则奉身而退，虽挽之不能使留，则守孔子进礼退义之家法，而祸几烛见于十年之前。又庶几大易，所谓见几而作不俟终日者，至其死生之际，卓有定见，从容而无遽急，安定而不紊乱。虽曾子易箦之时，朱子属纩之际，要不是过非达死生之理而深契乎性命者，其何以至是？[①]

　　林希元提到蔡清之学主要在于虚静。认为蔡清教诲世人之功绩可与孔孟圣贤相等，将蔡清置于如此高度，其对蔡氏的推崇可见一斑。林希元认为蔡清之著书立说，注释先儒之言而又能发一家之见，对于朱子学派的传承起到了很重要的作用，同时对于后学也起到了引领开创的作用。对于蔡清在朱子学派乃至理学发展上的贡献作出了肯定。

　　对于蔡清文辞功夫，林希元也大为赞赏，对于这点，林希元曾多次提到："窃尝评之入国朝来理学之工者，蔡虚斋诗学之工者，陈白沙文学之工者，罗圭峰直使后人嗟叹，不复措手。呜呼！仆读虚斋之书老矣，但觉其汪洋渊奥，尚未得其门径。间有得一二层意处，则又欣然忘其岁月之老

---

　　①　林希元：《林次崖先生文集》卷十四，《四库全书存目丛书》第 75 册，齐鲁书社 1997 年版，第 701 页。

大。"①大赞蔡清诗词功夫，又如"今观其文，随题发挥，据理铺叙，初不待铸辞而句语自工，不待钩深而义理自著。诸篇之中虽有丰约不同，然词各切，当丰者不见其多，约者不见其少，一篇之中或有纯疵不一，然全文难得大体可观，亦所不弃信乎"②。认为蔡清行文工整，文辞淳雅、简丰得当，而其理更是渊博深奥，使人百读不厌。

林希元受到蔡清的影响，其易学思想在很大程度上是对蔡清易学思想的传承。这首先表现在对于《易》之性质的界定上。林希元认为四书五经当中，《易经》与其他不同，是以抽象的哲学思想贯穿于其他四经以及宇宙万物之中的。林希元对于《易经》一书的评价极高，这与其重视抽象理论指导的思想特点是分不开的。

> 《易》岂易言哉！夫五经之有《易》，犹众水之有海也，海不可列于众水，《易》可列于五经哉！夫《诗》《书》《礼》《乐》《春秋》皆经也。然章自为意、句自为义。《易》则不然。稽实以待虚。托一以该万。以六十四卦三百八十四爻，冒天下之道。岂与诸经比哉！圣人以辞而说《易》，犹人以舟而涉海。涉海者，乘长风破巨浪，穷力之所至，谓之见海则可，谓尽海之观则未也。说《易》者拟形容象物，宜穷意之所至，谓之见《易》则可谓尽《易》之蕴，则未也。是故易可象而不可言，可言而不可尽，圣人其犹病，诸况其下者乎！③

林希元将《易经》置于五经之上的高度，并且认为其中之理是"可象而不可言，可言而不可尽"，认为理是无穷的，继而推出对于理的探索亦是无穷的。这段话可以看出林希元对于《易》的定位，是将其视为一部极富哲学思辨的作品，虽强调《易》与四经之不同，但并未涉及其卜筮之功用，在这一点上，林希元沿袭了蔡清的观点，即将《易》设定为

---

① 林希元：《林次崖先生文集》卷五，《四库全书存目丛书》第 75 册，齐鲁书社 1997 年版，第 529 页。
② 同上书，卷七，第 564 页。
③ 朱彝尊：《经义考》卷五十，《文渊阁四库全书》第 677 册，台北：商务印书馆 1986 年版，第 550—551 页。

义理之书，主在研习其中所蕴之理，而并未承袭朱子所言。

《易》是一阴一阳之变易，此观点显然是林希元对于蔡清的一种承袭。

　　　夫《易》不过一阴一阳之变化而已。自两仪而四象，自四象而八卦，皆阴阳之变，谓之《易》也。然阴阳之所以变化者，有个理为之主宰，理即太极也。是太极也，动而生阳，静而生阴，阴阳之分本于太极之动静。易卦之初，左一阳画，右一阴画，则两仪由此而立，是太极生两仪也。然阴阳生生不已，太极动静随在，而分两仪之上又各生一奇一偶，而为画者四，则为太阳少阴太阴少阳，而四象于是乎成矣。四象之上又各生一奇一偶，而为画者八，则为乾、兑、离、震、巽、坎、艮、坤，而八卦于是乎成矣。八卦已成则六十四卦亦不过因此而重之，而著策之用自此起矣。①

　　林希元还指出，究《易》之本质，不过是阴阳变化之道。由太极而阴阳而四象而八卦而六十四卦，太极乃是《易》之本，同时太极也是万物之本，是万物生化的关键。林氏认为理始发生于太极，说太极素，所谓素者，万物本原之意。作为理学家，林希元将理看作世界之本，而又将理同于太极，即太极为万物之本也。太极通过阴阳继而演化世间万物。"天地间只是阴阳二气而已。是气迭运，一阴而复一阳，一阳而复一阴，阴阳只管往来循环不已。只此便是道。盖太极动而生阳，动极而静，静而生阴，静极复动，阴阳迭运不已，皆太极动静之所为。无太极则无动静，无阴阳矣。故圣人即阴阳之迭运以语道之全体，非阴阳迭运之外复有个道也。"② 对于《易》之阴阳变易，蔡清在其《易经蒙引》中有过大量论述，本书在第三章中有过详细介绍，在此不再赘述。

　　　盖太极具动静之理，三才各一太极。六爻五上为天，以刚居之

---

① 林希元：《易经存疑》卷十，《文渊阁四库全书》第 30 册，台北：商务印书馆 1986 年版，第 566 页。

② 同上书，卷九，第 535 页。

者，或化而为柔，以柔居之者，或变而为刚，此即天道。一阴一阳之迭运，天道一太极也；初二为地，而刚或化柔，柔或变刚，此即地道，一刚一柔之交易，地道一太极也；三四为人，而刚或化柔，柔或变刚，此即人道，仁义之并用，在人一太极也。①

太极为天地之本，太极又寓于万物之中，如同理一分殊，太极也是散落于万事万物之中。此所谓天、地、人三才各具一太极。太极为一理，但太极又可散于万物，天、地、人三才各具一太极，物物都有一个太极，这种太极观与蔡清一致，同样也是对于朱子学派的继承。

"盖虽两个变化，总是推行一个道理尔。盖阳者太极之动，元亨者诚之通；阴者太极之静，利贞者诚之复。阴阳虽不一，而皆推行乎一太极；通复虽不一，而皆推行乎一诚也。"② "太极动静而分阴阳，太极非无为者也，况太极虽不杂乎阴阳，亦不离乎阴阳。今虚一不用以象太极，却把太极与阴阳判而为二，尤为未稳。愚意启蒙之说，非《本义》所以不用，其或以此也欤。以分而为二，以象两仪，观之则四十九策未用之，先太极浑沦，阴阳未判之象也，但圣人不言尔。"③ 太极与阴阳的关系，是一个相互依存不可分离的关系。阴阳虽然是两个变化，但其变化体现的是太极这一个道理，太极不是无为的一个高高在上的存在，而是通过阴阳之变化作用于万物。"所谓太极在一静一动之间，一动一静天地人之至妙者。故又云无极之前阴含阳也，有象之后阳分阴也。"④

蔡清辩证思想的特色在林希元的思想中得到了进一步的继承和发挥。在林希元的宇宙生成论中，始终包含着一种朴素的辩证法思想，这可以从其太极与阴阳的关系中看出，认为事物内部都含有阴阳的对立关系，且是事物发生运动变化的推动力。关于变化，林希元看到了事物的发展变化是一个不平衡的过程，他将这种变化总体上归于变易与交易。所谓交易，是指相对稳定的一种变化，如高山与深谷，是一种对立的存在，且相对稳

---

① 林希元：《易经存疑》卷九，《文渊阁四库全书》第 30 册，台北：商务印书馆 1986 年版，第 524 页。

② 同上书，第 534 页。

③ 同上书，卷十，第 553 页。

④ 同上书，卷十二，第 621 页。

定，这种存在即为交易。而高山一旦化为深谷，深谷隆起而为山，这种性质上的改变，是一种巨大的变化，这种即是其所指的变易。交易和变易是林希元对于物质存在方式的一种简单概括。对于物质的变化，他也看到了量变与质变的不同。"事积久而后成，物待时而后遇。为九仞之山者，平地积土篑，篑而累之，寸寸而高之，弗程限弗论功，日久而山成矣。"① 以积土成山为喻，林希元明确指出了从量变到质变的过程。这种观点，同时也作用于其教育理念当中，在培养人才方面起到了重要作用。这种渐变的观点，我们同样可以在蔡清的作品中找到。

在本体论上，林希元认为理即太极，太极乃是万物之本。在讨论气时，提出"元气"的概念，指出"元气"并非世界的本原，只是生命的能量，可以理解成是生命存在的物质资料。"盖元气既至万物皆露其端倪，呈其形质，是万物之生者。资坤之元也。然坤非能自生也，一顺承乎天之施，而生之尔。"② 同时，林希元还将"元气"与国家的兴衰联系在一起，认为"元气"作为国家的一种生命力而存在。这可以说是其思想的新发展。在理气关系的问题上，林希元同样作出了新的发展，将朱子的"理一分殊"改为"气一分殊"。如此的改造，说明了林希元将理气视为一体的倾向。"孔夫子之言曰仁者寿，又曰大德者，必得其寿。老氏则曰无劳尔形，无摇尔精，乃可以长生。二家之言若不同。盖孔氏主理，老氏主气。要之，理即气，气即理，其揆一也。"③ 在此须指出的是，理与气都不是作为宇宙之本原而讨论，而是理与物的角度。孔子重道德，老子重生命，也就是林希元说的理与气，这种理即气，气即理，将理气二者同一的倾向导致了林希元从理学走向"气论"。气在林氏这里，是作为太极产生万物的媒介而存在，由此，林氏导出了天人以气相通的观点，即认为所谓的天人感应是由于气而建立起来的。"天人有感通之理，顾其人何如耳？曰：天之于人远矣！何感通之易乎？曰：一气散为万类，天地、人

---

① 林希元：《林次崖先生文集》卷七，《四库全书存目丛书》第 75 册，齐鲁书社 1997 年版，第 580 页。

② 林希元：《易经存疑》卷一，《文渊阁四库全书》第 30 册，台北：商务印书馆 1986 年版，第 232 页。

③ 林希元：《林次崖先生文集》卷九，《四库全书存目丛书》第 75 册，齐鲁书社 1997 年版，第 620 页。

物、山川、鬼神其分虽殊，其气一也。呼吸有以相通，故本末有以相应。今夫阳燧方诸于日月何其远也，然取水火而即应，岂非其气之同与！"①对于其科学性暂且不论，林希元试图将天人感应的原因归结于物质性的存在的这种做法，还是值得肯定的。

对于性，林希元也作出了新的解释，认为性是某一类事物所以然的道理，具有一定的特殊性，这种特殊性是与万物共有之理的普遍性相对的。林氏的性具有类的意味，即将性具体化于不同类的事物。而这种观点的价值就在于，通过种类不同的辨别，可以使事物各得其所，发挥其最佳的功能，这是一种科学的认知论。对于人性的问题，林希元认为人性本善，人的本性中是没有恶的，人生的道德修行都是为了防止恶性侵入，防止无中生有。遏人之恶，扬人之善，非有他也，天命之性有善无恶。恶是他性分所无者，故从而遏之。遏恶所以顺天也。善是他性分所有者，故从而扬之。扬善所以顺天也。反之于身亦若是者，此朱子之意。顺天休命不是奉行天命惇庸命讨之意，亦不是遏恶扬善欲以顺全在人之天命只是浅说，谓遏恶扬善皆是因人性之本然而治之。仿佛行所无事意思。《本义》曰：天命有善而无恶。故遏恶扬善所以顺天。犹孟子注天下之理本皆利顺，顺而循之，则为大智意思。

对于情，林希元提出人的情感具有合理性，这无疑是对于存天理灭人欲之说的挑战。林氏将好逸恶劳、好生恶死、安土重迁、趋利避害、承顺则喜五种情感认定为人之常情。"盖好逸恶劳，人情之常，劳民之事，本非民所说，若营不急之务。"②认为这是合理的人性的体现。这种对于真性情的认可，在当时来看，有着思想解放的作用。

"致知在格物，物格而后知至。至善是事理当然之极。此理则具于心，非外物也⋯⋯阳明以朱子事理当然之极之语，是认吾心之理为外物，非厚诬乎？今以曾子之释至善言之曰：为人君止于仁，为人臣止于敬。"③林希元认为，致知必须格物，即通过对外界事物的接触而启发人心所蕴含

　　① 林希元：《林次崖先生文集》卷八，《四库全书存目丛书》第75册，齐鲁书社1997年版，第592页。

　　② 林希元：《易经存疑》卷八，《文渊阁四库全书》第30册，台北：商务印书馆1986年版，第481页。

　　③ 高令印、陈其芳：《福建朱子学》，福建人民出版社1986年版，第349页。

的理。林氏的格物，与朱子学者有所不同，其一就表现在将这个格物寓于日常生活之中，这一点与张岳、陈琛一致。格物除了直接接触外物之外，还包括了读书明理，林氏认为这是一种间接的格物，"吾子请穷论以告我，是亦格物穷理之学也"①。

在知行关系上，林希元提出行先知后：

　　自古圣贤之言学也，咸以躬行实践为先，识见言论次之。故傅说告高宗曰："非知之艰，行之惟艰。"子贡问君子，子曰："先行其言，而后从之。"圣贤之重行也如此。故世之论人物者，亦惟即其行履之优劣而为评品之高下，知识文辞弗与焉。今世君子则惟知识文词是尚，而行实不论矣。故听其言。若伊周孔孟复出，考其实则市人不如。忧世君子未尝不于是三致叹焉！②

林希元在知行问题上的贡献，主要是将知行关系的讨论扩展到了道德领域之外。在其看来，行政、军事、教育等等，都需要赋予知行这种关系。

以上主要从对《易》性质的界定、《易》之本质规律、太极、阴阳以及本体论、性情、知行几个方面论述了林希元对于蔡清思想的继承。而作为继蔡清之后的又一理学家，林希元的易学哲学思想还是有着自己的特色的。对于蔡清思想的传播和发扬，起到了很好的作用。林希元哲学思想的最大特色表现在提出很多新的范畴来诠释自己的观点。比如，提出"素"，并用素来进一步解释太极。认为五色始于素，数始于太乙，理始于太极。太乙、太极，都是素。素乃是万物之本。素是色，是数，是理，是构成万物的基本要素，是一个最小的单位。提出"致时"。所谓"致时"就是顺应历史，紧握机遇。这可以说是林希元在社会历史观上的一种看法。认为国家的更迭，世事的交替，都是有一定历史规律的。人想在变化更替的历史洪流中安身立命，就必须掌握这种规律，善于把握时机。

---

① 林希元：《林次崖先生文集》卷十二，《四库全书存目丛书》第75册，齐鲁书社1997年版，第663页。

② 同上书，卷七，第575页。

通过主观的努力使主体与历史规律相适应，这就是"致时"。"壅风"，壅者，和谐也。即寻求一个和谐的社会风气。林希元主张通过为民请命，兴利除弊，教化民众来达到和谐社会的目标。"兴利除害则所欲与聚，所恶与去，天下无愁苦之民而王道成矣。"① "人情之常"，将好逸恶劳、好生恶死、安土重迁、趋利避害、承顺则喜五种情感认定为人之常情，认为统治者应该尊重这种人情之常，这样，才能够做到以民为本，使国家安定。"义命"，主张在生命意义与道德意义相冲突的时候，舍生取义以顺天应命。这种观点，其实是主张将个人的荣辱命运与国家与天下的命运联系在一起，并且应以天下之大义为重，这就是所谓的"义命"。"可"，即事物应遵循的规则。林希元认为，人的言行举止都应该有一定的规则可循，即要受到一定的制约，这种制约就是"可"。"可者，善事善物而惬于心，参诸天而不愧，质诸人无非是，故谓之可。有物有则，可之本也；强恕而行，可之方也；礼仪三百，威仪三千，可之散见也。曰中曰善曰时曰义，可之别名也……夫可，事理之极，众会之通，王道之中，生人之止也。"② 可见，"可"在林氏看来，是一种规律，一种精神，它可以在不同的领域不同的情况下表现为不同的形式，但究其本质，是不变的。

第二节　蔡清易学在明清学术史上的回响

　　上节中，以陈琛和林希元为例，讲述了蔡清门人对于其思想的继承和发展。本节将扩大范围，从蔡清后的明清易学名家以及闽学传人看蔡清易学思想对于后世的影响。本节以罗钦顺、王夫之为例，说明蔡清对于明清易学名家的影响。对于闽学传人，则以李光地、蓝鼎元、蔡世远为要，说明蔡清在明清学术史上的回响。

一　从明清易学名家看蔡清易学回响

1. 罗钦顺

罗钦顺（1465—1547），字允升，号整庵。江西泰和县人。明孝宗弘

---

　　① 林希元：《林次崖先生文集》卷二，《四库全书存目丛书》第 75 册，齐鲁书社 1997 年版，第 460 页。

　　② 同上书，卷十，第 634 页。

治六年（1493）癸丑科毛澄榜进士第三人，卒于嘉靖二十六年（1547），享年八十三年，赠太子太保，谥文庄。有哲学著作《困知记》、文学著作《整庵存稿》二十卷存世。在《明史》中对罗钦顺有详细记载：

> 罗钦顺，字允升，泰和人。弘治六年进士及第。授编修，迁南京国子监司业，与祭酒章懋以实行教士。未几，奉亲归，因乞终养。刘瑾怒，夺职为民。瑾诛，复官迁南京太常少卿，再迁南京吏部右侍郎，入为吏部左侍郎。世宗即位，命摄尚书事，上疏言久任超迁，法当疏通，不报大礼，议起。钦顺请慎大礼以全圣孝，不报，迁南京吏部尚书，省亲乞归，改礼部尚书，会居忧未及拜，再起礼部尚书，辞又改吏部尚书，下诏敦促，再辞。许致仕有司给禄米时，张聪、桂萼以议礼骤贵秉政树党屏逐正人，钦顺耻与同列，故屡诏不起，里居二十余年，足不入城市，潜心格物致知之学。①

罗钦顺任南京国子监司业，与国子监祭酒章懋共同提倡求真务实的学风。后因奉亲归里，期间，触怒宦官刘瑾，被削职为民。后刘谨被诛，罗钦顺得以恢复官职，后又为吏部左侍郎。当时权贵张聪、桂萼在政治上培植私党，排斥异己，罗钦顺耻与之同朝做官，便辞职返乡。世宗即位后，多次下诏，罗钦顺辞不赴任。居家二十余年，脚不入城市，每天早起穿戴整齐，即到学古楼看书，专心致志研究学问。有诗曰："家住西冈地颇幽。门前屋后多平畴。一溪流水去无路，四面青山来入楼。楼名学古浪标榜。古人实学今谁讲，且暮春秋奉起居，时时静坐聊存养。此心存久还自灵，中和无物如有形。""且种山田且读书，菜羹满釜浑家乐。"② 诗中表达了他居于乡村生活的情操逸志。

罗钦顺潜心格物致知之学。王守仁以心学立教，才知之士翕然师之。罗钦顺致书王守仁略曰：

① 张廷玉：《明史》卷二百八十二，《文渊阁四库全书》第 301 册，台北：商务印书馆 1986 年版，第 760 页。
② 罗钦顺：《整庵存稿》卷十六，《文渊阁四库全书》第 1261 册，台北：商务印书馆 1986 年版，第 212 页。

　　圣门设教，文行兼资，博学于文，厥有明训如谓学不资于外求，但当反观内省，则正心诚意四字亦何所不尽？必于入门之际，加以格物工夫哉！王守仁得书亦以书报，大略谓理无内外，性无内外，故学无内外。讲习讨论未尝非内也，反观内省未尝遗外也。反复二千余言。钦顺再以书辨曰：执事云格物者，格其心之物也，格其意之物也，格其知之物也。正心者，正其物之心也。诚意者，诚其物之意也。致知者，致其物之知也。自有大学以来，未有此论。夫谓格其心之物，格其意之物，格其知之物，凡为物也三，谓正其物之心，诚其物之意，致其物之知，其为物也一而已矣。就三而论，以程子格物之训，推之犹可通也。以执事格物之训，推之不可通也。就一物而论，则所谓物果何物耶？如必以为意之用。①

　　罗钦顺坚持朱子学说，对于王守仁的心学持反对意见。上述书信引文可见罗钦顺对于格物致知的坚持，字里行间均透露出对于朱子学的尊崇。在尊朱这点上，罗钦顺与蔡清是一致的。罗钦顺对于蔡清有很高评价，在其书《困知记》中说："蔡介夫《中庸蒙引》论鬼神数段极精，其一生做穷理工夫且能力行所学，盖儒林中之杰出者。"② 对于蔡清的易学思想，罗钦顺有所承袭，并在此基础上阐述了个人观点。

　　罗钦顺的思想主要源于程朱理学，但是其对程朱理学又作出了进一步的修正。究其思想体系，其观点多是以《周易》经传为基本，但是对经传又未作出注疏，所以将其归为易学家也不是十分准确。黄宗羲评论说："整庵之论理气，专攻朱子理气，乃学之主脑，则非其派下明矣。"③ 黄氏在《明儒学案》中，将罗钦顺列于《诸儒学案》，对于这种分类，明显未将罗钦顺视为理学家。对于其学术定位，本书暂不讨论。单从其著作《困知记》中，可以看出其通过对《周易》经传的解释，阐发了其对于理学方面的观点。诸如理气关系、心性关系、知行关系等。或许可以这样

　　① 张廷玉：《明史》卷二百八十二，《文渊阁四库全书》第 301 册，台北：商务印书馆 1986 年版，第 760—761 页。

　　② 罗钦顺：《困知记》卷下，《文渊阁四库全书》第 714 册，台北：商务印书馆 1986 年版，第 314 页。

　　③ 朱伯崑：《易学哲学史》第三卷，昆仑出版社 1995 年版，第 152 页。

说，罗钦顺以理学为体，以易为用，将其哲学思想阐述其中。

由于其很多观点都建立在《周易》经传的基础上，《周易》一书的性质自然无可避免成为罗钦顺要解决的首要问题。在这个问题上，罗氏的观点明显属于义理派，即认为《周易》是明理之书而绝非卜筮之作。而这种观点，显然与朱子不同，而是继承于蔡清。《困知记》有云：

> 占也者，圣人于其变动之初，逆推其理势，必至于此，故明以为教。欲人豫知所谨，以免乎悔吝与凶。若待其象之既成，则无可免之理矣。使诚有得于观玩，固能适裁制之宜。其或于卜筮得之，亦可以不迷乎趋避之路，此人极之所以立也。是则君子之玩占，乃其日用工夫，初无待于卜筮。若夫卜筮之所尚，则君子亦未尝不与众人同尔。圣人作易之意，或者其有在于是乎？[①]

对于《易》的卜筮作用，罗钦顺认为，可以观玩，这是学《易》之基本。而这种观玩，不同于普通意义上的卜筮，而是指通过对象辞的观玩，推出事物发展之规律，通过对规律的提前认知而达到趋利避害的目的，这才是《易》之"卜筮"之本。也就是说，罗氏倾向于将《易》可以卜吉凶归于人们对于规律的认知，而非求诸神明。对于《周易》的性质，罗钦顺明确指出其书乃明理之书："夫《易》之为书，所以教人穷理尽性以至于命也。苟能穷理尽性以至于命，则学《易》之能事毕矣，而又何学焉？性命之理，他经固无不具，然未有专言之，如《易》之明且尽者。《易》苟未明，他经虽有所得，其于尽性至命，窃恐未易言也。"[②]正是由于《周易》所述的穷理尽性之道，才被推之于群经之首，学《易》之道就在于明其中之义理。这种观点与蔡清对《易》的界定十分吻合。蔡清认为《易》之道在于明理，在于教人修身，其中蕴含着丰富的治国之道。从这点看，罗钦顺继承了蔡清的观点，同时也是蔡氏和罗氏对于朱子学的扬弃。

---

① 罗钦顺：《困知记》卷下，《文渊阁四库全书》第 714 册，台北：商务印书馆 1986 年版，第 299 页。

② 罗钦顺：《困知记》续录卷上，《文渊阁四库全书》第 714 册，台北：商务印书馆 1986年版，第 343—344 页。

如上文所讲，罗钦顺对于《易》，并未专门注释，其对于太极、阴阳的观点，也都散落见于其对理气的解释中。本书在此主要对于其理气观点作出简要说明，以明罗氏对朱子理学的修正以及受到蔡清之学的影响。

> 神化者，天地之妙用也。天地间非阴阳不化，非太极不神。然遂以太极为神，以阴阳为化则不可。夫化乃阴阳之所为，而阴阳非化也。神乃太极之所为，而太极非神也。为之为言，所谓莫之为而为者也。张子云：一故神，两故化。盖化言其运行者也，神言其存主者也。化虽两而其行也常一。神本一而两之中无弗在焉。合而言之则为神，分而言之则为化。故言化则神在其中矣。言神则化在其中矣。言阴阳则太极在其中矣。言太极则阴阳在其中矣。一而二，二而一者也。①

这段话是罗钦顺对于张载神化的评论。从评论中可见其鲜明的观点，即认为太极是理，理气为一物之两体，而绝非二物。在罗氏的哲学思想中，将太极认定为阴阳二气的统一体以及二气运动的规律。正是由于太极这样的定义，才有"神乃太极之所为"的可能性。接着，罗氏又指出，神不是太极，阴阳二气也不是化，这两者间有区别，但是又相互包含，即神与化，太极与阴阳之间的关系是相互包含的。这就是罗氏所谓"一而二二而一"。可见，罗钦顺的本体论，坚持以太极为理，但又提出理气为一，也就是说，其本质可归于气本论。认为太极与阴阳是一物的两体，可以理解为宇宙正是此物，以太极为体，以阴阳变化为用，如此进行运动变化。罗氏这种理气为一的观点，是受蔡清的影响。蔡清在其《中庸蒙引》中对于鬼神的解释，体现了理气间的密切关系，提出"实有是气则实有是理"。在蔡清这里，已经将气放在了首要位置，罗氏受到蔡清的影响，进而发挥，认为理气为一。在本书第一章中已经讲明，蔡清的气论思想承于张载。罗钦顺书中对张载有所涉猎，正是从侧面说明了蔡清对罗氏的影响。

---

① 罗钦顺：《困知记》卷上，《文渊阁四库全书》第714册，台北：商务印书馆1986年版，第288页。

先天图最宜潜玩，性命之理，直是分明。分阴分阳，太极之体以立。一阴一阳，太极之用以行。若玩得熟时，便见得一本之散为万殊，万殊之原于一本，无非自然之妙，有不知手之舞之足之蹈之者矣。①

此段是罗钦顺引朱熹语而对于邵雍先天图的赞赏，太极与阴阳的关系分明，太极为理，可以散之为万理，而这万理又可复归于太极这一理。太极通过阴阳为用而体现了理之流行。由此可见阴阳之对立与流行。罗氏指出，此阴阳二气之流行实则一气之运行，直则为阳，转则为阴，这个观点本自蔡清阳全阴半之说。太极并不作为气运行的本体实体而存在，而是蕴含于这种运动变化中的规律，也就是说太极为理，而此理即宇宙间变化的一种规律性，同时罗氏又坚持理气为一，也就是说太极又是气，这不免有些不适之处，所以在罗氏的著书中，并无直接阐述太极为气。对于这个问题，值得进一步讨论，可以说是罗氏观点中的矛盾之处。

对于理气之间的关系问题，罗钦顺如是说：

自夫子赞易，始以穷理为言。理果何物也哉？盖通天地，亘古今，无非一气而已。气本一也，而一动一静，一往一来，一阖一辟，一升一降，循环无已。积微而著，由著复微，为四时之温凉寒暑，为万物之生长收藏，为斯民之日用彝伦，为人事之成败得失，千条万绪，纷纭胶轕而卒不可乱，有莫知其所以然而然，是即所谓理也。初非别有一物，依于气而立，附于气以行也。或者因易有太极一言，乃疑阴阳之变易，类有一物主宰乎其间者，是不然。夫易乃两仪四象八卦之总名，太极则众理之总名也。云易有太极，明万殊之原于一本也。因而推其生生之序，明一本之散为万殊也。斯固自然之机，不宰之宰，夫岂可以形迹求哉！②

---

① 罗钦顺：《困知记》续录卷上，《文渊阁四库全书》第714册，台北：商务印书馆1986年版，第341页。

② 罗钦顺：《困知记》卷上，《文渊阁四库全书》第714册，台北：商务印书馆1986年版，第280页。

是说，天地间，从古至今，从空间到时间，都不过是气。而气通过不同的表现方式，或动或静，或阖或辟，或升或降演绎了无穷之变化，造就了万千之形态。一年四季的交替，万物的春生夏长秋收冬藏，民众的日常生活，人事的成败兴衰，所有都不过是这气的变化所生。然而，纵然变化万千，其中的规律是不变的，这个规律即是理。而此理并非是实体的存在，它附着于气中，随着气的变化而流行。所谓太极就是这个理的总称。太极此理散为万物，万物又皆体现此理，无论卦爻象还是宇宙间万事万物，都是在遵循着这个规律而变化，这个规律是没有主宰、没有形状的。理依赖于气，非实体，是阴阳变化自身所固有的规律性。这样，为其理气为一做了再次的证明。这种理与气相依存的观点，与蔡清的理气观也有所联系。蔡清认为理气无先后，有理即有气，有气则必有理附焉。太极与理在一定程度上可以互换，理可以分散于万物，太极亦然。蔡清的这些观点，同样在罗钦顺的《困知记》中有所体现，蔡清对罗钦顺的影响可见一斑。

在心性问题上，罗氏认为心性是不同的两物，极力反对心学以心为性的观点，他以易学哲学为依据，驳斥了这种观点。罗氏提出的心性论，基本上源于朱熹之说，即以心为知觉灵明，以性为理，在这个基础上，罗氏又有所创新，对朱子之说有进一步的发展。提出心是人的主观认知能力，而性是认知的对象，两者不可混为一谈。正如其在《困知记》卷上中所讲：

> 夫心者，人之神明；性者，人之生理。理之所在谓之心，心之所有谓之性，不可混而为一也……夫易，圣人之所以极深而研几也。易道则然，即天道也，其在人也，容有二乎？是故至精者，性也；至变者，情也；至神者，心也。所贵乎存心者，固将极其深，研其几，以无失乎性情之正也。若徒有见乎至神者，遂以为道在是矣，而深之不能极，而几之不能研，顾欲通天下之志，成天下之务，有是理哉！①
> 昔吾夫子赞易言性屡矣。曰乾道变化各正性命，曰成之者性，曰

---

① 罗钦顺：《困知记》卷上，《文渊阁四库全书》第714册，台北：商务印书馆1986年版，第277—278页。

圣人作易以顺性命之理，曰穷理尽性以至于命。但详味此数言，性即理也明矣。于心亦屡言之，曰圣人以此洗心，曰易其心而后语，曰能说诸心。夫心而曰洗，曰易，曰说，洗心而曰以此。试详味此数语，谓心即理也，其可通乎？①

以上两段，都是罗氏从不同的角度，引用先圣之言以印证心与性实则两物。天下之至精是指的人性，天下之至神是指的人心，至精是从义理上说，至神是从功用上说，由此观之，心性实在不是一物也。圣人的言论中多次提到心与性，性即是理，而心却只曰洗、曰说。可见，二者切不可混为一谈。

人之有心，固然亦是一物，然专以格物为格此心则不可。《说卦》传曰：观变于阴阳而立卦，发挥于刚柔而生爻，和顺于道德而理于义，穷理尽性以至于命。后两句，皆主卦爻而言。穷理云者，即卦爻而穷之也。盖一卦有一卦之理，一爻有一爻之理，皆所当穷。穷到极处，却止是一理。此理在人则谓之性，在天则谓之命。心也者，人之神明而理之存主处也。岂可谓心即理？而以穷理为穷此心哉！②

乾道变化，各正性命，此天理之在万物者也。吾夫子赞易明言天地万物之理以示人。故有志于学者，须就天地万物上讲求其理，若何谓之纯粹精，若何谓之各正。人固万物中之一物尔。须灼然见得此理之在天地者，与其在人心者无二；在人心者与其在鸟兽草木金石者无二。在鸟兽草木金石者与其在天地者无二，方可谓之物格知至，方可谓之知性知天，不然只是揣摩臆度而已。③

罗氏指出穷理的根本在于格物而非格心，太极散于万物中，万物各具一太极，无论是阴阳、刚柔还是和顺、道德，表面上每一卦每一爻所体现的理有所不同，而穷理到极处，则此番种种，均为一个理。这个理表现在

①　罗钦顺：《困知记》卷下，《文渊阁四库全书》第714册，台北：商务印书馆1986年版，第308—309页。
②　同上书，附录，第362—363页。
③　同上书，第370页。

人身上，则为性；表现在天地运行上，则为命。而心是理所存处，二者断然不会是一物，切不可谓心即理。在讲明心与理为二物后，罗氏进而指出穷理须先从"分殊"处着手，即从理之所表现的个体入手，通过格物的累积，达到明理的目的。只有通过这种积累才能真正地达到穷理尽性，才能知命知天，否则一切都只是徒劳。

罗钦顺与蔡清并无师承关系，但是罗钦顺的确受到了蔡清思想的影响，比如两者在对朱子的态度上，都将朱子之学视为正宗，对于王守仁之类，视为邪说，在尊朱的态度上是一致的。然而，尊朱不代表一味地维护，两者在朱子学说的基础上都有所发展。首先就表现在对于《周易》性质的界定上。罗钦顺受到蔡清的影响，同样认为《周易》不是卜筮之书，而是穷理尽性之书。其次，在理气的问题上，二者同样对于朱子的理先气后提出了质疑。最后，在阴阳互化的问题上，罗钦顺同样受到蔡氏影响，认为阴阳对待流行是万物运动变化的根本。

2. 王夫之

王夫之，字而农，号姜斋，别号一壶道人，湖南衡阳人。晚年居衡阳之石船山，世称"船山先生"。王夫之作为明末清初杰出的思想家、哲学家，与方以智、顾炎武、黄宗羲同称明末四大学者。王夫之学识渊博，涉猎天文、历法、数学、地理学等，对于经学、史学、文学尤为精通。在哲学思想上，王夫之更是作出了巨大的贡献。在易学哲学史上，王夫之更具有划时代的意义。其易学哲学可以说是对于朱熹以后思想的一次总结。王夫之的哲学思想，是 17 世纪中国特殊历史条件下时代精神的精华，在中国哲学史上占有很高的地位。王夫之在哲学上的最大贡献在于总结并发展了中国传统的唯物主义。认为天地之间，都是气的存在，也都是理的存在，以为"气"是物质实体，而"理"则为客观规律。又以"絪缊生化"来说明"气"变化日新的性质，认为"阴阳各成其象，则相为对，刚柔、寒温、生杀，必相反而相为仇"。强调天下惟器、无器则无道。由"道器"关系建立其历史进化论，反对保守退化思想。又认为"习成而性与成"，人性随环境习俗而变化，所以未成之可成，而已成则可革，而教育要从孩童开始，从蒙童时期就养成好的习惯。在知行关系上，强调行是知的基础，反对陆王"以知为行"及禅学家"知有是事便休"观点。政治上反对豪强大地主，认为"大贾富民"是"国之司命"，农工商业都能生产财富。文学方面，善诗文，工词曲。所作《诗绎》《夕堂永日绪论》，论诗多独到见解。所著经后人编为《船山遗书》。其一生坚持爱国主义和唯物主义的战斗精神，至死不渝。其中在哲学上最重要的有《周易外传》《尚书引义》《读四大全说》《张子正蒙注》《思录内外篇》《黄书》《噩梦》等。本书主要针对王夫之的易学思想，通过比较揭示蔡清易学思想对其易学思想的影响。下面就《周易》一书的性质、阴阳两气等方面来说明王夫之对于蔡清易学思想的继承和发展。

在《周易》一书的性质上，王夫之不反对其占卜之性，但也不同于朱子，不同意朱熹将其看作占卜之书。

> 义利之分，极于微芒，而吉凶之差于此而判，有时有位或刚或柔，因其固然而行乎其不容已，则得正而吉，反此者凶。或徇意以忘道，或执道以强物，则不足以察其精微之辨。易原天理之自然，析理于毫发之间，而吉凶著于未见之先，此其所以为天下之至精而君子之所必尚也。此节言尚辞尚占之道。①

王夫之认为《易》的占卜之用也是对于易理的一种表达，只是手段不一而已。其本质是用术数的方法展现易理之奥妙。究其吉凶的原理，便是理。

> 此章目言圣人之道四，夫子阐易之大用以诏后世，皎如日星，而说易者或徒究其辞与变以泛论事功学术而不详筮者之占，固为未达；又或专取象占而谓《易》之为书止以前知吉凶，又乌足以与圣人垂教之精意？占也，言也，动也，制器也，用四而道合于一也，道合于一而必备四者之用以言《易》，则愚不敢多让，非敢矫先儒之偏也，笃信圣人之明训也。②

---

① 王夫之：《周易内传》卷五下，《续修四库全书》第 18 册，上海古籍出版社 1995 年版，第 233 页。

② 同上书，第 235 页。

　　王夫之认为占学一理，主张经传不分，对于《周易》的性质，王夫之明显继承了义理派的观点，认为其书乃穷理尽性之书，这点同蔡清是一致的。王夫之并未直接否定《周易》的卜筮性，而是将占卜纳入义学的领域，认为卜筮中仍可见其穷理尽性之学。王夫之强调《周易》是一部解释宇宙规律、人生哲理的经书，在对于《周易》一书的性质认定上，王夫之与蔡清的观点基本一致。

　　在阴阳气化方面，王夫之继承张载的思想：

　　　　虚空者气之量，气弥沦无涯而希微不形，则人见虚空而不见气。凡虚空皆气也。聚则显，显则人谓之有散则隐，隐则人谓之无神化者，气之聚散不测之妙，然而有迹可见。性命者气之健顺，有常之理，主持神化而寓于神化之中，无迹可见。若其实则理在气中，气无非理，气在空中，空无非气，通一而无二者也。其聚而出为人物，则形散而入于太虚，则不形抑必有所从来。盖阴阳者气之二体，动静者气之二几，体同而用异，则相感而动，动而成象则静，动静之几聚散出入，形不形之从来也。易之为道，乾坤而已，乾六阳以成健，坤六阴以成顺，而阴阳相摩则生六子，以生五十六卦，皆动之不容已者。或聚或散，或出或入，错综变化，要以动静夫阴阳，而阴阳一太极之实体。唯其富有充满于虚空，故变化日新，而六十四卦之吉凶大业生焉。阴阳之消长隐见不可测，而天地人物屈伸往来之故尽于此，知此者尽易之蕴矣。①

　　如上所讲，在王夫之看来，两气相互沟通变化，谓之神化，是有迹象的。而主持这种神化的根本之理，是无迹象的，可谓之性命。神、理、气、性命这四者，其关系从本质上看，是相通的，是无二的。太虚即是太极，而太虚之境是由阴阳二气充满其间，此外无他物。由此可见，气化对于船山，可谓重矣。王夫之以阴阳二气作为解易的基本原则，以二气解释八卦的形成。万物的流变也正是阴阳二气相互转化推动的结果。阳气刚

　　① 王夫之：《张子正蒙注》卷一上，《续修四库全书》第 945 册，上海古籍出版社 1995 年版，第 601—602 页。

健，滋生万物，使万物各具形体，而阴气阴柔和顺，滋养万物使其凝结，阴气配合阳气才真正地形成了世间万物。对于阴阳的观点，王夫之与蔡清并无冲突。蔡清同样认为太极生两仪，此两仪为阴阳，阴阳动化万物。在阴阳两者的关系上，王夫之认为，二者各有其体而又相互和谐，虽然为不同的个体但又可统一于一个大的整体中。对于阴阳两者的关系问题，王夫之的观点再次与蔡清相合，两人都认为阴阳作为化育万物的两气，其本身的关系是辩证的，是相互依存和相互转化的。

在解易的特色上，王夫之的引用史实明易可谓十分出众，这当然与其本身的史学功底有极大的关系，但从一定角度看，可以说是对蔡清易学特色的一种传承。以史解易并非始于蔡清，最早见于干宝和李鼎祚，然而李氏将史实简单比附于卦爻之后，并无太多的发挥。蔡清在这方面更加丰富，将事实与卦爻相融合，更加有力地表达自己的观点，在这点上，王夫之与之相较，有更多的相似之处。如《乾》九二注："伊尹受汤之币聘，颜子承夫子之善诱，其此象与。"① 《坤》上六注："陈胜、项梁与秦俱亡，徐寿辉、张士诚与元俱殉。"② 《屯》六二注："如冯衍幅巾而降光武，时已过矣，所以犹为贞得者，得位居中，非为邪也。"③ 《泰》九二注："李膺、杜密不亡其朋，使邪党得乘之以相倾，习尚相沿，延及唐宋，近隶启、祯之际，党祸烈而国随以亡。"④ 以上只是略择其中以明之。

二　从明清闽学传人看蔡清易学回响

1. 张岳

张岳，字维乔，号净峰，福建惠安人。生于明孝宗弘治五年（1492），卒于明世宗嘉靖三十一年（1552）。正德十一年（1516）年进士，官高至兵部右侍郎，御史掌院事。张岳与陈琛、林希元为同乡，时人称"泉州三狂"，其学以朱熹为宗，在理学上造诣颇深。明代学者王慎中

---

① 王夫之：《周易内传》卷一上，《续修四库全书》第 18 册，上海古籍出版社 1995 年版，第 21 页。

② 同上书，第 37 页。

③ 同上书，卷一下，第 42 页。

④ 同上书，第 62 页。

在《张净峰公文集序》中提道：

> 予观御史中丞张净峰公文集，叹绝学之在此，而慨其道之不大行，然其功烈之震曜，德义之彰明，则卓然一出于学术矣……公平生嗜书，自少至老未尝一日舍书以间断，其在兵间卷不去手，潜思力索，弥久不倦，与独观大意，所读之方异矣。故能笃信固守，不为异术小道所乱，而免于不纯之弊也。就其文观之，气象宏裕而激发时见，法度谨严而豪纵有余。[①]

张岳治学严谨，手不释卷，文章更是工整，其诗文多有哲理。张岳理学上的观点，主要是在与王阳明心学的论战中不断完善的。

张岳最主要的存世之作乃是《小山类稿选》，二十卷，现收编于《四库全书·集部别集类》，此书乃是《净峰稿》的精选本。其书旨在阐发朱子学，由于当时存在心学与朱子学之间的论战，张岳此书还肩负着批判王学之任。张岳的作品甚多，其中大部分已失传，在此不再赘述。从其现在存世的稿件中，可以看出，张岳在易学方面并未有太多涉猎，更多的是专注于理学的发展，基于此，本书将从其理学思想入手，继而分析比较其对于蔡清易学思想的继承与发扬。

> 昔夫子之教，以求仁为先。仁即心也，心即理也。此心所存，莫非天理，默而成之，而仁不可胜用矣……圣门之学也，无他，只是有此实事实功而已矣。夫岂在别寻一个浑沦之体，以为贯内外，彻幽显，合天人，使人爱慕玩弄，而后谓之心学也哉。且就讲礼一节言之，如士相见，冠昏乡射饮酒之礼之类，不讲之则已如欲学者之，讲之也则不但告。曰礼者理也，理者性也，性即心也。心存则性存，而礼在其中矣。必使治其文也，习其节也，而又求之其义也，则必据经传，质师友而反求于心，然后有以得其节文意义之不可苟者而敬从之。夫然后谓之善学。顾其中间，自始至终皆以实欲行礼之心主之。

为有异剽窃狗外以欺人者尔。易曰同归而殊涂，百虑而一致，此言理本自然，人不可私意求之尔。既曰殊涂，既曰百虑，不可谓全无分别也。故心也，性也，天也，一理也。[①]

由此引文可以窥见张岳理学思想之本，即认为理是客观存在的，且不以人的主观意识为转移。"人不可私意为之"，正是针对阳明心学而提出的批判。王阳明认为人心就是宇宙的本体，无所不包，而张岳指出，这"心"不过是"一个浑沦之体"，理本是自然客观的存在，人为的意识并不能强加于理而影响其存在。"心也，性也，天也，一理也。"此句最妙，张岳认为，心、性、理三者是一体的，这种一体，并非说将三者等同，而是将其统一于这个"一"，可以说，张岳理学思想的一个核心就是"一"。在对待哲学范畴的态度上，张岳坚持心、性、理为一，同时也将气、象、数视为统一的，这可以说是张岳理学思想的独到之处。张岳将理和气看作一个整体，对于先儒所争辩的理气的先后并未明确表态。这种理气观与蔡清的理气无先后有着一定程度的相似性。可以说，张岳对朱子理先气后未作出正面肯定，是受到蔡清理气思想影响的。

在理气的问题上，张岳指出，理通过气而生成万事万物。"有理则有气，有象则有数，盈天地间皆象也。因象起数，皆可显造化之体，惟其所起有偏全，故其显于是者时有不神尔。譬之，万物皆得造化之气以生，而有正者偏者通者塞者，谓偏且塞者造化之气不在，是不可也。"[②]其观点主要体现于"万物皆得造化之气以生"一句，可见，气乃是产生万物的根本，那种这个过程是如何呢，张岳认为是通过阴阳二气的作用，而生成万物的。"易大壮，自一阳积至四阳，阳之势壮矣。以四阳而去二阴，甚易也。圣人必为之戒曰：君子用罔，贞厉。罔，无也，言阳不可恃其壮盛而蔑二阴也。故事常成于兢惕而患或生于忽略。夫盛者易衰也，进者必退也。自大壮而进为夬，夬者剥之反对也，一反则为剥矣。天下之理其反复往来岂有常哉！"[③]在阴阳交替反复的过程中，张岳看到了万物变化的规

---

① 张岳：《小山类稿》卷六，《文渊阁四库全书》第 1272 册，台北：商务印书馆 1986 年版，第 361—362 页。

② 同上书，卷十一，第 413—414 页。

③ 同上书，卷八，第 380 页。

律，指出天下之理往来无常，物极必反。这里，张岳看到了阴阳之间的转
化，主要是集中于其优势劣势的转化，是一种力量的变迁，而非地位的转
移，这一点与陈琛是截然不同的，这种极端地将两者对立是张岳理学思想
当中的又一大特点。这与其在理学上的"一"的概念，又有着不同程度
的矛盾性。张岳看到了阴阳之间的相互转化，在这一点上与蔡清的阴阳观
不谋而合。蔡清的朴素辩证思想正是体现在其阴阳观上，认为万物都由对
立面构成，对立面的相互转化推动了事物的不断发展。

如何致知是朱子学与阳明心学的另一个分歧点。由于心学的"心即
理"的观点，导致其在致知问题上，坚信"致良知"，即人们只要去除私
欲，寻回本来之良知，即能达到致知成圣的目的。而朱子学派则认为，只
有通过格物才能致知，即通过后天学习知识，接触事物才能达到致知的目
的。张岳坚持了朱子的格物致知论，他同样认为，读书实践是致知的必要
途径。对于如何格物，张岳如是说：

> 盖古人学问只就日用行事上实下工夫。所谓格物者，只事物交接
> 念虑发动处，便就辨别公私义利，使纤悉曲折昭晰明白，足以自信不
> 疑，然后意可得而诚，心可得而正。①

> 喜怒哀乐未发时最好体验，见得天下之大本。真个在此，便须庄
> 敬持养，然必格物穷理以充之，然后心体愈明，应事接物，毫发不
> 差。若只守个虚灵之识，而理不明，义不精，必有误气质做性，人欲
> 做天理矣，此圣贤之教，格物致知所以在诚正之先，而小学之教又在
> 格致之先也。②

> 士不远游不足以知宇宙之大，而宇宙内事，与其深思博考于一室
> 也，孰若足迹四达心目之力俱远，然后能尽无穷之变乎？③

> 如读书讲明义理亦是吾心下元有此理。知识一时未开，须读古人
> 书以开之。然必急其当读。沉潜反复，使其滋味浃洽。不但理明，即
> 此就是存养之功。与俗学之支离浮诞者全不同。岂有使之舍切已工

---

① 张岳：《小山类稿》卷六，《文渊阁四库全书》第 1272 册，台北：商务印书馆 1986 年
版，第 359 页。

② 同上书，卷十八，第 503 页。

③ 同上书，卷十二，第 427 页。

夫，而终日劳心于天文地理与夫名物度数以为知哉！无是事也。①

由上述引文可以看出，张岳的格物之道，在乎知和行，也就是说读书增进知识以及出外接触事物以更好地了解事物之理。并且强调，学问只在日常，在平时生活的小事上都可以格物，都可以获得其理。格物态度最重，格物主要在于诚心，心诚意诚，态度端正了，才是格物的开始。除了读书之外，增广见闻，出游也很重要，通过与外界事物的接触沟通，激发内心潜藏之理，这是区别于心学的一个重要手段。读书，在张岳看来，是一种间接地学习古人的方法，同样可以达到致知之目的。然而，需要指出的是，张岳将读书限于读圣贤之书，即朱子之书，这未免失之偏颇，是其狭隘之处。

对于具体的致知之道，除了体现在读书与应接外物上，张岳还提出四个方面，主敬、主虚、主静、主诚。其中每个方面都非张岳之首创，在朱熹的理学中已经初见端倪，后之理学家也各自有所发展，在此，分别简述张岳的主张，以区别不同之细微。

圣贤教人为学，紧关在一敬字，至程朱二老先生又发明之，可谓极其亲切矣。今考其言，既曰主一无适矣。又必曰只整齐严肃，则心便一。一则自无非僻之干。曰只动容貌整思虑则自然生敬。曰未有貌箕踞而心敬者。曰严威俨恪非敬之道，但致敬须从此入。盖心体难存易放，初学工夫茫然未有下手处，只就此威仪容貌心体发用，最亲切处，矜持收敛，令其节节入于规矩，则此心自无毫发顷刻得以走作间断，不期存而无不存矣。近时学者动言本原头脑而忘夫检身密切之功。至其所谓头脑者，往往错认别有一物，流行活动可以把持玩，美为贯通万事之实体，其于敬之一字。②

心不可无主，尤不可以有私主，天理自然，何容私之有，须是虚

---

①　张岳：《小山类稿》卷六，《文渊阁四库全书》第 1272 册，台北：商务印书馆 1986 年版，第 359 页。

②　同上书，卷十八，第 504—505 页。

心以待事物之来。①

　　心之体固该动静，而静其本体也，至静之中，而动之理具焉，所谓体用一原者也。先儒每教人主静。②

　　所谓诚者，无他，只是一味笃实，向里用功。此心之外，更无他事，功夫专一，积久自然成熟。与夫鲁莽作辍，务外自欺者，大有间矣。③

　　首先，主敬，主要是讲态度问题，要有敬畏之心，时时刻刻警惕自己的言行心虑，集中于道德的修养。其次，主虚，保持内心的空无和虚的状态才能够更好地格物致知，更好地体验到物之本理。再次，主静，静是心的一种本体状态，保持静之心，才能更好地将内心之理激发出来，同时，在其动静的描述间，还可以看出张岳的绝对静止的观点，认为动也是一种静，这种观点未免趋于形而上了。最后，主诚，这是一种认真的求学态度，在理学家看来，正心诚意一直都是极为重要的标准之一。张岳的理学思想中，诚一再被强调，其目的就在于将人归于道德关系之中。在格物致知方面，张岳与蔡清的观点有着一致的地方，如都强调虚、静、诚。在知行关系上，蔡清强调知行合一，而张岳却说知行为二，看似两者南辕北辙，其实在本质还是一样的。张岳之所以提出知行而二的观点，在于针对王阳明的知行合一之说，其分开行与知，还是在于强调二者缺一不可，这恰恰与蔡清的知行观吻合，所以说，其本质是相同的。

　　对于王阳明提出的知行合一，张岳提出知行为二的观点。所谓知行为二，主要针对心学的将行归于知的论点。王阳明认为知就是行，行就是知，二者没有分别，对于此，张岳说道：

　　近时所以合知行于一者，若曰必行之至然后为真知，此语出于前辈，自是无弊。惟其曰知之真切处即是行，此分明是以知为行，其弊将使人张皇其虚空见解，不复知有践履。凡精神之所运用，机械之所

　　① 张岳：《小山类稿》卷十八，《文渊阁四库全书》第 1272 册，台北：商务印书馆 1986 年版，第 506 页。
　　② 同上书，第 502 页。
　　③ 同上书，第 503 页。

横发，不论是非可否，皆自谓本心天理，而居之不疑。其相唱和而为此者，皆气力足以济邪说者也，则亦何所不至哉？此事自关世运，不但讲论之异同而已。①

张岳批判王阳明的知行合一，是将知取代行，这样容易使人迷失于空虚，不思实践，这种观点发展下去，有害于社会安定，张岳对于阳明心学的批判可谓透彻。

张岳在知行问题上，提出读书、格物、游历都十分重要，不可或缺。在其看来，读书不单单在于获取先圣的知识，还在于书中所蕴含的力量可以触发人心固有的理。格物在张岳这里，较之朱子之格物，简化了许多，主要是人和事物之间的接触。而游历，在张岳看来尤为重要，其不断强调，不游历天下，就无法真正地体会宇宙间变化的规律，无法将知识寓于实践，缺失了这一环节，就不能真正达到格物致知。换句话说，对于行，张岳很看重，这当然也有批判阳明忽略行的因素存在。行在于张岳，不单单是指千里之行，还包括了在道德上的践行。即将道德规范寓于日常生活之中，在实践的过程中实现道德上的升华。

张岳较之蔡清，主要的不同在于张岳思想体系中的"一"，即主张理、心、性，象、数、气的合一，这种思想的产生，有着时代背景的影响，同时也是张岳思想的进一步发挥。其对于阴阳的看法，也有着独特之处。将阴阳作为独立的对象思考，同时认为二者是一种绝对的对立，只是在势上有所变化。

2. 李光地

李光地，字晋卿，号厚庵，别号榕村，福建安溪人。生于明朝思宗崇祯十四年（1641），卒于清朝康熙五十七年（1718）。累官至文渊阁大学士、一统志馆总裁。李光地为官期间，政绩突出。他重视教育，爱惜人才。且学识渊博，博览群书，深究天人之际，熟悉经义性理，并涉猎历法、算术、象数、乐律、道术等。

李光地作为闽学在明末清初的代表人物，其思想受蔡清影响较大。对

---

① 张岳：《小山类稿》卷六，《文渊阁四库全书》第 1272 册，台北：商务印书馆 1986 年版，第 363 页。

蔡清推崇备至，在其书《榕村语录》以及《榕村语录续集》中多次提到蔡清。如在《榕村语录续集》卷十九中提道：

> 柴墟与友人书云当今经学甚衰，海内惟蔡介夫、王伯安为正路。伯安已告归，介夫亦不久将返海滨。君必须见此两人。如今人皆知阳明、虚斋两先生当时尚未定论也，而柴墟两屈指焉，不必问其文之佳否，即此便有关系足存。又送介夫归序甚好，似欧文，如今应将明朝古文选存一帙，未必不精采，从来文集成一家言。①

此处李光地借柴墟之口，表达了其对蔡清经学的肯定，认为当世之时，唯有蔡清为经学正统。

李光地的易学著作主要有《周易通论》《周易观象》，其易学思想可以说受到朱熹的很大影响。在尊朱这方面，李光地同蔡清一样，甚至有过之而无不及。在对世界本原的认识上，李光地坚持朱子的理本论，认为世界的本原是理，天地间的一切事物都可以归结于理气，其中理是根本，是主要的，而气是理的作用或者是表现形式。李光地认为理先气后，在这点上，与蔡清的理气无先后的观点相比，是一种历史的倒退。但李光地承认理气的密切关系，并且通过理气关系将天、命、道、太极这些范畴联系起来。

> 气也者，何也？阴阳动静、明晦出入、浮沉升降、清浊融结，盈乎天地之间而縠以降命，曰离是而有理焉。孰从而证诸。夫阴阳动静，振古而然也，至于今不异也。出入明晦，振古而然也，至于今不异也。浮沉升降，清浊融结，振古而然也，至于今不异也。不异之为常，有常之为当然，当然之为自然，自然之为其所以然，是故皋陶谓之天，伊尹谓之命，刘子谓之天地之中，孔子谓之道，谓之太极，程子、朱子谓之理。②

---

① 李光地：《榕村语录续集》卷十九，《四库未收书辑刊》肆辑·二十一册，北京出版社2000年版，第181页。

② 李光地：《榕村集》卷八，《文渊阁四库全书》第1324册，台北：商务印书馆1986年版，第639页。

由此可见，在李光地的哲学思想中，天、命、道、太极都有着同样的意义，都是世界的本原。

> 夫天地一气也，气之中有条理处即理，离气则理无所见，无所丽。故罗整庵言理即于气之转折处见。如春生之不能不夏长，夏长之不能不秋成，秋成之不能不冬收也。不如此无以成岁序而生万物也。蔡虚斋皆如此说，后乃见得不然。性即理也，不明白倒底，便晓得理即性也，未感事物之先原有此物至结实一件物事，如春夏秋冬之何以为春夏秋冬，春之何以不能不夏，夏之何以不能不秋，秋之何以不能不冬，皆因其理之必如是，不能不如是，是理非即性乎。喜怒哀乐惟其有仁之理故有喜，惟其有义之理故有怒，惟其有礼之理故有乐，惟其有智之理故有哀，中乎仁之节则喜得其理矣。中乎义之节则怒得其理矣。①

蔡清认为理气相互依存，没有气，理则无所依附，理必须存于气。李光地对于蔡清的观点，并非完全赞同。他提出性即是理，但理未必一定是性。认为先有是理才有是性，理在气先，理是最根本的。这对于蔡清的理气观是一种颠覆。李光地在理气问题上越过蔡清而直接继承了朱子的理气观。对于此，李光地在其书中进一步明确表明了其理先气后的观点，并对蔡氏观点提出质疑：

> 先有理而后有气，有明一代虽极纯儒亦不明此理。蔡虚斋谓天地间二气滚作一团，其不乱处即是理。罗整庵谓理即气之转折处，如春转到夏，夏转到秋，自古及今何尝有一毫差错，此便是理。某初读其书只觉得不帖，然不知其病在何处，及读薛文清读书录有性即气之最好处，颇赏其语而未畅，至五十一岁后忽悟得三说之差，总是理气先后不分明耳。先有理而后有气，不是今日有了理，明日才有气，如形

---

① 李光地：《榕村语录续集》卷十七，《四库未收书辑刊》肆辑·二十一册，北京出版社2000年版，第137页。

而上者为道形而下者为器，岂判然分作两截？①

　　在理气问题上，李光地还指出，气有偏有中正。认为气不偏而中正是理之全，偏而不中正为理之不全。

　　　　过乎中不及乎中，则谓之偏。气谓之杂糅不齐之气。然又有昏然而无类，泯然而俱失偏于仁则无义。是物也，无义矣。且无仁偏于信则无智。是物也无智矣。且无信若是者何？气与过不及之说，不得而名之。岂又有无理之气与？曰否。气之推移有中偏，故有精粗，有粹驳。夫非无仁也，得仁之偏者也，仁之驳者也，则不知其为仁也；夫非无义也，得义之偏者也，义之粗者也，则不知其为义也。中则合仁与义，抑且粹然仁矣，粹然义矣。降而中人焉，偏于仁，不足于义，非仁之至也。偏于义，不足于仁，非义之至也。降而庸恶焉，岂无所谓爱，不得谓之仁，是无义也，并与仁而失之者也。岂无所谓果，不得谓之义，是无仁也，并与义而失之者也。降而禽兽焉，岂能无所贪，而去仁也远矣，岂能无所决，而去义也远矣。②

　　理本身是没有差别的，而之所以世间万物千差万别，就在于具体的表现形式——气，气的偏正是理的一种表现，也是世界多样性的原因。鉴于此，李光地的人性论也和朱子一样，分有天命之性与气质之性。在此基础上，李光地提出了自己的认识修养论，认为为学之道在于志、敬、知、行四环节的统一。这可以说是对朱子居敬穷理的进一步阐发。不同的是，李光地强调了立志的重要性。而在知行的问题上，李光地与朱子有着一定的相同之处，同样强调先知后行，可以说是一个继而传承的关系。这与其先理后气的本体论有着一定的关系。从这个角度讲，李光地对于蔡清这方面的思想并无什么继承。

　　在太极的问题上，李光地与蔡清的思想并无大的冲突，同样认为太极

　　① 李光地：《榕村语录》卷二十六，《文渊阁四库全书》第725册，台北：商务印书馆1986年版，第396页。
　　② 李光地：《榕村集》卷八，《文渊阁四库全书》第1324册，台北：商务印书馆1986年版，第641—642页。

是世界的主宰，是变化的依据，其作用是无处不在的。

> 太极也，即性也。诚者，性之实理。中者，性之不偏不倚，无过不及，有未发之不偏不倚而后有已发之无过不及。极者，造化之枢纽，品汇之根柢。枢纽，自其生物之旋运有主处言，如户之阖辟无端，而扉柱不移，故运行不已，而其生不穷也。根柢，自所生之物归根复命处言，如草木之种入地，干、枝、华、叶，而结果如种，故物之形，千态万状，而无一不全其天也。又曰极者，至极之义，即枢纽之说。标准之名，即根柢之说。①

李光地认为太极是万物的样子，先于万物而存在。太极与万物的关系正如理气的关系一样，这个先后关系是不可逆转的。

> 理气固不可分作两截，然岂得谓无先后？如有仁之理一感于事，便有温和之气；有义之理一感于事，便有果决之气。虚斋理气性命说得全，不是门人于其身后翻出他自记一篇，欲将太极图说动而阳，静而阴之本体改作全体，不知一改全体便鹘突了。盖从头便有此太极也，人物尚有性，岂天地之大而无性？太极者天地之性也。有太极便不能无阴阳，一直流出毫无虚假，毫无间断。若本原上明白，虽虚斋之说亦说得通，但须知有太极自有阴阳，不可说从阴阳始见太极。如说由情见性未始不可。但须知有性斯有情，断不可说惟有情乃可从此见性也。有太极自有阴阳，与因阴阳而见太极，是大关头由彼说竟有以气为性之病。②

李光地对于蔡清的理气观点并不认同，表现在太极的问题上，同样提出了其见解。他认为太极先于天地万物而固存，太极而动化出阴阳，太极本身涵有阴阳，有太极自然有阴阳，但不能说从阴阳可以反观太极。阴阳

---

① 李光地：《榕村语录》卷二十六，《文渊阁四库全书》第 725 册，台北：商务印书馆 1986 年版，第 397 页。

② 同上书，第 397—398 页。

在太极之内，阴阳不能体现太极的特性。在对太极、阴阳的认识上，李光地与蔡清基本一致，而对太极与阴阳之间的关系，李氏提出了不同的看法。

3. 蓝鼎元

蓝鼎元（1680—1733），字玉霖，号鹿洲，福建漳浦人。蓝鼎元博览诸子百家，主要研究心、性、理之学。推崇汉学，将儒家的经世致用具体转化为世道人心，在政治上也颇有建树。其所著《青海平定雅》三篇、《河清颂》四篇曾名噪一时。

在蓝鼎元的哲学体系中，太极是万物的根源，是世界的主宰。这种太极观与蔡清之观点无异，可以说是对蔡清太极观的继承。理是先于天地存在的，是自然与必然的统一，是一种法则。气在蓝鼎元的体系中，显得比较复杂，有着生命力量、运动、精神境界等多重意思。蓝鼎元认为，太极与阴阳有着密切的关系，太极不可须臾离乎阴阳，正如理气互为依托，形影相吊，不可相离。然而关系密切不等同于一体，不能将太极和阴阳混淆。正是由于太极的存在，在动静互为根据的变化基础上，才有了阴阳的交替变化，兴衰运行。蓝鼎元对于太极与阴阳关系的认识，与蔡清相同，所谓太极不离乎阴阳又不杂乎阴阳。认为天地之间不外是阴与阳，物物有阴阳，事事有阴阳。

　　　　道非高远，即在人伦日用之间，臣忠子孝，兄友弟恭，夫妇居室，朋侪洽此，一举一动皆有当然不易之则。夫谁能出吾道之范围乎？饥而食，渴而饮，人人皆然也。而食所当食，饮所当饮，即道也……似人生纲常伦纪之外别有凭虚仿佛之一物，是以终日言道而无可捉摸，言悟道而归于惝恍。善乎！朱子之言曰：道者日用事物当行之理，皆性之德而具于心。无物不有，无时不然，所以不可须臾离也。孟子曰：人能充无欲害人之心，而仁不可胜用。人能充无穿窬之心，而义不可胜用。仁至义尽则已为圣贤矣。此无欲害人无穿窬之心，学者敢谓自己无之乎？而不敢学为圣贤。是立志欲害人欲穿窬也，圣贤未尝难学，人人皆可以勉而能，而特不许浮伪者之矫托于其间。若外谈仁义而势利若烈火之焚心，貌似笃诚而胸怀，若鬼蜮之变幻。此等为吾道之害，有甚于释老异端。①

上述此段，是蓝鼎元对于"道"这个范畴的论述。蓝氏认为，道无处不在，道体现于日常人伦之间。君臣之间、夫妇之间、友亲之间都是道的体现。道无时无处不可见。这是对道的描述，同样是对理的描述。在蓝鼎元的哲学思想体系中，同其他学者一样，都是将太极、道、理归于同一等级，都有着规律和本质的意思。看似是对道的解读，而其太极观也在其中。蓝鼎元认为的这种无时无处不在之道或者太极，也正是蔡清的太极观所揭示的。

太极和理都是一种恒定的存在，而与之相对的阴阳和气是运动变化而有兴衰始终的。具体而言，在理气问题上，蓝鼎元强调的是理的对立性，其先于天地万物而存在，理与天地是一体的，天地因理而存在，然理又不会随着天地的消失而消失。蓝鼎元并没有过多论述理气的关系问题，只是强调理气关系密切，却不曾涉及其先后问题。从某种程度来看，蓝鼎元的本体论有着一些二元论的色彩。从这点看，至少蓝鼎元没有苟同朱子的理先气后，也并未直接承认蔡清的理气无先后。尽管在理气的关系问题上，蓝鼎元并没有形成完整的看法，但对于之前的观点提出质疑，而非一味苟同，还是有进步意义的。

在知行问题上，蓝鼎元认为穷理、致知的根本目的在于知天命、了生死，这才是最高境界。对于生命价值的理解，是最高的标准。这体现了一种对于人性的终极关怀，是一种进步。蓝鼎元坚持读书的目的是经世致用，但是在知行关系上，蓝鼎元没有讨论孰先孰后的问题。正如在理气关系上一样，其认为先后顺序是没有问题的，孰先孰后都不影响其最终的目的和结果。对于这个问题跳过而只求本源，只尊重客观效果的看法，应说是一种进步。蓝鼎元的这种经世致用的精神正是蔡清解读《周易》基本精神的体现。蔡清将《周易》视为穷理尽性之书，认为其中包含着无尽的修身之道和治国之法。蔡清这种观点的本质就在于儒家的入世，这种有所作为的实用精神，在蓝鼎元的思想中得到了进一步的呈现。

---

① 蓝鼎元：《鹿洲初集》卷六，《文渊阁四库全书》第 1327 册，台北：商务印书馆 1986 年版，第 647 页。

4. 蔡世远

蔡世远，字闻之，福建漳浦人。生于康熙二十年（1681），卒于雍正十年（1732）。蔡世远祖辈有朱子学传统，其少承家学，接受朱子学教育，对于朱子学的传播有一定的贡献。著有《二希堂文集》十二卷、《古文雅正》十四卷等。

对于蔡清，蔡世远评价颇高，认为蔡清是闽学之纯儒。"胡五峰、陈北溪、黄勉斋、蔡虚斋、陈剩夫六先生主于东厅。盖六先生皆闽儒最纯，未从祀庙廷，既补祀典之阙。且杜寓公之渐，书籍器用各经纪使无散佚之患。"① 又"闽自龟山先生载道南来，理学之盛甲于宋代。沿及有明风流未歇正嘉之际，姚江以良知之学倡天下，龙溪心斋流弊益甚，独闽之学者卓然不为所惑。同时若虚斋蔡氏、次厓林氏、紫峰陈氏尤其较著者也。虚斋之学，笃守程朱经书讲义，《蒙引》尤为学者所宗，《存疑》《浅说》相继出，遂与并峙一时。次厓盖私淑虚斋者，紫峰则虚斋之高第弟子也。自宋元诸儒以后，言讲义者必推三家"②。明朝中末期，陆王心学盛行，当世时，世人皆知王守仁而不知朱熹。朱子理学受到陆王心学的严重挑战，在这种情况下，唯独闽学独树一帜，蔡清及其后学在捍卫朱子理学方面做出了重大贡献。蔡清、林希元、陈琛三人的易学著作更是为后人称道，成为后人讲义的典籍，可见其影响之深远。

蔡世远认为太极是生生之理的根源，换言之，即认为太极是宇宙的根源。在其看来，天地之所以生生不息，就在于太极与阴阳的相互推动，不断演化，以及五行的相生相克，从而使万物能够不断变化，不断繁衍。同时，蔡世远指出，太极同样是建立理想社会的依据。

> 天有太极，健行不息，二五递衍变化生生惟人也，得生生之理以为生，故直养无害，则可以塞天德贯古今，彼年寿之生气也，数也。然理足以生气，亦足以起数。诗曰："乐只君子，遐不眉寿"。书称寿考，康宁必次于敬，用五事念用庶徵之后是也。众人蚩蚩非无年寿

① 蔡世远：《二希堂文集》卷七，《文渊阁四库全书》第1325册，台北：商务印书馆1986年版，第740页。
② 同上书，卷一，第658页。

之生，徒与蠕动卉植芸生于大造之中，非吾所谓生生之理也。抑天有生生而所生之物，若山峙川流其苞孕涵育。又生生而不息斯，亦如人之裕生生之理者，其子若孙又各衍生生而总以归之其大生也。①

蔡世远认为太极是万物造化的本源，在这点上，与蔡清完全相同。

　　天地万物之统会曰太极，道也，理也，诚也，天也，帝也，神也，命也，性也，德也，仁也，太极也，名虽不同其实一也。极屋栋之名也，屋之脊檩曰栋，就一屋而言惟脊檩至高至上无以加之，故曰极。而凡物之统会处，因假借其义而名为极焉。辰极皇极之类是也。道者，天地万物之统会，至尊至贵无以加者，故亦假借屋栋之名而称之曰极也。然则何以谓之太？曰太之为言大之至甚也。夫屋极者，屋栋为一屋之极而已。辰极者，北辰为天体之极而已。皇极者，人君一身为天下众人之极而已。以至设官为民之极，京师为四方之极，皆不过指一物一处而言也。道者，天地万物之极也。虽假借极之一字强为称号，而曾何足以拟议其仿佛哉。故又尽其辞而曰太极者，盖曰此极乃甚大之极，非若一物一处之极也。然彼一物一处之极，极之小者耳，此天地万物之极，极之至大者也。故曰太极。邵子曰道为太极，太祖问曰：何物最大？答者曰：道理最大，其斯之谓欤。然则何以谓之无极，道为天地万物之体，而无体谓之太极，而非有一物在一处可得而指名之也，故曰无极。易曰：神无方易无体。诗曰：上天之载，无声无臭，其斯之谓欤。然则无极而太极，何也？曰：屋极、辰极、皇极、民极、四方之极，凡物之号为极者，皆有可得而指名者也。是则有所谓极也。道也者，无形无象无可执着，虽称曰极而无所谓极也。虽无所谓极而实为天地万物之极，故曰无极而太极。②

蔡世远认为太极、道、理、诚、天、帝、神、命、性、德、仁，这些

---

　　① 蔡世远：《二希堂文集》卷四，《文渊阁四库全书》第 1325 册，台北：商务印书馆 1986 年版，第 698—699 页。

　　② 蔡世远：《古文雅正》卷十四，《文渊阁四库全书》第 1476 册，台北：商务印书馆 1986 年版，第 264—265 页。

概念其本质都是一样的，都可以统一于太极。极为至高无上之意，称之太极，即溯其本源之意。世界本源是一太极，而万物都有一太极，如房屋之极，北辰为天体之极，皇帝为天下众人之极等等。这与蔡清的太极观极为相似。蔡清认为太极为一，而又可散于万物，物物自有一太极。蔡世远对于极的解释，正是基于这种思想。继而蔡世远又进一步解释了无极而太极。其认为太极为有形有象之事物的本源，而道为天地之体，道无形、无声、无嗅，故为无极，又道为天地之体，故而无极而太极也。

　　蔡世远强调人与物之间的共同性，表达了一种人人平等的思想萌芽。在论气之时，将气看作是生命力的一种体现，气是一种无形的生命，同时，有着精神的意义。这些观点是蔡世远在蔡清易学思想基础上的发挥。

参考文献

一 古籍

1. （东汉）胡广：《性理大全书》，《文渊阁四库全书》，台北：商务印书馆 1986 年版。

2. （三国）吴韦昭：《国语》，《文渊阁四库全书》，台北：商务印书馆 1986 年版。

3. （魏晋）王弼注，楼宇烈校释，《王弼集校释》，中华书局 1981 版。

4. （东晋）葛洪：《抱朴子外篇》，《文渊阁四库全书》，台北：商务印书馆 1986 年版。

5. （宋）张载：《张子全书》，《文渊阁四库全书》，台北：商务印书馆 1986 年版。

6. （宋）张载：《横渠易说》，《文渊阁四库全书》，台北：商务印书馆 1986 年版。

7. （宋）杨万里：《诚斋易传》，《文渊阁四库全书》，台北：商务印书馆 1986 年版。

8. （宋）张君房：《云笈七籤》，中华书局 2003 年版。

9. （宋）程颐：《伊川易传》，《文渊阁四库全书》，台北：商务印书馆 1986 年版。

10. （宋）朱熹：《晦庵集》，《文渊阁四库全书》，台北：商务印书馆 1986 年版。

11. （宋）朱熹：《二程遗书》，《文渊阁四库全书》，台北：商务印书馆 1986 年版。

12. （宋）黎靖德：《朱子语类》，中华书局 1986 年版。

13. （宋）朱熹：《周易本义》，《文渊阁四库全书》，台北：商务印书馆 1986 年版。

14. （明）蔡清：《蔡文庄公集》，《四库全书存目丛书》，齐鲁书社 1997 年版。

15. （明）蔡清：《虚斋集》，《文渊阁四库全书》，齐鲁书社 1997 年版。

16. （明）蔡清：《四书蒙引》，《文渊阁四库全书》，台北：商务印书馆 1986 年版。

17. （明）蔡清：《易经蒙引》，《文渊阁四库全书》，台北：商务印书馆 1986 年版。

18. （明）曹端：《太极图说述解》，《文渊阁四库全书》，台北：商务印书馆 1986 年版。

19. （明）薛瑄：《读书录》，《文渊阁四库全书》，台北：商务印书馆 1986 年版。

20. （明）林希元：《林次崖先生文集》，《四库全书存目丛书》，齐鲁书社 1997 年版。

21. （明）陈琛：《紫峰陈先生文集》，《四库全书存目丛书》，齐鲁书社 1997 年版。

22. （明）罗钦顺：《困知记》，《文渊阁四库全书》，台北：商务印书馆 1986 年版。

23. （明）张岳：《小山类稿》，《文渊阁四库全书》，台北：商务印书馆 1986 年版。

24. （清）黄宗羲：《宋元学案》，《续修四库全书》，上海古籍出版社 1995 年版。

25. （清）沈佳：《明儒言行录》，《文渊阁四库全书》，台北：商务印书馆 1986 年版。

26. （清）李光地：《榕村集》，《文渊阁四库全书》，台北：商务印书馆 1986 年版。

27. （清）李光地：《榕村语录》，《文渊阁四库全书》，台北：商务印书馆 1986 年版。

28. （清）蓝鼎元：《鹿洲初集》，《文渊阁四库全书》，台北：商务印书馆 1986 年版。

29. （清）蔡世远：《二希堂文集》，《文渊阁四库全书》，台北：商务印书馆 1986 年版。

30. （清）蔡世远：《古文雅正》，《文渊阁四库全书》，台北：商务印书馆 1986 年版。

31. （清）《程氏经说》，《文渊阁四库全书》，台北：商务印书馆 1986 年版。

32. （清）王夫之：《周易内传》，《续修四库全书》，上海古籍出版社 1995 年版。

33. （清）过庭训：《本朝分省人物考》，卷六十二明天启刻本。

34. （清）黄宗羲：《明儒学案》，中华书局 1985 年版。

35. （清）乾隆：《福建通志》，《文渊阁四库全书》，台北：商务印书馆 1986 年版。

36. （清）朱彝尊：《经义考》，《文渊阁四库全书》，台北：商务印书馆 1986 年版。

二 专著

1. 高令印、陈其芳：《福建朱子学》，福建人民出版社 1999 年版。

2. 傅小凡、卓克华：《闽南理学的源流与发展》，福建人民出版社 2007 年版。

3. 刘树勋：《闽学源流》，福建教育出版社 1993 年版。

4. 《朱熹理学与晋江文化》，中国文联出版社 2007 年版。

5. 高令印、高秀华：《朱子学通论》，厦门大学出版社 2007 年版。

6. 何乃川：《闽学困知录》，社会科学文献出版社 2007 年版。

7. 徐芹庭：《易经源流》，中国书店 2008 年版。

8. 高亨：《周易古经今注》，中华书局 1984 年版。

9. 高亨：《周易大传今注》，齐鲁书社 1998 年版。

10. 刘大钧、林忠军：《周易古经白话解》，山东友谊书社 1990 年版。

11. 刘大钧、林忠军：《周易传文白话解》，齐鲁书社 1993 年版。

12. 徐志锐：《周易大传新注》，齐鲁书社 1986 年版。

13. 朱熹、吕祖谦：《朱子近思录》，上海古籍出版社 2000 年版。

14. 高怀民：《宋元明易学史》，广西师范大学出版社 2007 年版。

15. 詹石窗：《易学与道教符号揭秘：玄通之妙》，中国书店 2001 年版。

16. 牟宗三：《周易哲学演讲录》，华东师范大学出版社 2004 年版。

17. 陈鼓应：《易传与道家思想》，生活·读书·新知三联书店 1996 年版。

18. 程石泉：《易辞新诠》，上海古籍出版社 2000 年版。

19. 程石泉：《易学新探》，上海古籍出版社 2003 年版。

20. 金景芳、吕绍纲：《周易全解》，吉林大学出版社 1989 年版。

21. 吕绍纲：《周易阐微》，吉林大学出版社 1990 年版。

22. 吕绍纲：《〈周易〉的哲学精神》，上海古籍出版社 2005 年版。

23. 朱伯崑：《易学哲学史（全四册）》，华夏出版社 1995 年版。

24. 余敦康：《内圣外王的贯通——北宋易学的现代阐释》，学林出版社 1997 年版。

25. 余敦康：《易学今昔》，广西师范大学出版社 2005 年版。

26. 杨庆中：《二十世纪中国易学史》，人民出版社 2000 年版。

27. 冯友兰：《中国哲学史（全两册)》，华东师范大学出版社 2000 年版。

28. 冯友兰：《中国哲学简史》，北京大学出版社 1996 年版。

29. 冯友兰：《中国哲学史新编（全三册)》，人民出版社 1999 年版。

30. 冯友兰：《贞元六书（全两册)》，华东师范大学出版社 1996 年版。

31. 冯友兰：《中国现代哲学史》，广东人民出版社 1999 年版。

32. 张岱年：《中国哲学大纲》，中国社会科学出版社 1982 年版。

33. 邓九平编：《张岱年哲学文选（全两册)》，中国广播电视出版社 1999 年版。

34. 张岱年：《中国哲学史方法论发凡》，中华书局 2003 年版。

35. 牟宗三：《心体与性体（全三册)》，上海古籍出版社 1999 年版。

36. 牟宗三：《宋明儒学的问题与发展》，华东师范大学出版社 2004 年版。

37. 牟宗三：《中国哲学的特质》，上海古籍出版社 1997 年版。

38. 牟宗三：《中国哲学十九讲》，上海古籍出版社 1997 年版。

39. 牟宗三：《生命的学问》，广西师范大学出版社 2005 年版。

40. 钱穆：《中国近三百年学术史（全两册）》，商务印书馆 1997 年版。

41. 钱穆：《国学概论》，《国史大纲》，商务印书馆 1996 年版。

42. 钱穆：《中国思想通俗讲话》，生活·读书·新知三联书店 2002 年版。

43. 钱穆：《中国文化史导论》，商务印书馆 1994 年版。

44. 侯外庐等主编：《宋明理学史（全两卷）》，人民出版社 1987 年版。

45. 吕思勉：《理学纲要》，东方出版社 1996 年版。

46. 贾丰臻：《中国理学史》，上海书店出版社 1984 年版。

47. 蔡仁厚：《宋明理学（北宋篇）》，台北：台湾学生书局。

48. 蔡仁厚：《儒家心性之学论要》，台北：文津出版社。

49. 蔡仁厚：《新儒家的精神方向》，台北：台湾学生书局。

50. 蔡仁厚：《儒学的常与变》，台北：东大图书公司。

51. 蒙培元：《理学的演变》，福建人民出版社 1984 年版。

52. 蒙培元：《理学范畴系统》，人民出版社 1989 年版。

53. 蒙培元：《中国哲学主体思维》，人民出版社 1993 年版。

54. 张立文：《宋明理学研究》，中国人民大学出版社 1985 年版。

55. 陈来：《宋明理学》，辽宁教育出版社 1991 年版。

56. 韦政通：《中国思想史（上下册）》，上海书店出版社 2003 年版。

57. 葛兆光：《中国思想史（三册）》，复旦大学出版社 2001 年版。

58. 陈来：《古代宗教与伦理——儒家思想的根源》，三联书店 1996 年版。

59. 陈来：《古代思想文化的世界》，三联书店 2002 年版。

60. 蒋伯潜、蒋祖怡：《经与经学》，上海书店出版社 1997 年版。

61. ［日］本田成之：《中国经学史》，上海书店出版社 2001 年版。

62. 王葆玹：《今古文经学新论》，中国社会科学出版社 1997 年版。

63. 李泽厚：《中国古代思想史论》，天津社会科学院出版社 2003 年版。

64. 徐复观：《中国人性论史（先秦篇）》，上海三联书店 2001 年版。

65. 王钧林：《中国儒学史（先秦卷）》，广东教育出版社 1998 年版。

66. 韩钟文：《中国儒学史（宋元卷）》，广东教育出版社 1998 年版。

67. 杨国荣：《善的历程》，上海人民出版社 1994 年版。

68. 杨国荣：《理性与价值》，上海三联书店 1998 年版。

69. 牟钟鉴：《走进中国精神》，华文出版社 1999 年版。

70. 牟钟鉴：《儒学价值的新探索》，齐鲁书社 2001 年版。

71. 汤一介：《非实非虚集》，华文出版社 1999 年版。

72. 朱伯崑主编：《周易知识通览》，齐鲁书社 1993 年版。

73. 朱伯崑：《易学哲学史》，昆仑出版社 1995 年版。

74. 张立文：《朱熹思想研究》，中国社会科学出版社 1981 年版。

75. 张立文：《宋明理学逻辑结构的演化》，台北：万卷楼图书有限公司 1993 年版。

76. 张立文：《朱熹评传》，南京大学出版社 1998 年版。

77. 徐晓望：《福建思想文化史纲》，福建教育出版社 1996 年版。

78. 张帆：《泉州讲古》，福建人民出版社 2004 年版。

79. 许在全：《泉州文史研究》，中国社会科学出版社 2004 年版。

80. 《泉州历史人物传》，鹭江出版社 1991 年版。

三　相关论文

1. 周晓光：《宋元明清时期的新安理学》，《中国哲学史》1994 年第 1 期。

2. 解光宇：《"程朱阙里"与新安理学》，《黄山高等专科学校学报》2000 年第 1 期。

3. 张晓林：《八卦起源说综述》，《社科纵横》1995 年第 4 期。

4. 杨炳昆：《八卦起源新说——〈周易〉本义之一》，《郭沫若学刊》1997 年第 3 期。

5. 詹石窗：《八卦起源新探》，《福建师范大学学报》（哲学社会科学版）1996 年第 1 期。

6. 余敦康：《朱熹〈周易本义〉卷首九图与〈易学启蒙〉解读》，《中国哲学史》2001 年第 4 期。

7. 蔡方鹿:《朱熹经典诠释学之我见》,《文史哲》2003 年第 2 期。

8. 蔡方鹿:《朱熹对宋代易学的发展——兼论朱熹、程颐易学思想之异同》,《周易研究》2001 年第 4 期。

9. 蔡方鹿:《朱熹以图解〈易〉的思想》,《重庆师院学报》（社会科学版）1997 年第 2 期。

10. 何乃川:《闽学后继蔡清的武夷诗》,《泉州师范学院学报》2006 年第 1 期。

11. 周天庆:《静虚工夫与明中后期的儒道交涉——以朱熹后学蔡清为例》,《东南学术》2008 年第 6 期。

12. 林振礼:《蔡清生卒年考》,《泉州师范学院学报》2007 年第 1 期。

后　记

　　光阴似箭，转眼间又是凤凰花开时。入学时的情景还历历在目，而今却已是离别之季。三年的时光，我学会了很多。博士论文的写作过程让我在专业知识上有了进一步的提高，更锻炼了一种治学态度。治学正如为人，严谨的学术态度正是严谨人生态度的体现。在詹老师的教诲下，不仅是学术上获益良多，在人生的道路上，更是受益匪浅。

　　还记得初入厦大之际，沉浸在美好的校园生活中，论文之于我，仿佛是遥遥无期之事。对于此，导师耐心提点，懵懂中我才发觉，时间紧、任务重，于是乎开始思考论文的选题。由于在硕士研读期间，我就对易学有着浓厚的兴趣，无奈能力与时间有限，一直未能深入学习、研究。老师得知我的兴趣所在后，建议我以闽南易学为范围进行选题。经过资料的查证，最终选定蔡清的易学思想作为研究的目标。

　　题目确定后，经过一个学期的材料收集，拟订了提纲。在詹老师的帮助下，提纲历经四次修改，终见雏形。提纲的确定，让我悬着的心有了些许安慰。图纸有了，接着就是按部就班地筹建我的论文工程了。接下来的三个学期，是论文的主要写作时间。现在回忆起来，记忆已经模糊，只记得每天往返于图书馆和寝室之间，找资料、做校对，每天的工作看似是单一的重复，而我却从中获得了无限的快乐。当看到论文从指间流出，一字字地敲打，最终形成了初稿，这种喜悦与忐忑的心情，想必只有经历过的人才能明白。

　　对于初稿，詹老师耐心而细致地进行了修改。在结构上、内容上、措辞上都提出了很多宝贵的意见。一遍遍地修改，论文也逐渐成形。十分感谢老师的耐心，对于稚嫩的初稿，之后的二稿、三稿，不厌其烦地提出建议。同时也深感老师治学的严谨，反复强调要保证引文的正确性，以及措辞的准确性。言传身教，让我学会了治学的方法。

感谢刘泽亮老师、盖建民老师、乐爱国老师、傅小凡老师等在课堂上的谆谆教诲，在开题时提出的宝贵意见，更是让我收获颇丰。

还要感谢杨燕等师兄、师姐，论文之初的不知所措，正是诸位的关心、帮助，使我有了足够的信心完成博士论文的写作。还有李育富等同学在论文长达两年的写作过程中，正是由于同学间的相互帮助、相互鼓励，才使得每每受挫想放弃之时，都能继续迎难而上，最终按时完成论文。

要感谢的人还有很多，是你们给了我无限的力量，给了我足够的信心和勇气，在博士论文完成之际，在此，衷心地表达我的感激之情：感谢你们！